国家级一流本科专业建设点配套教材

高等院校物流专业"互联网+"创新规划教材

物流成本管理(第2版)

张　远　代洪娜　主　编
姜建平　王　喆　石鈜健　副主编
李海波　刘　新　安　伟　参　编

北京大学出版社
PEKING UNIVERSITY PRESS

内 容 简 介

随着我国物流业的迅速发展，企业对物流成本的管理与控制越来越重视。本书系统介绍了物流成本管理的理论与方法，阐述了物流成本的构成与分类、物流成本的核算、基于物流作业成本法的物流成本核算、物流成本预算、物流成本预测与决策、物流成本分析与控制、物流成本管理绩效评价、供应链成本管理等内容。全书配有大量具有较强针对性和时效性的案例，重点对电子商务企业、快递企业物流成本等问题进行了深入的分析，便于读者对物流成本管理理论的理解及提升实际物流成本管理能力。

本书内容翔实、逻辑清晰、概念准确、注重理论联系实际，既可以作为普通高等院校物流工程、物流管理等专业本科生的教材或参考书，也可以作为物流企业管理人员、生产流通企业物流管理人员的参考书，以及物流管理人员的培训教材。

图书在版编目(CIP)数据

物流成本管理/张远，代洪娜主编. —2版. —北京：北京大学出版社，2022.9
高等院校物流专业"互联网+"创新规划教材
ISBN 978-7-301-33245-0

Ⅰ.①物… Ⅱ.①张…②代… Ⅲ.①物流管理—成本管理—高等学校—教材 Ⅳ.①F253.7

中国版本图书馆 CIP 数据核字（2022）第 144714 号

书　　　名	物流成本管理（第 2 版） WULIU CHENGBEN GUANLI（DI-ER BAN）
著作责任者	张　远　代洪娜　主编
策划编辑	郑　双
责任编辑	杜　鹃　郑　双
数字编辑	金常伟
标准书号	ISBN 978-7-301-33245-0
出版发行	北京大学出版社
地　　　址	北京市海淀区成府路 205 号　100871
网　　　址	http://www.pup.cn　新浪微博：@北京大学出版社
电子邮箱	编辑部 pup6@pup.cn　总编室 zpup@pup.cn
电　　　话	邮购部 010-62752015　发行部 010-62750672　编辑部 010-62750667
印刷者	天津中印联印务有限公司
经销者	新华书店
	787 毫米×1092 毫米　16 开本　14 印张　330 千字 2017 年 8 月第 1 版 2022 年 9 月第 2 版　2024 年 8 月第 3 次印刷
定　　　价	39.00 元

未经许可，不得以任何方式复制或抄袭本书之部分或全部内容。
版权所有，侵权必究
举报电话：010-62752024　电子邮箱：fd@pup.cn
图书如有印装质量问题，请与出版部联系，电话 010-62756370

第 2 版前言

现代物流业的发展往往能决定一个国家经济增长能力和产业结构调整的成败，物流成本管理在物流管理中占有越来越重要的位置，已成为企业获取竞争优势的关键因素。近年来，我国物流数字化、智能化、绿色化水平显著提高，社会物流成本保持稳步下降，但部分领域物流成本高、效率低等问题仍然突出。因此本书内容紧密结合物流行业降本增效的现实要求，侧重以案例分析的方式增加了智慧物流，互联网+农产品冷链物流，新零售背景下即时物流，大数据、人工智能助力物流行业绿色发展等新模式、新业态。加快发展物联网，建设高效顺畅的流通体系，降低物流成本，也是二十大报告提到的。

本书系统介绍了物流成本管理的理论与方法，重点阐述了物流成本的构成与分类、物流成本的核算、物流成本预算、物流成本分析与控制、供应链成本管理等内容。本书主要具有以下特点。

(1) 知识体系完整，内容编排科学合理。书中讲解的内容由浅入深、循序渐进、概念清晰、风格简洁。

(2) 注重理论联系实际。本书除了系统介绍物流成本管理理论与方法，还为每章配备特点鲜明的案例分析，重点对电子商务企业、快递企业物流成本进行深入的分析，有利于提高读者解决实际问题的能力，从而达到学以致用的目的。

(3) 以《企业物流成本构成与计算》(GB/T 20523—2006)为依据，介绍物流成本的构成与计算方法，便于读者了解国家相关的标准规范，体现了教材知识的权威性。

(4) 每章均配有习题，习题是对相应章节的重点概念、知识点和理论的强化，便于读者对相关知识的理解与掌握。

本书的结构体系仍与第一版保持一致，共包括 10 章内容。张远、代洪娜担任主编，姜建平、王喆、石鈜健担任副主编，李海波、刘新、安伟参编。具体编写分工如下：张远编写第 1 章并负责教材总体框架的构建，代洪娜编写第 2 章并负责本书的统稿，姜建平编写第 3 章及各章的习题及答案，王喆编写第 9 章及各章的案例分析，石鈜健编写第 5 章及各章的导入案例，李海波编写第 4 章、第 10 章，刘新编写第 6 章并负责线上资源、二维码资料的收集整理，安伟编写第 7 章、第 8 章。

编者在编写本书的过程中得到了行业内相关专家、学者的无私帮助，同时也参考了许多相关的著作、论文、报纸发表的文章、企业培训资料、网站上资料等，在此对相关人士一并表示衷心的感谢！

由于编者水平有限，书中难免存在不足之处，恳请广大读者批评指正。

编　者

资源索引

目　　录

第1章　绪论 ... 1
1.1　物流成本的概念与特点 ... 2
1.1.1　物流成本的概念 ... 3
1.1.2　物流成本的特点 ... 3
1.2　物流成本管理概述 ... 4
1.2.1　管理的概念 ... 4
1.2.2　物流成本管理的概念 ... 5
1.3　物流成本管理的产生与发展 ... 6
1.3.1　物流成本管理的产生 ... 6
1.3.2　物流成本管理的发展 ... 6
1.4　物流成本管理的作用与意义 ... 8
1.4.1　物流成本管理的微观作用 ... 8
1.4.2　物流成本管理的宏观意义 ... 8
1.5　相关的物流理论 ... 11
1.5.1　"第三利润源"学说 ... 11
1.5.2　物流成本冰山理论 ... 11
1.5.3　"黑大陆"学说 ... 12
1.5.4　效益背反理论 ... 13
1.5.5　其他物流成本学说 ... 14
本章小结 ... 14
习题 ... 15

第2章　物流成本的构成与分类 ... 18
2.1　社会物流成本的构成 ... 19
2.1.1　美国社会物流成本的构成 ... 20
2.1.2　欧洲社会物流成本的构成 ... 21
2.1.3　日本社会物流成本的构成 ... 21
2.1.4　我国社会物流成本的构成 ... 22
2.2　企业物流成本的构成与分类 ... 23
2.2.1　企业物流成本的构成 ... 23
2.2.2　企业物流成本的分类 ... 27
2.3　影响企业物流成本的主要因素 ... 32
2.3.1　物流系统的优化程度 ... 32
2.3.2　物流运作模式 ... 32
2.3.3　物流信息化 ... 34
本章小结 ... 35
习题 ... 36

第3章　物流成本的核算 ... 39
3.1　企业物流成本核算的作用及存在的问题 ... 41
3.1.1　企业物流成本核算的作用 ... 41
3.1.2　企业物流成本核算存在的问题 ... 43
3.2　企业物流成本核算的原则与对象 ... 43
3.2.1　企业物流成本核算的原则 ... 43
3.2.2　企业物流成本核算的对象 ... 44
3.3　企业物流成本的核算方法 ... 46
3.3.1　会计方式的物流成本核算方法 ... 46
3.3.2　统计方式的物流成本核算方法 ... 46
3.3.3　会计方式与统计方式相结合的物流成本核算方法 ... 47
3.4　企业物流成本核算步骤 ... 47
3.4.1　显性物流成本核算步骤 ... 47
3.4.2　隐性物流成本核算步骤 ... 49
3.5　物流成本核算案例 ... 50
3.5.1　生产制造企业物流成本核算案例 ... 50
3.5.2　流通企业物流成本核算案例 ... 51
3.5.3　物流企业汽车运输成本的核算 ... 53
3.6　企业物流成本表 ... 53
3.6.1　企业物流成本主表 ... 53
3.6.2　企业自营物流成本支付形态表 ... 54
本章小结 ... 54
习题 ... 55

第 4 章 基于作业成本法的物流成本核算 58

4.1 作业法成本法概述 60
- 4.1.1 作业成本法的概念 60
- 4.1.2 作业成本法的产生与发展 61
- 4.1.3 作业成本法的基本原理 61
- 4.1.4 作业成本法与传统成本核算方法的比较 62
- 4.1.5 实施物流作业成本法的主要意义 63

4.2 物流作业成本法的核算程序 66

4.3 作业成本法在企业物流成本核算中的实例分析 68

4.4 物流作业成本法的优势及适用条件 75
- 4.4.1 物流作业成本法的优势 75
- 4.4.2 物流作业成本法的适用条件 77

4.5 采用物流作业成本法的必要性及可行性分析 78
- 4.5.1 采用物流作业成本法的必要性分析 78
- 4.5.2 采用物流作业成本法的可行性分析 79

本章小结 80
习题 81

第 5 章 物流成本预算 86

5.1 物流成本预算概述 89
- 5.1.1 物流成本预算的概念 89
- 5.1.2 物流成本预算的作用 90
- 5.1.3 物流成本预算编制的内容 91
- 5.1.4 物流成本预算编制的程序 97

5.2 物流成本预算编制的方法 98
- 5.2.1 物流成本的弹性预算法 99
- 5.2.2 物流成本的零基预算法 100
- 5.2.3 物流成本的定期预算法 101
- 5.2.4 物流成本的滚动预算法 101

本章小结 102
习题 102

第 6 章 物流成本预测与决策 109

6.1 物流成本预测概述 110
- 6.1.1 物流成本预测的概念 110
- 6.1.2 物流成本预测的作用 111
- 6.1.3 物流成本预测的程序 111
- 6.1.4 物流成本预测的方法 112

6.2 物流成本决策 115
- 6.2.1 物流成本决策概述 115
- 6.2.2 物流成本决策的方法 117
- 6.2.3 物流成本决策过程中应注意的问题 120

本章小结 122
习题 123

第 7 章 物流成本分析 128

7.1 物流成本分析概述 130
- 7.1.1 物流成本分析的概念与作用 130
- 7.1.2 物流成本分析的内容 131
- 7.1.3 物流成本分析的原则 131

7.2 物流成本分析的方法 132
- 7.2.1 对比分析法 133
- 7.2.2 比率分析法 133
- 7.2.3 连环替代法 133

7.3 财务比率分析 136
- 7.3.1 偿债能力比率 136
- 7.3.2 营运能力比率 137
- 7.3.3 获利能力比率 140

7.4 杜邦财务分析法 141

本章小结 144
习题 144

第 8 章 物流成本控制 149

8.1 物流成本控制概述 152
- 8.1.1 物流成本控制的含义 152
- 8.1.2 物流成本控制的基本工作程序 152
- 8.1.3 物流成本控制的原则 154

8.1.4　物流成本控制的内容 155
8.2　以物流功能为对象的物流成本
　　控制 156
　　　8.2.1　运输成本的控制 156
　　　8.2.2　仓储成本的控制 159
　　　8.2.3　包装成本的控制 161
8.3　以物流成本活动范围为对象的物流
　　成本控制 163
　　　8.3.1　供应物流成本控制 163
　　　8.3.2　生产物流成本控制 164
　　　8.3.3　销售物流成本控制 165
本章小结 168
习题 169

第9章　物流成本管理绩效评价 174

9.1　物流成本管理绩效评价概述 176
　　　9.1.1　物流成本管理绩效评价的概念
　　　　　　及作用 176
　　　9.1.2　物流成本管理绩效评价的实施
　　　　　　步骤 176
　　　9.1.3　物流成本管理绩效评价的
　　　　　　原则 177
9.2　物流成本管理绩效评价指标体系的
　　构成 178
　　　9.2.1　定量评价指标体系 178
　　　9.2.2　定性评价指标体系 179
　　　9.2.3　物流成本管理绩效的控制与
　　　　　　改进 181
9.3　平衡计分卡 181
　　　9.3.1　平衡计分卡的基本思想 181
　　　9.3.2　平衡计分卡在物流成本管理
　　　　　　绩效评价中的意义 183

　　　9.3.3　平衡计分卡的实施步骤 183
9.4　标杆分析法 184
　　　9.4.1　标杆分析法的概念及作用 184
　　　9.4.2　标杆分析法的实施步骤 185
9.5　企业战略成本管理 185
　　　9.5.1　企业实施战略成本管理的
　　　　　　意义 185
　　　9.5.2　战略成本管理与传统成本管理
　　　　　　的关系 186
　　　9.5.3　战略成本管理的基本框架 187
9.6　精益物流 191
　　　9.6.1　精益物流的含义与意义 191
　　　9.6.2　精益物流的基本内容 191
　　　9.6.3　精益物流的实施步骤 193
本章小结 194
习题 195

第10章　供应链成本管理 198

10.1　供应链成本管理概述 201
　　　10.1.1　供应链及供应链管理的
　　　　　　　概念 201
　　　10.1.2　供应链成本及供应链物流成本
　　　　　　　管理的概念 202
10.2　供应链成本的管理策略 204
　　　10.2.1　供应链成本管理的基础
　　　　　　　理论 204
　　　10.2.2　供应链成本管理模式 205
　　　10.2.3　供应链成本管理方法 208
本章小结 210
习题 211

参考文献 215

第1章 绪 论

【教学目标与要求】

理解物流成本的概念、物流成本管理的概念。
掌握物流成本的特点。
掌握效益背反理论、物流成本冰山理论。
了解物流成本管理的意义与作用。

导入案例

京东构建数智化社会供应链

京东全球科技大会

2020年，在京东全球科技探索者大会上，京东首次系统地阐释了面向未来十年的新一代基础设施——京东数智化社会供应链，即用数智化技术连接和优化社会生产、流通、服务的各个环节，降低社会成本，提高社会效率。目前，京东自营商品超500万个SKU(Stock Keeping Unit，存货单位)，库存周转天数降至34天，这是一个世界级水平的数字。全球零售业以运营效率著称的Costco(开市客，美国最大的连锁会员制仓储量贩店)，库存周转天数也在30天左右，但Costco仅管理几千个SKU。京东已建成覆盖全国的仓配物流体系，92%区县、83%乡镇已实现24小时达，这一速度也是世界领先水平。

京东数智化社会供应链未来十年的目标包括三个方面：赋能实体经济，服务全球15亿消费者和近1000万家企业；提升社会效率，带动客户库存周转天数降低30%，推动社会物流成本占GDP的比例降至10%以内；促进环境友好，预计2030年京东集团碳排放量与2019年相比减少50%，推进可持续发展。

京东数智化社会供应链包含商品供应链、服务供应链、物流供应链和数智供应链，具有数智化、全链路、社会化三大特征，能够通过数字协同和网络智能，持续优化垂直行业供应链的成本、效率与体验，实现从消费端到产业端价值链各环节的整体优化与重构，并通过开放平台有效地调动各价值链环节的社会化资源，提升敏捷响应与匹配效率。

(资料来源：https://baijiahao.baidu.com/s?id=1684315439736051445&wfr=spider&for=pc[2022-06-30])

新冠肺炎疫情期间，京东物流勇于承担社会责任，在公众心目中树立了良好的形象。京东构建数智化社会供应链，即用数智化技术连接和优化社会生产、流通、服务的各个环节，对进一步降低社会物流成本将起到重要作用。物流成本管理作为企业物流管理的核心内容，是企业增加利润的重要途径。无论是电商企业、零售业巨头，还是制造企业、物流企业都需要深入分析物流成本管理存在的问题，采取有效的措施控制物流成本，从而提高企业的核心竞争力。

1.1 物流成本的概念与特点

成本是指企业在生产经营过程中所耗费的人力、物力和财力等资源的货币表现。经济的发展将科学技术与生产经营日益结合起来。企业一方面依靠科学技术积极开拓市场；另一方面注重管理，挖掘内部潜力，控制和降低成本。

物流业是生产性服务业的重要组成部分，是融合运输业、仓储业、货运代理业和信息业等业态的复合型、基础性、先导性产业。大力发展现代物流业，对于优化发展环境、带动产业升级、降低流通成本、提高经济运行的质量和效益、增强城市综合服务保障能力，具有十分重要的意义。随着物流管理意识的增强，人们对于物流成本问题越发重视，降低物流成本已经成为物流管理的首要任务。在许多企业中，物流成本占企业总成本的比例很大，物流成本的高低直接关系到企业利润水平的高低和竞争力的强弱，所以物流成本管理成为企业物流管理的核心内容。也可以说，人们对物流的关心应该从关心物流成本开始。有专家指出，"物流既是主要成本的产生点，又是降低成本的关注点"。

1.1.1 物流成本的概念

在 2006 年实施的《企业物流成本构成与计算》(GB/T 20523—2006)中，企业物流成本是这样定义的："企业物流活动中所消耗的物化劳动和活劳动的货币表现，包括货物在运输、储存、包装、装卸搬运、流通加工、物流信息、物流管理等过程中所耗费的人力、物力和财力的总和以及与存货有关的流动资金占用成本、存货风险成本和存货保险成本。"这里将企业物流成本简称为物流成本，其主要包括两个方面的内容：一方面是直接在物流环节产生的支付给劳动力的成本、耗费在机器设备上的成本，以及支付给第三方的成本；另一方面是在物流环节中因持有存货等所潜在的成本，如资金占用成本、保险费等。

1.1.2 物流成本的特点

物流成本和其他成本相比，有许多不同之处，但是最突出的只有两点，这两点被归结为物流冰山现象和效益背反(交替损益)现象。

物流冰山现象本来是日本早稻田大学教授西泽修研究有关物流成本问题所提出来的一种比喻，在物流学界，现在已经把它延伸成物流基本理论之一，把它看成彼德·德鲁克学说的另一种描述。

物流冰山理论认为，在企业中，绝大多数物流发生的费用，是被混杂在其他费用之中的，而能够单独列出会计项目的，只是其中很小的一部分。这一部分是可见的，常常被人们误解为物流费用的全貌，其实这只不过是浮在水面上的、能被人所见的冰山一角而已。

效益背反现象是物流成本的另一个特点。物流成本的发生源很多，其成本发生的领域往往在企业里属于不同部门管理的领域，因此这种部门的分割，就使得相关物流活动无法进行协调和优化，出现此消彼长、此损彼益的现象是经常有的。

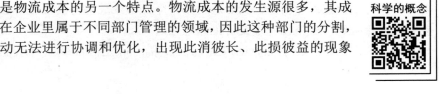

系统和系统科学的概念

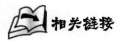

国务院办公厅转发《关于进一步降低物流成本的实施意见》

国务院办公厅 2020 年转发国家发展改革委、交通运输部《关于进一步降低物流成本的实施意见》(以下简称《意见》)。

《意见》指出，近年来，社会物流成本水平保持稳步下降，但部分领域物流成本高、效率低等问题仍然突出，特别是受新冠肺炎疫情影响，社会物流成本出现阶段性上升，难以适应建设现代化经济体系、推动高质量发展的要求。为深入贯彻落实党中央、国务院关于统筹推进新冠肺炎疫情防控和经济社会发展工作的决策部署，进一步降低物流成本、提升物流效率，加快恢复生产生活秩序，《意见》提出六个方面的政策措施。

一是深化关键环节改革，降低物流制度成本。完善证照和许可办理程序，加快运输领域资质证照电子化；科学推进治理车辆超限超载；维护道路货运市场正常秩序，建立严厉打击高速公路、国省道车匪路霸的常态化工作机制；优化城市配送车辆通行停靠管理；推进通关便利化；深化铁路市场化改革，开展铁路市场化改革综合试点。

二是加强土地和资金保障，降低物流要素成本。保障物流用地需求，对重大物流基础设施项目，在建设用地指标方面给予重点保障；完善物流用地考核，合理设置物流用地绩效考核指标；拓宽融资渠道；完善风险补偿分担机制。

三是深入落实减税降费措施，降低物流税费成本。落实好大宗商品仓储用地、城镇土地使用税减半征收等物流领域的税费优惠政策；降低公路通行成本；降低铁路航空货运收费；规范海运口岸收费；加强物流领域收费行为监管。

四是加强信息开放共享，降低物流信息成本。在确保信息安全的前提下，向社会开放与物流相关的公共信息；加强列车到发时刻等信息开放；降低货车定位信息成本，规范货运车辆定位信息服务商收费行为。

五是推动物流设施高效衔接，降低物流联运成本。破除多式联运"中梗阻"，持续推进长江航道整治工程和三峡翻坝综合转运体系建设；完善物流标准规范体系，推广应用符合国家标准的货运车辆、内河船舶船型、标准化托盘和包装基础模数。

六是推动物流业提质增效，降低物流综合成本。推进物流基础设施网络建设，研究制定2021—2025年国家物流枢纽网络建设实施方案，继续实施示范物流园区工程，布局建设一批国家骨干冷链物流基地；培育骨干物流企业，鼓励大型物流企业市场化兼并重组；提高现代供应链发展水平；加快发展智慧物流；积极发展绿色物流。

《意见》要求，各地区各部门要加强政策统筹协调，切实落实工作责任，结合本地区本部门实际认真组织实施。国家发展改革委要会同有关部门发挥全国现代物流工作部际联席会议的作用，加强工作指导，及时总结推广降低物流成本典型经验做法，协调解决政策实施中存在的问题，确保各项政策措施落地见效。

（资料来源：http://www.xinhuanet.com/politics/2020-06/02/c_1126066008.htm[2022-08-12]）

1.2　物流成本管理概述

1.2.1　管理的概念

管理是人类共同活动的产物，只要存在众人的协同劳动，就需要管理。管理活动具有普遍性。人的社会性必然要求人生活于组织中，参与其中的活动。把众人组织起来以后，必须按照一定的标准进行科学的分工与合作，建立一定的关系和秩序，并对存在的矛盾与冲突进行协调。对管理的概念，存在着不同的理解。

诺贝尔经济学奖获得者西蒙(H. A. Simon)认为：管理就是决策。

美国管理协会认为：管理是通过他人的努力来达到目标。

著名管理学家曾仕强认为：管理是一个修己安人的历程。

一种普遍接受的观点是：管理是一定组织中的管理者，通过实施计划、组织、指导与领导、控制、人员管理等职能来协调他人的活动，让他人和自己一起完成组织目标的过程。

知识拓展

管理的职能

管理的职能是管理过程中各项活动的基本功能，又称管理的要素，是管理原则、管理方法的具体体现。一般将管理的职能分为5项：计划、组织、指导与领导、控制、人员管理。

(1) 计划。计划是为实现组织既定目标而对未来的行动进行规划和安排的工作过程。它包括组织目标的选择和确立，实现组织目标方法的确定和抉择，计划原则的确立，计划的编制，以及计划的实施。计划是全部管理职能中最基本的职能，也是实施其他管理职能的条件。

(2) 组织。组织是为实现管理目标和计划所必需的各种业务活动进行组合分类，把管理每一类业务活动所必需的职权授予主管这类工作的人员，并规定上下左右的协调关系。为有效实现目标，还必须不断对这个结构进行调整，这一过程即为组织。组织为管理工作提供了结构保证，它是进行人员管理、指导与领导、控制的前提。

(3) 指导与领导。指导与领导是对组织内每名成员和全体成员的行为进行引导和施加影响的活动过程，其目的是使个体和群体能够自觉自愿且有信心地为实现组织的既定目标而努力。指导与领导所涉及的是管理者与下属之间的相互关系。管理者要了解下属的需求，采取激励手段调动下属的积极性。

(4) 控制。控制是按既定目标和标准对组织的活动进行监督、检查，发现偏差，采取纠正措施，使工作能按原定计划进行，或适当调整计划以达预期目的。控制工作是一个延续不断、反复发生的过程，其目的是保证组织实际的活动及其成果同预期目标相一致。

(5) 人员管理。人员管理是对各种人员进行恰当而有效的选择、培训及考评，目的是配备合适的人员去充实、组织机构规定的各项职务，以保证组织活动的正常进行，进而实现组织的既定目标。人员管理与其他职能有密切的关系，直接影响组织目标能否实现。

管理职能循序完成，并形成周而复始的循环往复，其中每项职能之间是相互联系、相互影响的，以构成统一的有机整体。

（资料来源：https://www.lishixinzhi.com/cc/960377.html[2022-06-12]）

1.2.2 物流成本管理的概念

成本管理是企业管理的一个重要组成部分。成本管理是根据会计及其他有关资料，采

用会计的、数学的和统计的方法，对企业成本进行预测、决策、预算、核算，以及控制和分析，以达到成本最低的一项综合性的管理活动。随着成本管理实践的深入和物流管理在当今社会的快速发展，人们深刻认识到，成本管理不能仅停留在原有的模式和内容上，要想大幅度降低成本和提高质量，必须注重对物流这个"第三利润源"的管理。人们对物流管理的关心是从关心物流成本开始的，因此要完善成本管理体系，推动成本管理发展，以及加强物流在企业经营中的职能，就必须加强物流成本管理。

物流是"经济的黑暗大陆"，加强对物流成本的研究与管理对提高物流活动的经济效益有着非常重要的意义。

从物流成本管理的内容来看，物流成本管理是以物流成本信息的产生和利用为基础，按照物流成本最优化的要求有组织地进行预测、决策、计划、控制、分析和考核等一系列的科学管理活动。它是一种价值管理，涉及企业物流价值活动的各个方面。

1.3 物流成本管理的产生与发展

1.3.1 物流成本管理的产生

物流管理起源于军事后勤领域。在第二次世界大战中，美国海军基于巨额军用物资的调拨而首创物流管理，而后被美国陆军所推崇并加以运用。由于在军事上的应用注重的是保证军用物资供应的可达性和及时性，是不怎么考虑成本的，这一时期并不重视物流成本管理。第二次世界大战后，西方发达国家各大公司效益普遍下滑，一方面是由于市场的激烈竞争；另一方面则是物价上涨及人工成本的提高而使利润率降低。企业在平均利润率的杠杆作用下，已难以靠提高产品售价增加利润，要进一步降低产品生产成本也困难重重。在这种情况下，企业千方百计寻找降低成本的新途径，于是物流管理得到了重视，成为继生产资料、劳动力后的第三利润源。企业也开始注重成本管理，追求利润最大化，于是物流成本管理应运而生，成为一种降低成本、提高服务水平的手段。

1.3.2 物流成本管理的发展

物流成本管理的发展与经济的发展有着密切的关系，物流的发展既取决于社会经济和生产力的发展水平，又取决于科学技术发展的水平。物流成本管理是随着物流管理的发展而兴起的成本管理的一个新的发展方向。物流成本管理的发展同成本管理一样，也是沿着事后管理到事中管理，再到事前管理的逻辑演变过程而不断向前发展的。

1. 国外物流成本管理的发展状况

从国外企业物流成本管理的发展过程来看，大致可以分为以下几个阶段。

(1) 物流成本认识阶段。物流成本管理在物流管理中占有重要的位置，"物流是经济的黑暗大陆""物流是第三利润源"等观点都说明了物流成本问题是物流管理初期人们关心的主要问题。所谓"物流是第三利润源"是指通过物流合理化，降低物流成本，成为在降低制造成本和扩大销售之后企业获取利润的第三种途径。正是由于在物流领域存在着广阔的降低成本的空间，物流问题才引起企业经营管理者的重视。企业物流管理可以说是从对物流成本的管理开始的。

但是，在这个阶段，人们对于物流成本的认识只是停留在概念层次上，还没有依照管理的步骤对物流成本实施全面管理。

(2) 物流项目成本管理阶段。在这个阶段，在对物流成本认识的基础上，根据不同部门、不同领域或不同产品出现的特定物流问题，组织专门的人员研究解决。但是，在物流成本管理的组织化程度以及物流成本的持久把握方面仍存在不足。

(3) 引入物流预算管理制度的阶段。预算是用数字表示的计划，计划是物流管理的首要职能。随着物流管理组织的设置，对物流成本有了一个统一、系统的把握，开始引入物流预算管理制度。也就是说，通过物流预算的编制、预算与实际的比较对物流成本进行差异分析，从而达到控制物流成本的目的。

但是，这个阶段编制的物流预算缺乏准确性，对成本变动原因进行分析也缺乏全面性，而且对物流成本的把握仅限于运费和对外支付的费用。

(4) 物流预算管理制度确立阶段。在这个阶段推出了物流成本的计算标准，物流预算及其管理有了比较客观准确的依据，物流部门成为独立的成本中心或利润中心。

(5) 物流业绩评价制度确立阶段。物流预算制度确立后，进一步发展的结果是形成物流业绩评价制度。通过物流部门对企业业绩贡献度的分析，准确评价物流部门的工作。物流部门的业绩评价离不开其对降低物流成本的贡献度。降低物流成本是物流部门永恒的目标。

2. 我国的物流成本管理发展状况

我国的物流管理起步较晚。1979 年，中国物资经济学会派代表团参加了在日本举行的第三届国际物流会议，第一次把"物流"这一概念从日本引入国内。

20 世纪 80 年代初，我国流通领域还带有很浓重的计划经济色彩，作为生产资料流通的主要承担者——国有物资部门开始从宏观角度研究物流。此时的商业系统还无暇顾及物流领域，使得当时的商业系统对物流的研究远远落后于物资系统。这时，我国物流管理的发展基本上处在概念的引进和初级理论研究阶段，未能引起各方面的重视，没有进行深入的研究和实际的操作，对物流成本的认识也只是停留在概念层次上，更不用谈对物流成本进行管理了。

20 世纪 90 年代初，由于市场竞争的激烈，业态的多样化导致流通利润下降，商业系统才开始重视物流，特别是开始重视连锁经营与物流配送关系的研究，使得商业系统对物流的研究迈向了新的高度。物流成本开始进入初步的研究和试验性管理阶段，但还只是限于个别的企业和部门，并没有引起全社会对物流成本的关注。

20 世纪 90 年代后期，随着我国经济体制改革的深入，企业产权关系的明确，生产企业及其他流通企业开始认识到物流的重要性。国内一些企业的内部开始设立专门的物流部门，也出现了不同形式的物流企业(大多物流企业是由原运输企业、仓储企业、商业企业或工业企业等改造重组而来的)，已有少数物流企业开始根据物流运作规律进行组织与管理。此时，物流这个

"第三利润源"引起了社会和企业的极大兴趣,大家纷纷参照国外的先进经验和技术,来加强物流管理,组织专门的人员研究降低物流成本的理论和方法,物流成本管理开始系统化。

进入21世纪,我国物流业发展开始走向国际化。我国对物流成本管理理论和方法的研究进入了一个新的阶段,很多学者发表了关于物流成本管理的专著和论文。有不少企业经过探讨和摸索,取得了一些积极的成果。通过对物流成本的管理来改善物流流程、降低成本、提高效益,已经成为我国物流业的核心问题。

1.4 物流成本管理的作用与意义

"物流既是主要成本的产生点,又是降低成本的关注点""物流是降低成本的宝库"。物流管理对于降低资源消耗、提高生产效率、增进企业经营效果、降低总体费用的作用已经引起了企业的普遍关注。物流成本管理是企业物流管理的核心,为此,所有企业都在谋求降低物流成本的途径。实行物流成本管理、降低物流成本、提高效益,对国家与企业都具有非常重要的现实与长远意义。

1.4.1 物流成本管理的微观作用

物流成本在企业的总成本中占有不小的比重,因此物流成本对于企业来说不是一个小数目。据统计,国外制造企业物流成本占总成本的比例大约为7%,我国则在20%以上。在制造业中物流成本费用仅次于原材料成本费用。调查显示,我国一般商品加工制造时间不超过从原材料到成品花费时间的10%,而90%以上的时间处于仓储、运输、搬运、包装、配送等物流环节。

物流成本的高低直接关系到企业利润水平的高低和竞争力的强弱。在不少企业中,物流成本占了总成本的很大比重,企业为了维持发展,迫切需要加强物流成本管理来降低生产费用、增加销售额,因此物流成本管理越来越受到人们的重视。

1.4.2 物流成本管理的宏观意义

从宏观的角度讲,进行物流成本管理,给行业和社会带来的经济效益体现在以下几个方面。

1. 优化资源配置,提高经济运行效率

随着经济全球化和信息技术的迅速发展,企业生产资料的获取与产品营销范围日益扩大,社会生产、物资流通、商品交易及其管理正在不断发生深刻的变革。物流成本管理水平的高低,将直接影响物流成本水平,进而影响产品成本。对于我国的企业而言,在各国企业都追求客户服务的差异化或成本最小化战略之时,可以利用高质量的现代物流系统,降低物流成本,改进物流管理,提高企业及其产品参与国际市场活动的竞争力。如果全行业的物流效率普遍提高,物流成本平均水平降低到一个新的水平,那么该行业在国际市场上的竞争力将会得到增强。对于一个地区的行业来说，可以提高其在全国市场的竞争力。

降低物流成本，可以降低产品在运输、装卸、仓储等流通环节的损耗，对于全社会而言，意味着创造同等数量的财富，在物流领域所消耗的物化劳动和活劳动得到节约，实现以尽可能少的资源投入，创造出尽可能多的物质财富，达到节省资源消耗的目的。物流成本的节约，不但为社会节约大量的物质财富，同时也可增加在生产领域的投入，从而创造更多的物质财富，还可以增加企业向国家上缴的利税，增加国家资金积累，扩大社会再生产的基础。

全行业物流成本的普遍下降，将会对产品的价格产生影响，导致物价相对下降，减轻消费者的经济负担，这有利于保持消费物价的稳定，相对提高国民的购买力，刺激消费，提高经济运行的整体效率。

物流业水平的高低是一个国家综合实力、竞争力、经济效率与宏观调控力的重要标志。加强物流成本管理对于优化资源配置、提高经济运行效率，具有十分重要的意义。

2. 促进区域经济结构的合理布局和协调发展

区域经济是一种聚集经济，是人流、商流、资金流等各种生产要素聚集在一起的规模化生产，以生产的批量化和连续性为特征。在区域经济的发展进程中，合理的物流系统起着基础性的作用。

加强物流成本管理，可以促进新的产业形态的形成，优化区域产业结构。现代物流业本质上是第三产业，是现代经济分工和专业化高度发展的产物，其发展将对第三产业的发展起到积极的促进作用。实践表明，现代物流业的发展促进了当地的经济发展，既解决了当地的就业问题，又增加了税收，促进了其他行业的发展。此外，还能进一步带来商流、资金流、信息流、技术流的集聚，以及交通运输业、商贸业、金融业、信息业和旅游业等多种产业的发展，这些产业都是第三产业发展的新的增长点，也是第三产业重要的组成部分。加强物流成本管理还有利于对分散的物流进行集中处理，量的集约必然要求利用现代化的物流设施、先进的信息网络进行协调和管理。相对于分散经营、功能单一、技术原始的储运业务，现代物流属于技术密集型和高附加值的高科技产业，具有资产结构高度化、技术结构高度化、劳动力高度化等特征。从这个角度来说，加强物流成本管理有利于区域产业结构向高度化方向发展。

加强物流成本管理还可以促进以城市为中心的区域市场的形成和发展。一般来说，城市是商品集散和加工的中心，物流设施和基础设施建设齐全，流通人力资本高，消费集中而且需求量大，交通与信息发达。城市与周围地区存在不对称性，以城市为核心枢纽，辐射周边地区，带动其他地域形成一个商品流通整体。现代物流可以促进以城市为中心的区域经济形成，促进以城市为中心的区域经济结构的合理布局和协调发展，有利于以城市为中心的经济区吸引外资，有利于以城市为中心的网络化大区域市场体系的建立，有利于解决城市的交通问题，有利于实现城市的整体规划，有利于减少物流对城市环境的种种不利影响。

总之，加强物流成本管理，降低物流成本，从微观角度上看，可以提高企业的物流管理水平，加强企业的经营管理，促进经济效益的提高，增强竞争力；从宏观角度上看，对提高国民经济的总体运行质量和竞争力，促进产业结构的调整，大力发展国民经济，提高人民生活水平都具有重要意义。

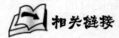

国务院印发《降低实体经济企业成本工作方案》

2016年8月，国务院印发《降低实体经济企业成本工作方案》(以下简称《方案》)，对今后一个时期开展降低实体经济企业成本工作作出全面部署。

《方案》强调，要坚持全面系统推进和抓住关键环节相结合、解决当前问题与着眼长远发展相结合、支持企业发展与实现优胜劣汰相结合、降低外部成本与企业内部挖潜相结合、降低企业成本与提高供给质量相结合的原则，发挥好政府、市场和企业各自的作用，全面降低实体经济企业成本。

《方案》明确，降低成本工作要努力使企业税费负担、融资成本、制度性交易成本、能源成本、物流成本等得到合理和有效降低，人工成本上涨得到合理控制；3年左右使实体经济企业综合成本合理下降，盈利能力较为明显增强，产业竞争力进一步提升。

《方案》从8个方面提出了降低实体经济企业成本的具体措施：一是合理降低企业税费负担，包括全面推开营改增试点，落实好研发费用加计扣除政策，免征18项行政事业性收费，取消减免一批政府性基金等；二是有效降低企业融资成本，包括保持流动性合理充裕，提高直接融资比重，降低贷款中间环节费用，扩大长期低成本资金规模，加大不良资产处置力度，稳妥推进民营银行设立等；三是着力降低制度性交易成本，包括深化"放管服"改革，提高政府公共服务能力和水平，大幅压减各类行政审批前置中介服务事项，组织实施公平竞争审查制度，逐步实行全国统一的市场准入负面清单制度等；四是合理降低企业人工成本，包括阶段性降低企业职工基本养老保险单位缴费比例，阶段性降低失业保险费率，规范和阶段性适当降低住房公积金缴存比例等；五是进一步降低企业用能用地成本，包括加快推进能源领域改革，积极开展电力直接交易，实施输配电价改革试点，完善土地供应制度等；六是较大幅度降低企业物流成本，包括大力发展运输新业态，合理确定公路运输收费标准，规范公路收费管理，规范机场、铁路、港口码头经营性收费项目等；七是提高企业资金周转效率，包括对科技创新创业企业开展投贷联动试点，鼓励企业通过资产证券化、金融租赁方式盘活存量资源，清理规范工程建设领域保证金等；八是鼓励和引导企业内部挖潜，开展技术、管理和营销模式创新，推广应用先进技术，加强目标成本管理等。

《方案》提出了推进体制机制改革、推进创新活动、发挥"互联网+"作用、立足国际国内两个市场、加强和改进管理、降低监管成本、改善公共服务、优化产业布局、分行业降本增效等方面的配套措施。《方案》指出，要加强组织领导和工作协调，加强对落实情况的督促检查，适时评估总结和推广经验，建立和完善降低实体经济企业成本的长效机制。

(资料来源：http://www.gov.cn/xinwen/2016-08/22/content_5101342.htm[2022-08-12])

1.5 相关的物流理论

1.5.1 "第三利润源"学说

"第三利润源"学说是日本早稻田大学教授西泽修在 1970 年提出的。

从历史发展来看,人类历史上曾经有过两个大量提供利润的领域。在生产力相对落后、社会产品处于供不应求的历史阶段,由于市场商品匮乏,制造企业无论生产多少产品都能销售出去,于是就大力进行设备更新改造、扩大生产能力、增加产品数量、降低生产成本,以此来创造企业的剩余价值,即"第一利润源"。当产品充斥市场,转为供大于求,销售产生困难时,也就是第一利润达到一定极限、很难持续发展时,便采取扩大销售的办法寻求新的利润源泉。人力领域最初是廉价劳动,其后则是依靠科技进步来提高劳动生产率,降低人力消耗或采用机械化、自动化来降低劳动耗用,从而降低成本、增加利润,称为"第二利润源"。然而,在前两个利润源潜力越来越小、利润开拓越来越困难的情况下,物流领域的潜力被人们重视,于是出现了西泽修的"第三利润源"学说。同样的解释还反映在日本另一位物流学者谷本谷一编著的《现代日本物流问题》和日本物流管理协会编著的《物流管理手册》中。

"第三利润源"学说是对物流潜力及效益的描述。经过半个世纪的探索,人们已肯定物流是"黑大陆",虽然对它还不清楚,但绝不是不毛之地,而是一片富饶之源。

这三个利润源着重开发生产力的三个不同要素:第一利润源的挖掘对象是生产力中的劳动对象;第二利润源的挖掘对象是生产力中的劳动者;第三利润源的主要挖掘对象则是生产力中劳动工具的潜力,同时注重劳动对象与劳动者的潜力,因而更具全面性。

对"第三利润源"学说的最初认识基于以下几个方面。

(1) 物流是可以完全从流通中分化出来的,自成体系,有目标,可以进行管理,因而能进行独立的总体判断。

(2) 物流和其他独立的经济活动一样。它不是总体的成本构成因素,而是单独盈利因素。物流可以成为"利润中心"。

(3) 从物流服务角度来说,通过有效的物流服务,可以给接受物流服务的生产企业创造更好的盈利机会,成为生产企业的"第三利润源"。

(4) 通过有效的物流活动,可以优化社会经济系统和整个国民经济的运行,降低整个社会的运行成本,提高国民经济的总效益。

经济界的一般理解,是从物流可以创造微观经济效益来看待"第三利润源"的。

1.5.2 物流成本冰山理论

物流成本冰山理论也是由日本早稻田大学教授西泽修提出的。它的含义是说人们并没有掌握物流成本的总体内容,提起物流成本大家只看到露出水面的冰山一角,而潜藏在水里的整个冰山却看不见,水中的冰山才是物流成本的主体部分。西泽修指出,企业在计算盈亏时,"销售费用和管理费用"项目所列支的"运输费用"和"保管费用"的现金金额一般只包括企业支付给其他企业的运输费用和仓储保管费用，而这些外付费用只不过是企业整个物流成本的冰山一角。

一般情况下，在企业的财务统计数据中，只能看到支付给外部运输和仓库企业的委托物流成本，而实际上，这些委托物流成本在整个物流成本中只占很小的比例，确实犹如冰山一角。因为物流基础设施的折旧费、企业利用自己的车辆运输、利用自己的库房保管货物、由自己的工人进行包装和装卸等自家物流成本都记入了"原材料""生产成本（制造费用）""销售费用""管理费用"和"财务费用"等科目中，所以企业向外部支付的物流成本是很小的一部分，企业内部发生的物流成本占很大一部分。从现代物流管理的需求来看，当前的会计科目设置使企业难以准确把握物流成本的全貌。美国、日本等国家的实践表明，企业实际物流成本的支出往往要超过企业对外支付物流成本额的 5 倍。

图 1.1 反映的是我国当前会计核算制度下一个典型制造企业中物流成本的核算现状。其中，整个冰山可以视为该企业的整个物流成本部分，露在水面之上的部分是企业向外部支付的物流成本，这部分物流成本是企业可以统计出来的，而潜藏在水面之下的大部分物流成本却不能通过当前的会计核算得到统计。

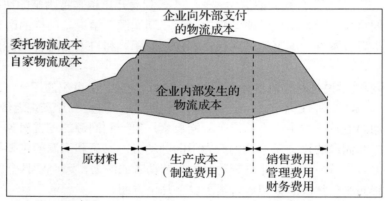

图 1.1　物流成本冰山

物流成本冰山理论能成立，除了现行会计核算制度本身没有考虑物流成本，还有以下三个方面的原因。第一，物流成本的计算范围太大，包括原材料物流、工厂内物流、从工厂到仓库和配送中心的物流、从配送中心到商店的物流、退货物流和废弃物物流等。这么大的范围，涉及的单位非常多，牵涉的面也很广，很容易漏掉其中的某一部分。第二，在运输、保管、包装、装卸、信息等各种物流环节中，以哪几种环节作为物流成本的计算对象问题。如果只计运输费用和保管费用，不计其他费用，与计算运输、保管、装卸、包装、信息等全部费用，两种计算结果差别相当大。第三，选择哪几种费用列入物流成本的问题。例如，向外部支付的运输费、保管费、装卸费等一般都容易列入物流成本，可是本企业内部发生的物流成本，如与物流相关的人工费、物流设施建设费、设备购置费，以及折旧费、维修费、电费、燃料费等是否也列入物流成本中？此类问题都与物流成本的高低直接相关。因此说物流成本确实犹如一座水中的冰山，露出水面的仅是冰山一角。

1.5.3　"黑大陆"学说

由于物流成本在财务会计核算中被分别计入生产成本、管理费用、营业费用、财务费用和营业外费用等项目，这样，在损益表中所能看到的物流成本在整个销售额中只占极少的比重。因此，财务会计核算中不能体现物流的重要性，这就是物流被称为"黑大陆"的一个原因。

由于物流成本的有效管理对企业盈利和发展有重要意义，1962年，著名的管理学家德鲁克(P. F. Drucker)在《财富》杂志上发表了题为《经济的黑色大陆》的文章，他强调应高度重视流通及流通过程中的物流管理。德鲁克曾经讲过："流通是经济领域的黑暗大陆。"这里德鲁克泛指的是流通，但因为流通领域中物流活动的模糊性特别突出，它是流通领域中人们认识不清的领域，所以"黑大陆"学说主要针对物流而言。"黑大陆"学说主要是指尚未认识、尚未了解。在"黑大陆"中，如果理论研究和实践探索照亮了这块"黑大陆"，那么摆在人们面前的可能是一片不毛之地，也可能是一片宝藏之地。

"黑大陆"学说指出在市场经济繁荣和发达的情况下，无论是科学技术还是经济发展，都没有止境。"黑大陆"学说也是对物流本身的正确评价，即这个领域未知的知识还有很多，理论与实践皆不成熟。从某种意义上看，"黑大陆"学说是未来学的一种研究结论，是战略分析的结论，带有较强的抽象性，这一学说对于研究物流领域起到了启发和带头作用。

1.5.4 效益背反理论

效益背反又称二律背反、交替损益，是指物流的若干功能要素之间存在着损益的矛盾，即某个功能要素的优化和利益发生的同时，必然会存在另一个或几个功能要素的利益损失，反之也如此。效益背反是物流领域中很普遍的现象，是物流领域中内部矛盾的反映和表现。物流系统的效益背反包括物流成本与服务水平的效益背反和物流各功能活动之间的效益背反。

物流成本与服务水平的效益背反是指物流服务的高水平必然带来企业业务量的增加、收入的增加，同时也带来企业物流成本的增加，使企业效益下降，即高水平的物流服务是由高水平的物流成本作保证的，在没有较大技术进步的情况下，物流企业很难做到既提高了物流服务水平，又降低了物流成本。一般来讲，提高物流服务水平，物流成本即上升，两者之间存在着效益背反的规律。而且，物流服务水平与物流成本之间并非呈线性关系。

物流功能之间的效益背反是指物流各项功能活动处于一个统一且矛盾的系统中，在同样的物流总量需求和物流执行条件下，一种功能成本的削减会使另一种功能成本增加。因为各种费用互相关联，必须考虑整体的最佳成本。

物流的基本职能主要是指对货物的包装、装卸与搬运、保管以及运输配送等，这些基本职能之间存在着此消彼长的效益背反。例如，从配送中心的数量与运输配送费和保管费的关系来看，一个企业如果在配送范围内建立多个配送中心，运输配送成本必然下降，因为运输距离变短，但是同时，由于单个配送中心必须配备一定数量的保管人员、车辆，且保持一定数量的商品库存，企业整体的工资费用、保管费用、库存资金占用利息等必然大大增加。也就是说，运输成本和保管费用之间存在着效益背反关系，二者交替损益。

物流系统是以成本为核心，按最低成本的要求，使整个物流系统化，它强调调整各要素之间的矛盾，强调各要素之间的有机结合。这些要求必须从总成本的角度出发，系统地看问题,追求整个物流系统总成本的最低。企业物流管理肩负着"降低企业物流成本"和"提高服务水平"两大任务,这是一对相互矛盾的对立关系。整个物流合理化,需要用总成本评价,这反映出企业物流成本管理的效益背反特征及企业物流对整体概念的重要性。美国学者用"物流森林"的结构概念来表述物流的整体概念,指出物流是一种结构,对物流不能只见功能要素而不见结构,即不能"只见树木,不见森林",物流的总体效果是森林的效果。

对这种总体观念的描述还有许多其他的提法,诸如物流系统观念、多维结构观念、物流一体化观念、综合物流观念和物流的供应链管理等。

1.5.5 其他物流成本学说

除了上述较有影响的物流理论学说,还有一些物流成本学说在物流学界广为流传。

1. 服务中心说

服务中心说代表了美国和欧洲等一些国家学者对物流的认识。他们认为,物流活动最大的作用,并不是为企业节约了成本或增加了利润,而是提高了企业对用户的服务水平,进而提高了企业的竞争力。因此,他们选择了"logistic"一词描述物流,特别强调物流服务保障的职能。借助于物流的服务保障职能,企业可以通过提高整体能力来压缩成本,从而增加利润。

2. 成本中心说

成本中心说的含义:物流在整个企业战略中,只对企业营销活动的成本发生影响。物流成本是企业成本的重要组成部分,因而解决物流的问题,重要的是通过物流管理降低成本。所以,成本中心说既是指主要成本的产生点,又是指降低成本的关注点。物流是"降低成本的宝库"等说法正是这种认识的形象表述。

3. 利润中心说

利润中心说的含义:物流可以为企业提供大量直接和间接的利润,是形成企业经营利润的主要活动。对国民经济而言,物流也是国民经济中创利的主要活动。物流的这一作用,被表述为"第三利润源"。

本 章 小 结

《企业物流成本构成与计算》(GB/T 20523—2006)对物流成本是这样定义的:"企业物流活动中所消耗的物化劳动和活劳动的货币表现,包括货物在运输、储存、包装、装卸搬运、流通加工、物流信息、物流管理等过程中所耗费的人力、物力和财力的总和以及与存货有关的流动资金占用成本、存货风险成本和存货保险成本。"这里的物流成本包括两个方面的内容:一方面是直接在物流环节产生的支付给劳动力的成本、耗费在机器设备上的成本,以及支付给第三方的成本;另一方面是在物流环节中因持有存货等所潜在的成本,如资金占用成本、保险费等。

物流成本管理是以物流成本信息的产生与利用为基础，按照降低物流成本最优化的要求有组织地进行预测、决策、计划、控制、分析和考核等一系列的科学管理活动。

物流成本相关理论学说主要有物流成本冰山学说、"黑大陆"学说、"第三利润源"学说、效益背反理论和成本中心说等。

物流成本冰山理论是由日本早稻田大学教授西泽修提出的。它的含义是说人们并没有掌握物流成本的总体内容，提起物流成本大家只看到露出水面的冰山一角，而潜藏在水里的整个冰山却看不见，水中的冰山才是物流成本的主体部分。西泽修指出，企业在计算盈亏时，"销售费用和管理费用"项目所列支的"运输费用"和"保管费用"的现金金额一般只包括企业支付给其他企业的运输费用和仓储保管费用，而这些外付费用不过是企业整个物流成本的冰山一角。

"黑大陆"学说指出在市场经济繁荣和发达的情况下，无论是科学技术还是经济发展，都没有止境。"黑大陆"学说也是对物流本身的正确评价，即这个领域未知的知识还有很多，理论与实践皆不成熟。从某种意义上看，"黑大陆"学说是未来学的一种研究结论，是战略分析的结论，带有较强的抽象性，这一学说对于研究物流领域起到了启发和带头作用。

效益背反又称二律背反、交替损益，是指物流的若干功能要素之间存在着损益的矛盾，即某个功能要素的优化和利益发生的同时，必然会存在另一个或几个功能要素的利益损失，反之也如此。效益背反是物流领域中很普遍的现象，是物流领域中内部矛盾的反映和表现。物流系统的效益背反包括物流成本与服务水平的效益背反和物流各功能活动之间的效益背反。

 关键术语

成本　物流成本　物流成本管理　物流成本冰山理论　第三利润源　效益背反

习　题

一、选择题

1. 国家标准《企业物流成本构成与计算》(GB/T 20523—2006)发布实施的时间是(　　)。
   A. 2006年　　　　B. 2007年　　　　C. 2008年　　　　D. 2009年
2. 物流成本计划数字化的工作被称为物流成本(　　)。
   A. 规划　　　　　B. 决策　　　　　C. 预测　　　　　D. 预算
3. 物流系统中存在的制约关系也称为(　　)。
   A. 一律背反原理　　　　　　　　　B. 二律背反原理
   C. 三律背反原理　　　　　　　　　D. 四律背反原理
4. 美国、日本等国家的实践表明，企业实际物流成本的支出往往要超过企业对外支付物流成本额的(　　)倍。
   A. 2　　　　　　　B. 3　　　　　　　C. 4　　　　　　　D. 5

5. 据统计，国外制造企业物流成本占总成本的比例大约为7%，我国则在(　　)以上。
   A. 10%　　　　B. 15%　　　　C. 20%　　　　D. 25%

二、简答题

1. 什么是物流成本？物流成本有哪些特点？
2. 什么是物流成本管理？简述物流成本管理的发展历程。
3. 效益背反的含义是什么？
4. "第三利润源"学说的主要观点是什么？
5. 降低物流成本的意义有哪些？
6. 成本中心说的主要内容是什么？

德邦物流免费承运新冠肺炎疫情救援物资

2020年1月25日，德邦快递在其发布的紧急通知中提到，为支援新冠肺炎疫情防控，德邦快递决定从即日起，在全国范围内开通免费向武汉地区运输配送救援物资的绿色通道服务，直至当地物资紧缺问题得到解决。该倡议引起国药集团、中建三局、中华救助基金会、石四药集团、海底捞等众多机构或企事业单位，以及各地慈善群体的积极响应。

据悉，2020年1月25—29日，德邦快递承运的物资主要包括药品、护目镜、手套、口罩、通信器材、医疗设备等。物资由德邦快递山东事业部、河南事业部、天津枢纽中心、苏州枢纽中心、深圳枢纽中心、顺德枢纽中心、郑州枢纽中心等快递点部运送，陆续抵达武汉红十字会、蔡甸火神山医院、武汉大学人民医院、武汉雷神山医院等数十家单位，为武汉地区的新冠肺炎疫情防控提供了相关保障。

(资料来源：https://www.sohu.com/a/374523890_100217077[2022-06-15])

思考：1. 企业社会责任的含义是什么？
　　　2. 德邦快递积极践行企业社会责任的做法给其他企业带来哪些启示？

阿米巴经营模式

阿米巴经营模式是日本的稻盛和夫独创的量化分权经营模式。稻盛和夫创建了两家世界500强企业——京瓷和第二电信(KDDI)，正是阿米巴经营模式让这两家企业茁壮成长、长盛不衰的。京瓷更是创造了神话一般的业绩——50余年从不亏损，越是经济危机越是大发展。

阿米巴经营模式有三个要点。第一，内部分割为非常细小的组织。如果是粗放的组织，哪里发生问题，将很难被发现。组织划分得越细，也就能看得越细致。第二，定期展示自己的成果。通过单位时间核算表，把各个部门每个月的工作结果用经营数字的方式表现出来。第三，提供迅速及时的经营信息。管理部门将经营所需的各种信息收集并整理，及时提供给阿米巴领导，作为经营的参考信息。

京瓷公司就是一个运用这个模式经营成功的范例。整个公司由 3 000 多个"阿米巴小组"构成。每个"阿米巴小组"是工厂、车间中形成的最小的工作单位，指的是一个部门、一条生产线、一个班组。每个"阿米巴小组"都是一个独立的利润中心，就像一个中小企业那样活动，虽然需要经过上司的同意，但是经营计划、业绩管理、劳务管理等所有经营上的事情都由他们自行运作。

2010 年 2 月 1 日，稻盛和夫接盘申请破产保护的日航，截至 2011 年 3 月，日航的盈利创造了全球航空公司第一的纪录。

第一，砍掉 50%的航线。亏本的航线是社会不需要的航线，应该立刻砍掉，但这个决定难下。日本的企业体制，有点终身雇佣制的味道。日本人可以没有多少钱，但是不能没有工作。砍掉 50%的航线，肯定伴随着一个谁都不愿意面对的困难——裁员。稻盛和夫在这个层面用足了心思。他内在的慈悲，源源不断地涌了出来。

第二，裁员 17 000 人，最终只有 170 人没有工作。稻盛和夫发动 6 000 多家公司，积极为日航下岗员工安排工作。最后，只有 170 人因为自己的原因没有被安排工作。稻盛和夫对离职的人说，你们是拯救日航的功臣，你们做出了巨大的牺牲，让日航赢得了重新上路的机会。此外，这些人有足够的下岗补贴。稻盛和夫与日航人共同发誓，争取早一天让那些下岗的人回来。

第三，不换思维就换人，换掉 50%的高管人员。稻盛和夫分部门给高管开会。他会放平心态，听到有问题的地方会直接指出来，而不顾及参会者的面子。你如果不换思维，那么下面还有许多人跃跃欲试。你就暂时靠边站，工资待遇不少你的。稻盛和夫可以否定一个人的工作态度，但绝对不会去借此否定这个人。上午开会劈头盖脸地批，晚上稻盛和夫花自己的钱请他们喝酒，给他们平平气。

第四，让每一个员工都醍醐灌顶。对于稻盛和夫来说，整合日航的难点在于，如何能够让每个一线员工贯彻他的思维与精神。这对于许多企业家来说，都会感觉很难，而稻盛和夫却是手到擒来。所有能抽出来的时间，他都会走到一线员工之间，跟他们交流、握手、倾听。

(资料来源：根据网站资料整理)

思考：阿米巴经营模式对企业物流成本管理有哪些启示？

第 2 章 物流成本的构成与分类

【教学目标与要求】

掌握我国社会物流成本的构成。
掌握企业物流成本的构成。
了解企业物流成本的分类。
了解影响企业物流成本的主要因素。

打造绿色港口集疏运体系

唐山港曹妃甸港区，是我国最大的矿石接卸港，每年有超过1亿吨的进口铁矿石由这里下船。长期以来，90%以上矿石选择的是公路疏港。在附近的疏港公路上，经常出现重载货车排成长龙、缓慢前行、尘土飞扬的场景，柴油机排放的废气更是时常弥漫在港口上空。

交通拥堵的景象、空气污染的烦恼正随着唐曹铁路等疏港通道的完工与装卸能力的提升而逐渐远去。在曹妃甸港区矿石码头铁路场站，传送带将从远洋船舶上卸下的矿石转至列车车厢上，算上捆绑、堵漏等作业环节，3个半小时便可将3 700吨矿石装进一列55节车厢的列车中，相当于80辆重载货车的运量。

据统计，2018年，唐山港利用铁路装车发运疏港铁矿石1 538万吨，是2017年的2.4倍。2020年，唐山钢铁企业的疏港矿石运输已全部实现"公转铁"。唐山港的变化是全国运输结构优化的一个缩影。2018年，国务院办公厅正式印发《推进运输结构调整三年行动计划(2018—2020年)》(简称"行动计划")，提出了明确的任务与目标。任务是涵盖铁路运能提升、公路货运治理、多式联运提速等"六大行动"；目标则是以大宗货物运输"公转铁、公转水"为主攻方向，通过三年集中攻坚，实现全国铁路货运量较大增长。国铁集团统计数据显示，"十三五"期间，国家铁路完成货物发送量157.8亿吨，相比"十二五"增长1.7%，铁路货运量占全社会的比例由2016年的7.7%提高到2020年的9.9%。其中，2020年，国家铁路完成货物发送量35.8亿吨，同比增长4.1%。

(资料来源：https://baijiahao.baidu.com/s?id=1637980251451734542&wfr=spider&for=pc[2022-6-30])

唐山港打造绿色港口集疏运体系，疏港矿石已全部实现铁路运输，这对于减少交通拥堵现象、降低运输成本、减少空气污染起到了积极作用，这也是全国运输结构调整优化的一个缩影。

2.1 社会物流成本的构成

社会物流成本是核算一个国家在一定时期内发生的物流总成本(总费用)，是不同性质的企业微观物流成本的总和。事实上，一个国家的物流成本总额占国内生产总值(Gross Domestic Product，GDP)的比例，已经成为衡量各国物流服务水平和物流发展水平高低的标志。

美国、日本等发达国家对物流成本的研究工作非常重视，已经对物流成本持续进行了必要的调查与分析，建立了一套完整的物流成本收集系统，并将各年的资料加以比较，随时掌握国内物流成本变化情况以供企业和政府参考。与美国、日本等国家相比，我国对社会物流成本核算的研究较为迟缓，直到2004年国家发展改革委、国家统计局发布了《社会物流统计制度及核算表式(试行)》的通知后，相对完善的社会物流成本统计计算体系才面世。

2.1.1 美国社会物流成本的构成

美国社会物流成本占 GDP 的比例在 20 世纪 80 年代保持在 11.4%～11.7%的范围内，而进入 20 世纪 90 年代，该比例有了显著下降，由 11%以上下降到 10%左右。必须指出的是，美国物流成本的绝对数量一直是在上升的，但是由于其上升的幅度低于国民经济的增长幅度，所以占 GDP 的比例在缩小，从而成为经济效益提高的源泉。

美国的物流成本主要由三个部分组成：一是存货持有成本；二是运输成本；三是物流行政管理成本。比较近 20 年来的变化可以看出，运输成本在 GDP 中的比例大体保持不变，而库存费用降低是导致美国物流总成本比例下降的最主要原因，该比例由过去接近 5%下降到不足 4%。由此可见，降低库存成本、加快周转速度是美国现代物流发展取得的突出成绩。也就是说，利润的源泉更集中在降低库存、加速资金周转方面。

1. 存货持有成本

存货是指企业在日常活动中持有以备出售的产成品或商品，处在生产过程中的在产品，在生产过程或提供劳务过程中耗用的材料、物料等。存货区别于固定资产等非流动资产的最基本的特征是企业持有存货的最终的目的是出售。

存货持有成本除了包括仓储成本、残损、人力费用、保险和税收费用，还包括库存占用资金的利息。其中，利息是当年美国商业利率乘以全国商业库存总额得到的，把库存占用资金的利息加入物流成本，这是现代物流费用计算与传统物流费用计算的最大区别，只有这样，降低物流成本和加速资金周转速度才能从根本上统一起来。

美国的全国商业存货总额涵盖了农业、采矿业、建筑业、服务业、制造业、批发零售业等所有行业门类的数据，其数据来自美国商务部《国民收入和生产核算报告》《当前商业状况调查》和《美国统计摘要》。

仓储成本包括公共仓库成本和自有仓库成本。公共仓库的成本数据可以从美国商务部发布的《服务业年度调查报告》中获取；自有仓库的成本数据则是根据相关资料统计测算得到的。

2. 运输成本

运输成本是直接从美国 ENO 运输基金会出版的《美国运输年度报告》中得到的货运数据，分为道路运输费用、其他运输方式产生的费用和货主费用。道路运输费用包括公路运输费用与城市内运输费用；其他运输费用包括铁路运输费用、水运运输费用、航空运输费用、油气管道运输费用；货主费用包括运输管理部门的运作及装卸费用。近年来，美国的运输费用约占 GDP 的 6%，并一直保持着这一比例，这说明运输费用与经济的增长是同步的。

3. 物流行政管理成本

物流行政管理成本是按照美国的历史情况由专家确定一个固定比例，乘以存货持有成本和运输成本的总和得出的，包括订单处理及 IT 成本、市场预测、计划制订及相关财务人员发生的管理费用。美国物流行政管理成本占物流成本总额的比例约为 4%。

2.1.2 欧洲社会物流成本的构成

物流产业在欧洲已经步入成熟的发展阶段,但社会物流成本的测算尚没有固定的范式,相关的研究主要是根据调查和预测的资料。

从现有的资料看,欧洲社会物流成本的核算并没有把管理费用单列,而是将其分散在仓储、包装和搬运等各个方面,但测算方法基本与美国的测算方法相同。

2.1.3 日本社会物流成本的构成

1. 运输费

运输费分为营业运输费和企业内部运输费,前者又包括卡车货运费用、铁路货运费用、内海航运货运费用、国内航空货运费用及货运站收入等。

2. 保管费

保管费依据日本经济企划厅编制的《国民经济计算年报》中的国民资产、负债余额中原材料库存余额、产品库存余额及流通库存余额的总额乘以日本资材管理学会调查所得的库存费用比例计算而得。

3. 管理费

管理费依据《国民经济计划年报》中的"国内各项经济活动生产要素所得分类统计",将制造业和批发业、零售业的产出总额,乘以日本物流协会根据行业分类调查的各行业物流管理费用比例0.5%计算得出。

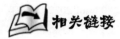

**国务院发文:推动大宗物资"公转铁、公转水";
推进多式联运发展,优化调整运输结构**

国务院办公厅日前印发《推进多式联运发展优化调整运输结构工作方案(2021—2025年)》(以下简称《方案》)。

《方案》指出,以习近平新时代中国特色社会主义思想为指导,深入贯彻党的十九大和十九届历次全会精神,以加快建设交通强国为目标,以发展多式联运为抓手,加快构建安全、便捷、高效、绿色、经济的现代化综合交通体系,更好服务构建新发展格局,为实现碳达峰、碳中和目标做出交通贡献。《方案》提出,到2025年,多式联运发展水平明显提升,基本形成大宗货物及集装箱中长距离运输以铁路和水路为主的发展格局,全国铁路和水路货运量比2020年分别增长10%和12%,集装箱铁水联运量年均增长15%以上。

《方案》提出六个方面的政策措施。

一是提升多式联运承载能力和衔接水平。加快建设综合立体交通网;加快港口物流枢纽建设,完善铁路物流基地布局,有序推进专业性货运枢纽机场建设;健全港区、园区等集疏运体系,新建或迁建煤炭、矿石、焦炭等大宗货物年运量150万吨以上的物流园区、工矿企业及粮食储备库等,原则上要接入铁路专用线或管道。

二是创新多式联运组织模式。丰富多式联运服务产品,大力发展铁路快运,推动冷链、危化品、国内邮件快件等专业化联运发展。培育多式联运市场主体,鼓励港口航运、铁路货运、航空寄递、货代企业及平台型企业等加快向多式联运经营人转型。推进运输服务规则衔接,以铁路与海运衔接为重点,推动建立与多式联运相适应的规则协调和互认机制,深入推进多式联运"一单制",探索推进国际铁路联运运单、多式联运单证物权化。加大信息资源共享力度。

三是促进重点区域运输结构调整。推动大宗物资"公转铁、公转水"。推进京津冀及周边地区、晋陕蒙煤炭主产区运输绿色低碳转型。加快长三角地区、粤港澳大湾区铁水联运、江海联运发展。

四是加快技术装备升级。推广应用标准化运载单元,积极推动标准化托盘(1 200mm×1 000mm)在集装箱运输和多式联运中的应用;加强技术装备研发应用;提高技术装备绿色化水平。

五是营造统一开放的市场环境。深化重点领域改革,建立统一开放、竞争有序的运输服务市场;规范重点领域和环节收费;加快完善法律法规和标准体系。

六是完善政策保障体系。加大资金支持力度;加强对重点项目的资源保障;制定推动多式联运发展和运输结构调整的碳减排政策,鼓励各地出台支持多种运输方式协同、提高综合运输效率、便利新能源和清洁能源车船通行等方面政策。

《方案》要求,各地各有关部门和单位要将发展多式联运和调整运输结构作为"十四五"交通运输领域的重点事项,督促港口、工矿企业、铁路企业等落实责任,有力有序地推进各项工作。

(资料来源:https://new.qq.com/omn/20220108/20220108A0677O00.html[2022-08-12])

2.1.4 我国社会物流成本的构成

根据国家标准《社会物流统计指标体系》(GB/T 24361—2009),我国社会物流总费用是指我国全部常住单位因社会物流经济活动而发生的总费用。

1. 运输费用

运输费用是指社会物流经济活动中,国民经济各部门由于物品运输而支付的全部费用。其包括支付给物品承运方的运费(即承运方的货运收入);支付给装卸搬运保管代理等辅助服务提供方的费用(即辅助服务提供方的货运业务收入);支付给运输管理与投资部门的,由货主方承担的各种交通建设基金、过路费、过桥费、过闸费等运输附加费用。其计量单位为亿元。其计算公式为

$$运输费用 = 运费 + 装卸搬运等辅助费 + 运输附加费$$

2. 保管费用

保管费用是指社会物流经济活动中,物品从最初的资源供应地(生产环节、海关关境)向最终消费地流动过程中,所发生的除运输费用和管理费用之外的全部费用。保管费用包括物流过程中因流动资金的占用而需承担的利息费用;仓储保管方面的费用;流通中配送、

加工、包装、信息及相关服务方面的费用；物流过程中发生的保险费用和物品损耗费用等。其计量单位为亿元。其计算公式为

$$保管费用 = 利息费用 + 仓储费用 + 保险费用 + 货物损耗费用 + 信息及相关服务费用 + 配送费用 + 流通加工费用 + 包装费用 + 其他保管费用$$

3. 管理费用

管理费用是指社会物流经济活动中，物品供需双方的管理部门，因组织和管理各项物流活动所发生的费用。其主要包括管理人员的报酬和福利、办公费用、教育培训、劳动保险、车船使用等各种属于管理费用科目的费用。其计量单位为亿元。其计算公式为

$$管理费用 = 社会物流总额 \times 社会物流平均管理费用率$$

其中，社会物流平均管理费用率是指报告期内，在各物品最初供给部门完成全部物品从供给地流向最终需求地的社会物流活动中，管理费用额占各部门物流总额比例的综合平均数。

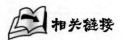 相关链接

2020 年全国物流运行情况

2020 年，统筹新冠肺炎疫情防控和经济社会发展取得重大成果，物流运行持续稳定恢复。

1. 社会物流总额增速持续回升

2020 年，全国社会物流总额 300.1 万亿元，按可比价格计算，同比增长 3.5%。从构成看，工业品物流总额 269.9 万亿元，按可比价格计算，同比增长 2.8%；农产品物流总额 4.6 万亿元，同比增长 3.0%；单位与居民物品物流总额 9.8 万亿元，同比增长 13.2%；进口货物物流总额 14.2 万亿元，同比增长 8.9%；再生资源物流总额 1.6 万亿元，同比增长 16.9%。

2. 社会物流总费用与 GDP 的比率基本持平

2020 年，社会物流总费用 14.9 万亿元，同比增长 2.0%。社会物流总费用与 GDP 的比率为 14.7%，与 2019 年基本持平。从结构看，运输费用 7.8 万亿元，同比增长 0.1%；保管费用 5.1 万亿元，同比增长 3.9%；管理费用 1.9 万亿元，同比增长 1.3%。

3. 物流业总收入实现小幅增长

2020 年，物流业总收入 10.5 万亿元，比 2019 年增长 2.2%。

(资料来源：https://www.ndrc.gov.cn/xwdt/ztzl/shwltj/qgsj/202102/t20210226_1268288_ext.html[2022-06-15])

2.2 企业物流成本的构成与分类

2.2.1 企业物流成本的构成

企业物流成本按其所处领域的不同可分为生产企业物流成本、流通企业物流成本和物流企业物流成本。生产企业包括制造企业、装配企业等；流通企业包括批发企业、零售企业等；物流企业包括仓储型物流企业、运输型物流企业、综合型物流企业等。

企业物流成本主要是指生产企业物流成本和流通企业物流成本,又称货主企业物流成本。企业物流成本是将企业因物流活动而引发的成本从企业总体成本中分离出来,即一般企业(非专业物流企业)的物流成本,包括自营物流成本和外付物流成本(称为委托物流成本,就是第三方物流企业的营业收入)。不同企业物流成本的构成和管理方式是大致相同的。物流企业是为客户提供专业物流服务的,其全部运营成本都可称为企业物流成本。

根据国家标准《企业物流成本构成与计算》(GB/T 20523—2006),企业物流成本构成包括企业物流成本项目构成、企业物流成本范围构成、企业物流成本支付形态构成三种类型,如图 2.1 所示。

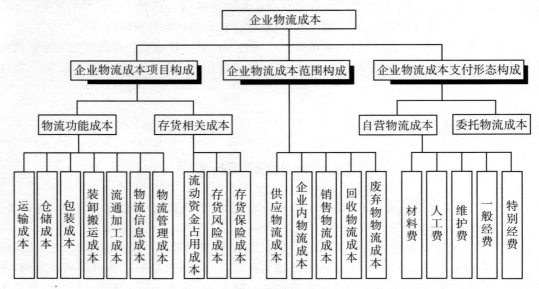

图 2.1　企业物流成本的构成

企业类型不同,其物流成本构成内容也会有所不同,但从物流功能角度来谈物流成本的基本构成,不同类型的企业基本是趋同的。表 2-1、表 2-2、表 2-3 分别介绍了企业物流成本项目构成、企业物流成本范围构成、企业物流成本支付形态构成的具体内容。

1. 企业物流成本项目构成

企业物流成本项目构成包括物流功能成本和存货相关成本两大类,具体内容如表 2-1 所示。

表 2-1　企业物流成本项目构成

成本项目			内容说明
物流功能成本	物流运作成本	运输成本	一定时期内,企业为完成货物运输而发生的全部费用,包括运输业务人员费用,车辆(包括其他运输工具)的折旧费、维修保养费、燃料费、保险费、租赁费、养路费、过路过桥费、年检费、事故损失费、相关税金、业务费等
		仓储成本	一定时期内,企业为完成货物储存业务而发生的全部费用,包括仓储业务人员费用,仓储设施的折旧费、维修保养费,水电费、燃料与动力消耗费、相关税金、业务费等

续表

成本项目			内容说明
物流功能成本	物流运作成本	包装成本	一定时期内，企业为完成货物包装业务而发生的全部费用，包括包装业务人员费用，包装材料消耗，包装设施折旧费、维护保养费，包装技术设计、实施费用，包装标记的设计、印刷费，相关税金，业务费等
		装卸搬运成本	一定时期内，企业为完成装卸搬运业务而发生的全部费用，包括装卸搬运业务人员费用，装卸搬运设施折旧费、维护保养费，燃料与动力消耗费，相关税金，业务费等
		流通加工成本	一定时期内，企业为完成流通加工业务而发生的全部费用，包括流通加工业务人员费用，流通加工材料消耗，加工设施折旧费、维护保养费，燃料与动力消耗费，相关税金，业务费等
	物流信息成本		一定时期内，企业为完成物流信息的采集、传输和处理而发生的全部费用，具体包括物流信息人员费用，信息设施折旧费，信息系统开发摊销费，软硬件系统维护费，咨询费，通信费，业务费等
	物流管理成本		一定时期内，企业为完成物流管理活动所发生的全部费用，包括物流管理部门及物流作业现场所发生的管理费用，具体包括物流管理人员费用，差旅费，办公费，会议费，水电费，以及国际贸易中发生的报关费、检验费、理货费等
存货相关成本	流动资金占用成本		一定时期内，企业在物流活动过程中，因持有存货占用流动资金所发生的成本，包括存货占用银行贷款所支付的利息和存货占用自有资金所发生的机会成本
	存货风险成本		一定时期内，企业物流活动中所发生的物品跌价、损耗、毁损、盘亏等损失
	存货保险成本		一定时期内，企业在物流活动过程中，为预防和减少物品丢失、损毁造成的损失，而向社会保险部门支付的物品财产保险费

2. 企业物流成本范围构成

企业物流成本范围构成包括供应物流成本、企业内物流成本、销售物流成本、回收物流成本，以及废弃物物流成本，具体内容见表2-2。

表2-2 企业物流成本范围构成

成本范围	内容说明
供应物流成本	企业在采购环节所发生的物流费用
企业内物流成本	货物在企业内部流转所发生的物流费用
销售物流成本	企业在销售环节所发生的物流费用
回收物流成本	退货、返修物品和周转使用的包装容器等从需方退回企业(供方)的物流过程中所发生的物流费用
废弃物物流成本	企业将经济活动中失去原有使用价值的物品，根据实际需要进行收集、分类、加工、包装、搬运、储存等，并分送到专门处理场所的物流过程中所发生的物流费用

相关链接

日本："从摇篮到摇篮"的循环经济

日本有"从摇篮到摇篮"这个资源循环概念，以日本富士施乐为例，其复印机在生产过程中做到了零污染，随后送到消费者手中使用，待客户使用完毕，又通过物流公司回收到工厂。富士施乐对已经完成生命周期的复印机进行拆解，通过检测，保留合格的零件，实现了资源的有效循环利用。再以丰田汽车的一家全自动化回收工厂为例，回收工厂依据重力、磁力、离心力等各种物理学以及化学原理设计了一套几乎全自动化的分类回收系统，使得一辆汽车92%的零部件都可以实现循环利用，剩下8%的废弃物被焚烧后用于发电，最后残留的坚硬残渣被运往海边围海造田。

循环经济的概念与基本特征

显然，日本企业扮演着资源循环利用的重要角色，生产企业不仅负责生产产品，还是电子垃圾变废为宝的参与者。在电子垃圾问题上，日本规定了生产者的责任延伸制度。日本法律规定：生产者在其产品使用和废弃后，应对产品的正确再生循环利用和处置承担一定的责任；生产者有责任改进产品的设计和材质，提供产品的相关信息，以便对使用过的产品进行回收及循环利用。

除了政府和企业的努力，消费者的参与也十分重要。假如消费者随意丢弃电子垃圾，则肯定会使垃圾回收成本大大增加，生产企业就会难以收集到足量的废弃产品进行再生循环利用。为此，日本规定消费者在电子垃圾的再生循环利用过程中也要承担一定的责任，不得随意丢弃电子垃圾。

所以，日本电子垃圾的回收和处理责任由企业、零售业和消费者共同分担。具体地说，就是一旦家庭使用的电子产品完成了其生命周期，消费者有义务自己花钱将其送到回收场所，并根据电器类型承担相应的费用；零售业者则必须开展回收业务；生产厂家或进口商则承担再商品化的义务。

（资料来源：根据网站资料整理）

3. 企业物流成本支付形态构成

企业物流成本支付形态构成包括自营物流成本和委托物流成本两大部分，具体内容如表2-3所示。

表2-3 企业物流成本支付形态构成

成本支付形态		内容说明
自营物流成本	材料费	包括材料费、工具费、器具费等
	人工费	包括工资、福利、奖金、津贴、补贴、住房公积金、人员保险费、职工劳动保护费、按规定提取的福利基金、职工教育培训费等
	维护费	包括各类物流设施设备的折旧费、维护维修费、租赁费、保险费、税金、燃料与动力消耗费等
	一般经费	包括办公费、差旅费、会议费、通信费、水电费、煤气费以及各物流功能成本在材料费、人工费和维护费三种支付形态之外反映的费用细目
	特别经费	包括存货资金占用费、存货跌价、损耗、盘亏和毁损费、存货保险费
委托物流成本		包括企业向外部物流机构所支付的各项费用

2.2.2 企业物流成本的分类

1. 按经济内容不同分类

按劳动对象、劳动手段、劳动者三个方面将企业物流成本进行分类。
(1) 固定资产折旧和大修费：固定资产应计提折旧和大修费。
(2) 材料费：物料购置、包装物、备品备件和低值易耗品等的花费。
(3) 燃料动力费：燃料费和水电费等。
(4) 人工费：职工工资、福利费、教育培训费和工会费等。
(5) 利息支出：借款利息的支出净额(属于财务费用)。
(6) 税金：房产税、车船使用税、土地使用税和印花税(凭证税)等(属于管理费用)。
(7) 其他支出：办公费、差旅费、租赁费、外部加工费和保险费等。

2. 按经济用途不同分类

(1) 运输成本：一定时期内，企业为完成货物运输业务而发生的全部费用。运输成本包括人工费用(工资、奖金、住房公积金、职工教育培训费等)、运输工具相关费用(燃料费、折旧费、维修保养费、过路过桥费、保险费等)、其他费用(除人工费用、运输工具相关费用以外的与运输业务有关的费用，如办公费、差旅费等)。

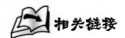
相关链接

2020年度全国收费公路通行费总收入达 4 868.2 亿元

在2020年交通运输部举行的新闻发布会中，交通运输部新闻发言人刘鹏飞介绍，2020年全国收费公路情况与2019年相比，发生了5个方面变化。

一是里程增加、结构优化。截至2020年年末，全国收费公路里程达到17.92万公里，较2019年年末净增8 149公里，增长4.8%。其中，高速公路里程净增10 079公里，增长7.1%，增幅高于往年平均水平，因为2020年是"十三五"收官之年，建成通车项目较多；同时，一级公路净减少1 214公里，下降6.5%；二级公路净减少760公里，下降8.8%；独立桥梁及隧道净增44公里，增长4.3%。随着高速公路里程持续增加和一级、二级收费公路逐步减少，收费公路里程结构进一步优化，高速公路里程占比由83.5%提高至85.3%。

二是债务余额增加。随着高速公路里程规模的增加，全国收费公路累计建设投资总额和债务余额也在持续增长。截至2020年年末，全国收费公路累计建设投资总额达到10.81万亿元，较2019年年末净增1.3万亿元，增长13.6%；债务余额7.07万亿元，比2019年年末净增0.91万亿元，增长14.8%，主要是新开通的万余公里高速公路的新增债务。

三是收支缺口有所扩大。2020年度全国收费公路通行费总收入为4 868.2亿元，比2019年度净减少1 069.7亿元，下降18%。支出总额为12 346.4亿元，比2019年度净增加1 558.7亿元，增长14.4%，全年收支缺口为7 478.2亿元，比2019年度增加2 628.4亿元，增长54.2%。收支缺口扩大的主要原因：(1)为支持做好新冠肺炎疫情防控工作，两次延长春节假期小型客车免费通行政策，并于2020年2月17日至5月5日免收全国收费公路车辆通行费，免费金额合计1 613亿元。(2)受债务余额增加和部分存量债务集中到期影响，收费公路还本付息支出较2019年增加1 831.8亿元，达到10 241.3亿元；其中，偿还债务本金7 180.1亿元，偿还债务利息3 061.3亿元，分别增长28.4%和8.7%。

四是主线收费站显著减少。2020年年末，全国收费公路共有主线收费站965个，比2019年年末净减少302个，下降23.8%。其中，高速公路主线收费站由753.5个减少至484个，净减269.5个，下降35.8%。主线收费站显著减少的主要原因是从2020年1月1日0时起取消了全国高速公路省界收费站，实现了"一张网运行、一体化服务"。

五是养护管理支出下降。2020年度，全国收费公路养护管理支出1 499.5亿元，在收费里程净增8 149公里的情况下，较2019年减少84.5亿元。养护管理支出明显下降，主要得益于全面取消高速公路省界收费站、大力发展ETC电子不停车快捷收费以及同步实施封闭式高速公路收费站入口不停车称重检测，这些措施综合发挥作用，带来路网运行效率提升、养护管理成本节约和超限超载率下降。

(资料来源：https://baijiahao.baidu.com/s?id=1714848763461013484&wfr=spider&for=pc[2022-06-15])

(2) 仓储成本：一定时期内，企业为完成货物储存业务而发生的全部费用。仓储成本包括人工费用(工资、奖金、住房公积金、职工教育培训费等)、仓储设施、设备相关费用(能源消耗费、折旧费、维修保养费、保险费等)、其他费用(除人工费用、仓储设施、设备相关费用以外的与仓储业务有关的费用，如办公费、差旅费等)。

相关链接

高速公路按车轴收费 实施不停车称重

国务院办公厅印发《深化收费公路制度改革取消高速公路省界收费站实施方案》，实施方案表明：修订《收费公路车辆通行费车型分类》标准，调整货车通行费计费方式，从2020年1月1日起统一按车(轴)型收费，确保不增加货车通行费总体负担，同步实施封闭式高速公路收费站入口不停车称重检测。全面推广高速公路差异化收费，研究统一危险化学品运输车辆、摩托车高速公路通行管理政策。完善高速公路信用体系，对偷逃车辆通行费等失信行为实施联合惩戒。

(资料来源：http://www.gov.cn/xinwen/2019-05/21/content_5393404.htm[2022-06-15])

(3) 包装成本：一定时期内，企业为完成货物包装业务而发生的全部费用。包装成本包括包装材料费(主要指包装业务所耗用的材料费)、人工费用(工资、奖金、住房公积金、职工教育培训费等)、包装设备相关费用(能源消耗费、折旧费、维修保养费、保险费等)、其他费用(除材料费、人工费用、包装设备相关费用以外的与包装业务有关的费用，如包装标记的设计费、印刷费、办公费、差旅费等)。

(4) 装卸搬运成本：一定时期内，企业为完成装卸搬运业务而发生的全部费用。装卸搬运成本包括人工费用(工资、奖金、住房公积金、职工教育培训费等)、装卸搬运设备相关费用(能源消耗费、折旧费、维修保养费、保险费等)、其他费用(除人工费用、装卸搬运设备相关费用以外的与装卸搬运业务有关的费用，如办公费、差旅费等)。

(5) 流通加工成本：一定时期内，企业为完成流通加工业务而发生的全部费用。流通加工成本包括材料费(主要是指流通加工过程中所耗用的包装材料、辅助材料等材料费)、人工费用(工资、奖金、住房公积金、职工教育培训费等)、设备相关费用(能源消耗费、折旧费、维修保养费、保险费等)、其他费用(除材料费、人工费用、设备相关费用以外的与流通加工业务有关的费用，如办公费、差旅费等)。

(6) 物流信息成本：一定时期内，企业为采集、传输和处理物流信息而发生的全部费用。物流信息成本包括人工费用(工资、奖金、住房公积金、职工教育培训费等)、软硬件系统及设备相关费用(折旧费、维修保养费等)、其他费用(除人工费用、软硬件系统及设备相关费用以外的与物流信息业务有关的费用，如办公费、会议费、差旅费等)。

(7) 物流管理成本：一定时期内，企业物流管理部门及物流作业现场所发生的管理费用。物流管理成本包括人工费用(工资、奖金、住房公积金、职工教育培训费等)、设备相关费用(能源消耗费、折旧费、维修保养费、保险费等)、其他费用(除人工费用、设备相关费用以外的与物流管理业务有关的费用，如办公费、差旅费等)。

(8) 配送成本。配送是指在经济合理区域范围内，根据客户的要求，对物品进行整理作业，并通过仓储、加工、包装、运输等环节，按时送达指定地点的物流活动。一般来说，配送是根据客户的要求，在物流节点内进行分拣、配货等作业，并将配好的货物在指定的时间交给收货人的过程。同时，配送的主体活动区别于一般的物流活动，一般物流的主体活动是运输及保管，而配送则重视运输和分拣配货，分拣配货建立在集成化运作的基础上，是配送的独特要求。

国家标准《企业物流成本构成与计算》(GB/T 20523—2006)将配送成本计入运输、仓储、包装装卸搬运和流通加工成本中，不单独将配送成本作为物流功能成本的构成内容。

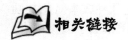

青岛港的"连钢创新团队"

黄海之滨，胶州湾畔，山东港口青岛港全自动化集装箱码头坐落于此。碧海蓝天之间，偌大的码头和堆场生产作业行云流水，却无一名工人在现场。16 台蓝色自动化桥吊矗立码头，从来自全球的巨轮上高效有序地装卸着集装箱，76 台高速轨道吊在堆场上往来穿梭，83 台自动导引车流转自如，重达数十吨的集装箱被轻巧抓起、精准堆码，被集装箱货车运往全国各地。

时间回溯到 2017 年 5 月 11 日，全球领先、亚洲首个真正意义上的全自动化集装箱码头在这里诞生，开创了全球低成本、短周期、全智能、高效率、更安全、零排放的全自动化码头建设先河，创造了超越全球同类码头单机平均效率 50%，并且在商业运营条件下不断刷新世界纪录，让"中国智造"的旗帜在全球自动化码头的高峰上高高飘扬。

在这座码头背后有这样一群人：他们不甘心，勇担当；不服输，敢拼命；不畏艰，求创新；不怕难，善钻研；不满足，争一流，用自强不息的奋斗创造着震撼世界的奇迹，也赋予了这座码头远超码头本身的意义。

他们就是山东港口青岛港全自动化集装箱码头团队——"连钢创新团队"。

他们用行动深深镌刻新时代"连钢精神"的内涵:"爱岗敬业、为国奉献的主人翁精神;艰苦奋斗、努力开拓的拼搏精神;与时俱进、争创一流的创新精神;团结协作、互相关爱的团队精神;精益求精、超越自我的工匠精神。"

他们推出了一连串耀眼的"全球首创":首次研制成功了机器人自动拆装集装箱扭锁;首次研制成功了港口大型机械防风"一键锚定"装置;首创了自动导引车循环充电技术;首创了非等长后伸距双小车桥吊;首创了高速轨道吊无轮缘车轮设计,避免车轮啃轨;实现岸边全自动无人理货、全自动喷淋熏蒸消毒、全自动空箱查验、冷箱温度自动监控……

他们创造了令人咂舌的"奇迹":自主设计了全套业务流程;规划了符合实际、先进合理的码头总平面布局;建立了合理的指标体系和技术规格参数;形成了自动化码头建设总集成方案及实施策略,高质量、短周期主导着数十家参与方实施了码头系统总集成,攻克了10多项世界性技术难题,用3年走完了国外常规8~10年的路;节省建设资金数亿元,成本远远低于国外同类码头。正如二十大报告所提到的,加快实施创新驱动发展战略。坚持面向世界科技前沿、面向经济主战场、面向国家重大需求、面向人民生命健康,加快实现高水平科技自立自强。以国家战略需求为导向,集聚力量进行原创性引领性科技攻关,坚决打赢关键核心技术攻坚战。

(资料来源: https://baijiahao.baidu.com/s?id=1687463160123142263&wfr=spider&for=pc[2022-06-15])

3. 按物流成本计入成本对象的方式不同分类

(1) 直接成本(可追溯成本):与某一特定对象(产品、服务、设计、客户、商标、作业、部门)有直接关系,可以直接计入该对象名下的成本。大部分直接材料成本、直接人工成本属于直接成本。

(2) 间接成本(不可追溯成本):与某一特定对象没有直接关系,而是几种成本对象共同消耗的费用。例如,房产折旧费、管理人员工资、行政管理费和期间费用都属于间接成本。间接成本是不能用经济合理的方式追溯成本对象的那一部分费用。所谓"不能用经济合理的方式追溯"有两种情况:一是不能合理地追溯成本对象;二是不能经济地追溯成本对象。间接成本一般应先按地点或用途进行归集,然后按照适当合理的标准进行分配、分摊计入各种成本对象。

4. 按物流成本是否具有可控性分类

按物流成本是否具有可控性,分为可控物流成本与不可控物流成本。成本的可控性具有一定的相对性,它与成本发生的空间和时间范围有关。某个责任单位不可控制的成本,对另一个单位来讲往往是可控的;下一级责任单位不可控制的成本,对于上一级责任单位来讲往往是可控的。例如,从事装卸搬运业务的员工不能控制自己的工资收入,而人力资源管理部门可以控制。了解可控成本的这种空间范围上的相对性,有助于分清各责任单位或个人的经济责任,以利于正确评价与考核其业绩,提出切实有效的建议与措施,使可控成本不断降低。

5. 按物流成本与业务量的依存关系不同分类

(1) 固定成本:在一定范围内,成本总额保持稳定,不随业务量的变化而变化,如固定资产折旧费、机器设备租金和管理人员工资等。固定成本又分为约束性固定成本和酌量性固定成本。约束性固定成本(经营能力成本)包括折旧费、保险费和基本工资等；酌量性固定成本(随意性固定成本)包括广告费、研发费和培训费等。单位业务量的固定成本随着业务量的增加而降低。

(2) 变动成本：在一定范围内，成本总额随业务量(如购进量、配送量)的增减变化而近似成正比例增减变化，如直接材料、包装材料、直接人工等。但是一般而言，单位业务量的变动成本又是固定的，不受业务量增减变动的影响。

(3) 混合成本：全部成本中介于固定成本和变动成本之间，既有随业务量变动的成本，又有不随业务量成正比例变动的那部分成本。把企业的全部成本分为变动成本和固定成本两大类，是管理会计规划与控制企业经济活动的前提。但是，在实际工作中，往往有很多成本项目不能简单地将其归类于固定成本或变动成本，一些成本明细项目同时兼有变动成本和固定成本两种不同的特性。它们既非完全固定不变，也不随业务量成正比例的变动，不能简单地把它们列入固定成本或变动成本，因而统称为混合成本。在实际工作中，有许多成本的明细项目属于这类成本。混合成本和业务量之间的关系比较复杂，按照其变动趋势的不同特点，常见的混合成本有半变动成本、半固定成本和延期变动成本等类型。

6. 按物流成本是否在会计核算中反映分类

物流成本按其在会计核算中是否反映分为显性物流成本和隐性物流成本。显性物流成本是在会计核算中反映的、计入企业实际成本费用的各项支出，如实际发生的人工费、材料费、水电费、折旧费、保险费等(所有显性物流成本数据来源于财务会计资料)；隐性物流成本是在会计核算中没有实际发生的，但在物流成本管理决策中需要考虑的成本支出，如存货占用自有资金所产生的机会成本，由于物流服务不到位所造成的缺货损失，存货的贬值损失，车辆回程空载损失等(管理会计既要考虑显性物流成本又要考虑隐性物流成本)。

加强显性物流成本管理，可以减少实际发生的成本支出，是一种绝对的成本管理观念；加强隐性物流成本管理是减少未实际记录的成本损失，考虑资金的时间价值、风险价值的成本管理，是一种相对的成本节约观念。

7. 按物流成本管理对象不同分类

物流成本按管理对象不同，可以分为事业部物流成本、营业网点物流成本、部门物流成本和作业物流成本等。

大型企业的主要组织结构形式——事业部制

事业部制是中外大型企业普遍采用的一种组织结构形式。通常企业按产品、按地区、按顾客(市场)等来划分部门，设立若干事业部。事业部是在企业宏观领导下，拥有完全的经营自主权，实行独立经营、独立核算的部门，既是受公司控制的利润中心，具有利润生产和经营管理的职能，又是产品责任单位或市场责任单位，对生产经营负有统一领导的职能。

事业部制主要具有以下优点。

(1) 每个事业部都有自己的产品和市场，不仅能够规划其未来发展，也

企业组织结构的含义及类型

能灵活自主地适应市场出现的新情况,所以这种组织结构既有高度的稳定性,又有良好的适应性。

(2) 有利于最高领导层摆脱日常行政事务和直接管理具体经营工作的繁杂事务,成为坚强有力的决策团队;同时又能使各事业部发挥经营管理的积极性和创造性,从而提高企业的整体效益。

(3) 事业部经理虽然只是负责管理一个比所属企业小得多的单位,但是由于事业部自成系统、独立经营,也相当于一个完整的企业,所以他将面临企业高层管理者的各种考验。显然,这有利于培养全面管理人才,为企业的未来发展储备干部。

事业部主要具有以下缺点。
(1) 由于各事业部利益的独立性,容易滋长本位主义。
(2) 由于总公司与分公司职能部门重复设置,一定程度上增加了费用开支。
(3) 对公司总部的管理工作要求较高,否则容易发生失控。

(资料来源:根据网站资料整理)

2.3 影响企业物流成本的主要因素

2.3.1 物流系统的优化程度

物流系统优化是指确定物流系统的发展目标,并设计达到该目标的策略以及行动的过程。它依据一定的方法、程度和原则,对与物流系统相关的因素进行优化组合,从而达到优化的目的。美国领先的货运计划解决方案供应商 Velant 公司的总裁和 CEO 拉特利夫(D Ratliff)博士集 30 余年为企业提供货运决策优化解决方案的经验,提出了"物流优化的 10 项基本原则",并认为通过物流决策和运营过程的优化,企业可以获得降低物流成本 10%~40%的商业机会。这种成本的节约必然转化为企业投资回报率的提高。物流系统是由运输、仓储各个子系统所构成的,它的优化也涉及各个子系统的优化及整体的优化。例如,多式联运作为一种集约高效的运输组织方式,能够充分发挥各种运输方式的优势和组合效率,对于推动交通运输行业转型升级、支撑经济提质降本增效意义重大,发展多式联运是运输系统优化的一个重要方面。

2.3.2 物流运作模式

物流运作模式是指企业物流配送的方式。企业物流配送是由企业自己来完成还是借助外界力量来完成,这些都要从战略层次上来考虑。企业选择的物流运作模式不同,对物流成本的高低也会有影响。物流运作模式通常有以下几种。

1. 第三方物流模式

第三方物流模式是指由供需双方外的第三方提供物流服务的业务模式。它以签订合同的方式,将企业物流业务委托给专业的物流企业来完成。第三方物流已成为物流市场的主体,在美国有 57%的物流量是通过第三方物流完成的,在社会化配送发展得最好的日本,第三方物流在整个物流市场的占比高达 80%。

第三方物流的主要特征

从发达国家物流业的状况看，第三方物流在发展中已逐渐形成鲜明的特征，突出表现在以下五个方面。

(1) 关系合同化。首先，第三方物流是通过契约形式来规范物流经营者与物流消费者之间关系的。物流经营者根据契约规定的要求，提供多功能直至全方位一体化的物流服务，并以契约来管理所有提供的物流服务活动及其过程。其次，第三方物流发展物流联盟也是通过契约的形式来明确各物流联盟参加者之间权责利相互关系的。

(2) 服务个性化。首先，不同的物流消费者存在不同的物流服务要求，第三方物流根据不同物流消费者在企业形象、业务流程、产品特征、顾客需求特征、竞争需要等方面的不同要求，提供针对性强的个性化物流服务和增值服务。其次，从事第三方物流的经营者也因为市场竞争、物流资源、物流能力的影响需要形成核心业务，不断强化所提供物流服务的个性化和特色化，以增强物流市场的竞争能力。

(3) 功能专业化。第三方物流提供的是专业的物流服务。从物流设计、物流操作过程、物流技术工具、物流设施到物流管理必须体现专门化和专业水平，这既是物流消费者的需要，也是第三方物流自身发展的基本要求。

(4) 管理系统化。第三方物流应具有系统的物流功能，是第三方物流产生和发展的基本要求。第三方物流需要建立现代化管理系统才能满足其运行和发展的基本要求。

(5) 信息网络化。信息技术是第三方物流发展的基础。在物流服务过程中，信息技术发展实现了信息实时共享，促进了物流管理的科学化，极大地提高了物流效率和物流效益。

(资料来源：http://baike.so.com/doc/3187172-3358658.html[2022-06-29])

2. 自营物流模式

自营物流模式是指企业着眼于企业的长远发展考虑，自行组建物流系统，并对整个企业内的物流运作进行计划、组织、协调、控制管理的一种模式。

自营物流为了满足客户的需求，以最低的成本，通过运输、保管、配送等方式，实现商品从产地到消费地物流的计划、实施和管理的全过程。自营物流减少了物流的中间环节，保证最短的配送时间，满足消费者即购即得的购物心理。

3. 自营与外包相结合的物流模式

自营与外包相结合的物流模式很好地补充了企业自身能力的不足，同时还能对外包企业起到很大程度的约束和制衡作用，让外包企业在价格谈判中具有一定的优势。同时，在这种比例分摊模式下，外包企业对物流业务和流程非常清楚，在业务改善和提升需求上可以做到应用自如。

2.3.3 物流信息化

物流信息化是现代物流的灵魂，也是现代物流发展的必然要求。众所周知，物流包括很多方面，如运输、仓储、包装、装卸搬运、流通加工、信息处理、客户服务等，要想这些方面的效率最大化，都离不开信息系统，因为信息流贯穿于整个供应链过程。物流信息系统包括物资采购、销售、存储、运输等物流过程的各种决策活动，为采购计划、销售计划、供应商的选择、顾客分析等提供决策支持，并充分利用计算机的强大功能汇总和分析物流数据，在物流管理中选取、分析和发现新的机会，进而作出更好的采购、销售和存储决策，能够充分利用企业资源，增加对企业的内部挖潜和外部利用，从而能降低成本，提高生产效率，增强企业竞争优势。但由于物流信息系统具有信息源点多、分布广，信息量大、动态性强，信息的价值衰减速度快、及时性要求高的特征，因此要求对物流信息的收集、加工处理速度快。

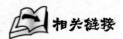

传化股份旗下易货嘀获道路运输经营许可证发力物流市场

传化物流简介

传化股份 6 月 28 日早间公告，旗下易货嘀获得道路运输经营许可证。这也是行业内首家获合法身份的城市网约货车平台。

作为直接接触终端用户的"入口级应用"，易货嘀是传化物流生态系统中的重要一环。易货嘀 CEO 秦愉表示，未来将围绕人、车、货三大商圈，形成整体的解决方案，服务于客户需求的升级，加快拓展万亿级物流市场。

1. 解决行业痛点

据介绍，易货嘀类似"货运版"的滴滴平台，货主或物流企业都可以通过易货嘀在线下单，易货嘀通过大数据应用实现智能派单。

由于对服务提供者缺乏管理与约束，网约货车模式在准入制度、标准化管理、服务质量方面不够完善，"标准"与"安全"成为行业的两大痛点。

传化股份表示，易货嘀按照监管部门对"网约货车"合法化、规范化指导意见，首次成功办理货运站(场)下的货运配载、货运代理经营许可，成为行业内首家城市网约货车合法"玩家"。

在公司平台方面，易货嘀已取得交通运输部门颁发的货运站(场)经营(货运配载)资质；在承运司机方面，设立"五证合一"的准入门槛；在承运车辆方面，平台车辆已获杭州城市货运"通行证"，破除"货车限行"困局。

"这对城市网约货车模式的探索有着标杆性意义。"杭州市道路运输管理局副局长李宏伟称，"杭州市道路运输管理局将把易货嘀作为本地货车网络预约工作试点，共同开启网约货车'杭州模式'的探索与创新，共同推动杭州城市网约货车领域规范化、标准化发展。"

分析人士指出，这将为全国城市网约货车合法、合规、安全运营和管理带来新的思路。

2. 构建大数据基础

获得运营许可证后，在易货嘀与杭州市道路运输管理局签订合作备忘仪式上，以易货嘀杭州区域运营数据为基础的"杭州市城市配送信息服务中心"首次亮相。在显示大屏上，杭州城市货运车源、货源实时位置、货源类型、运输里程等数据逐一呈现。

秦愉表示，获取"合法身份"只是"静态保障"，要解决城市网约货车的痛点，"动态措施"是一大抓手。"易货嘀对平台上的货与车可实时可视可监控，行为轨迹与服务评分等形成的真实交易大数据，是运力优化与管控的基础。"

基于平台沉淀的数据，易货嘀制定了标准运价体系，通过自主研发的算法，实现精准匹配、智能派单；预测发货行为提前调配货车，通过第三方支付跑道，沉淀支付数据，并打开车后市场空间。

据悉，杭州市城市配送信息服务中心将运用车辆实时监控、数据管理、调度中心等，为杭州城市货运管理提供平台支持和大数据服务，为城市共同配送体系的建立奠定基础。"双方将共建标准化、信息化、智能化的城市共同配送体系，优化城市货车利用率，降低城市交通拥堵和物流成本，提升城市配送整体效率。"李宏伟说。

3. 创新业务体系

易货嘀作为直接接触终端用户的"入口级应用"，是传化物流生态系统中的重要一环。易货嘀业务已在杭州、济南、成都、天津、苏州、淄博、无锡、重庆、长沙近10个城市落地，2016年将覆盖20个城市。

"易货嘀与整个传化物流大生态体系融合在一起。"秦愉表示，传化股份以"物流+互联网+金融"的模式，构建中国"智能公路物流网络运营系统"，除了遍布全国的"公路港物流中心"，传化物流正着力打造一个"创新业务体系"。其中，线上打造以"陆鲸""易货嘀""传化运宝"为核心的互联网物流平台和以金融支付、保险经纪、商业保理、融资租赁为支撑的物流金融平台，预计2016年将完成30个公路港的建设。

国金证券分析师指出，相对轻资产的车货匹配平台竞争优势明显。成都枢纽港2015年线上交易量预计接近100亿元，占成都当地交易量的80%。公司线上平台交易量2015年为600亿元，是行业第二名的近7倍，2016年线上交易量将达到1 000亿元。

对于传化物流创新平台的前景，"在全国公路运输网络系统基础上，创新业务体系将实现港港互联互通，构建为客户提供高效、低成本和透明化管理的物流平台，最终形成共荣共生的生态环境。"传化股份高级副总裁朱晓晖称。

(资料来源：https://spif.stockstar.com/IG2016062900002241.shtml[2022-06-12])

本 章 小 结

社会物流成本是核算一个国家在一定时期内发生的物流总成本，是不同性质的企业微观物流成本的总和。事实上，一个国家的物流成本总额占GDP的比例，已经成为衡量各国物流服务水平和物流发展水平高低的标志。我国的社会物流成本是由运输费用、保管费用和管理费用三部分所构成。

企业物流成本按其所处领域的不同可分为生产企业物流成本、流通企业物流成本和物流企业物流成本。生产企业包括制造企业、装配企业等；流通企业包括批发企业、零售企业等；物流企业包括仓储型物流企业、运输型物流企业、综合型物流企业等。

企业物流成本主要是指生产企业物流成本和流通企业物流成本，又称为货主企业物流成本。企业物流成本是将企业因物流活动而引发的成本从企业总体成本中分离出来，即一般企业(非专业物流企业)的物流成本,包括自营物流成本和外付物流成本(称为委托物流成本就是第三方物流企业的营业收入)。不同企业物流成本的构成和管理方式是大致相同的。物流企业是为客户提供专业物流服务的,其全部运营成本都可称为企业物流成本。

根据国家标准《企业物流成本构成与计算》(GB/T 20523—2006),企业物流成本构成包括企业物流成本项目构成、企业物流成本范围构成、企业物流成本支付形态构成三种类型。根据物流成本核算及物流成本管理的要求,企业物流成本可以按经济内容、经济用途、物流成本计入成本对象的方式、物流成本是否具有可控性、物流成本与业务量的依存关系、物流成本是否在会计核算中反映、物流成本管理对象不同等进行分类。通过明确具体的分类,可以有针对性地采取降低物流成本的措施。

影响企业物流成本的主要因素包括物流系统的优化程度、物流运作模式和物流信息化等。

 关键术语

运输成本　仓储成本　装卸搬运成本　包装成本　流通加工成本　配送成本
物流信息成本　物流管理成本　存货相关成本

习　题

一、选择题

1. 我国的社会物流成本是由(　　)所构成。
   A. 运输费用、保管费用、管理费用三部分
   B. 运输费用、保管费用两部分
   C. 运输费用、保管费用、配送费用三部分
   D. 运输费用、装卸费用、配送费用三部分

2. 在国家标准《企业物流成本构成与计算》(GB/T 20523—2006)中,物流功能成本中不包括(　　)。
   A. 运输成本　　　　　　　　　B. 仓储成本
   C. 装卸搬运成本　　　　　　　D. 配送成本

3. 美国物流行政管理成本在物流成本总额中的比例约为(　　)。
   A. 3%　　　　B. 4%　　　　C. 5%　　　　D. 6%

4. 从原材料入库开始,经过出库、产品制造、产品进入成品库,直到产品从成品库出库的物流过程中所发生的物流费用是(　　)。
   A. 供应物流成本　　　　　　　B. 企业内物流成本
   C. 销售物流成本　　　　　　　D. 回收物流成本

二、简答题

1. 我国的社会物流成本由哪几部分构成？
2. 企业物流成本包括哪些内容？
3. 美国的社会物流成本由哪几部分构成？
4. 影响企业物流成本的主要因素有哪些？
5. 比较各种物流运作模式的优劣势。
6. 物流成本分类的目的是什么？

案例分析

2021 年全国物流运行情况通报

国家发展改革委
中国物流与采购联合会

2021 年，我国物流业运行稳中有进，社会物流总额保持良好增势，社会物流总费用与 GDP 的比率稳中有降，"十四五"实现良好开局。

一、社会物流总额保持良好增势

2021 年全国社会物流总额 335.2 万亿元，按可比价格计算，同比增长 9.2%，两年年均增长 6.2%，增速恢复至正常年份的平均水平。

从构成看，工业品物流总额 299.6 万亿元，按可比价格计算，同比增长 9.6%；农产品物流总额 5.0 万亿元，同比增长 7.1%；再生资源物流总额 2.5 万亿元，同比增长 40.2%；单位与居民物品物流总额 10.8 万亿元，同比增长 10.2%；进口货物物流总额 17.4 万亿元，同比下降 1.0%。

二、社会物流总费用与 GDP 的比率小幅回落

2021 年社会物流总费用 16.7 万亿元，同比增长 12.5%。社会物流总费用与 GDP 的比率为 14.6%，比 2020 年下降 0.1 个百分点。

从构成看，运输费用 9.0 万亿元，同比增长 15.8%；保管费用 5.6 万亿元，同比增长 8.8%；管理费用 2.2 万亿元，同比增长 9.2%。

三、物流业总收入实现较快增长

2021 年物流业总收入 11.9 万亿元，同比增长 15.1%。

(资料来源：https://baijiahao.baidu.com/s?id=1724245645987456607&wfr=spider&for=pc[2022-06-30])

思考：采用社会物流总费用与 GDP 的比率这项指标衡量各个国家物流成本的高低是否恰当？

山东省交通强国建设试点方案

2020 年 5 月，交通运输部正式批复了《交通运输部关于山东省开展高速铁路建设管理模式等交通强国建设试点工作的意见》。试点方案主要包括以下内容。

高速铁路建设管理模式方面,将以济青高铁、鲁南高铁、潍莱高铁等建设项目为载体,在涉及地方高速铁路建设的政策、资金、征地拆迁、土地综合开发、高铁客运枢纽布局、铁路工程质量监督等方面实现突破,探索建立可复制、可借鉴的地方高铁建设管理新模式。通过1到2年的时间,建成一批由地方主导的高速铁路项目。出台促进全省高速铁路持续健康发展的系列政策及配套实施细则。

"四好农村路"乡村振兴齐鲁样板方面,将推进治理体系和治理能力现代化。其中包括全面推进"路长制",建立完备的政府责任体系、高效的部门协同体系、科学的督导考核体系、有力的资金保障体系。创新推进信用监管,加快建立以信用为基础的新型监管机制;推动高质量建设,推动农村公路与地域特色、地理景观、乡村产业等因素相结合,与区域文化深度融合;建立高水平养护机制以及打造高效能管理模式。通过2年的时间,打造100条高标准建设示范样板路。

近年来,智慧高速公路建设是交通发展的热门话题。将以济青中线高速公路建设为依托,建设感知系统、决策系统、管理服务系统,推动高速公路车路协同、信息交互、数据共享,提升高速公路的建设、管理、运行、服务智慧化水平。通过3到5年的时间,建成具有较强示范带动作用的济青中线智慧高速示范项目。

智慧港口建设方面,将以省港口集团为试点单位,在区域性港口物流生态圈综合服务平台、港口企业集团智慧大脑平台、自动化集装箱码头信息系统工程、传统码头智能化改造工程、智慧港口信息基础设施工程、加强自动化码头相关技术标准的研究等方面进行试点工作。

综合交通运输体制机制改革方面,根据交通强国建设山东省试点任务要点,省交通运输厅将以优化省级机构职能配置为重点,推进各运输方式管理职能有效衔接、融合发展,建立统分结合、协同高效的运行机制。通过3到5年的时间,依托济青高铁、鲁南高铁、济南国际机场、青岛国际机场等打造一批功能齐全、特色鲜明的综合客运枢纽。争取促成中韩两国开展陆海联运整车运输试运行。

(资料来源:https://baijiahao.baidu.com/s?id=1667973755009554144&wfr=spider&for=pc[2022-06-15])

思考:1. 国务院印发的《交通强国建设纲要》,从2021年到21世纪中叶,我国将分几个阶段推进交通强国建设?

2. 什么是智慧高速公路?

第3章 物流成本的核算

【教学目标与要求】

掌握物流成本核算的概念与方法。
掌握物流成本核算的原则。
理解物流成本核算对象的概念及分类。

制造企业物流成本核算存在的问题及优化

制造企业物流成本是剔除材料、人工成本之外的最大成本项目，降低物流成本是企业提高效益和获得竞争优势的重要途径。与其他行业的企业物流相比，制造企业物流成本有很大的隐蔽性，物流作业活动隐藏在整个经营过程中，物流成本的隐蔽性成为制造企业物流成本核算的难题。

2006年，我国颁布实施了国家标准《企业物流成本构成与计算》(GB/T 20523—2006)，明确界定了物流成本的构成要素，包括产品在包装、存储、搬运装卸、流通转让、加工装配、信息、管理等流转过程中耗用的人力、物力、财力，另外还把与存货、应收账款有关的资金占用成本、物品损耗成本、保险税收费用考虑在内，核算范围远远超过现行大部分企业财务体系会计科目范围。

1. 制造企业物流成本核算存在的问题

由于制造企业的物流成本渗透于各项经营活动中，与一般专业物流企业相比，物流成本占有的比例较低，而且不容易独立体现。现阶段制造企业在物流成本核算上普遍存在方法不精准的问题。当前的物流成本核算体系比较明确地反映显性的物流费用，而对于隐性的物流费用往往忽略。制造企业在设置物流成本核算科目时考虑不够周全，物流成本的归集和分配方法欠妥，最后报告反映出的物流成本信息往往不够充分，主要表现在以下几个方面。

(1) 物流成本核算不全面。制造型物流企业在生产经营中通常只关注生产和销售两个环节，经常忽略供、产、销、回收、废弃等环节之间发生的物流费，这在很大程度上使得会计核算时仅仅把呈现在外部的运输物流费用纳入核算内容，而隐藏在生产经营内部的物流费用并没有考虑在内，导致了生产经营中物流成本核算的不全面。

(2) 物流成本核算标准不统一。部分制造企业在物流成本核算时考虑了隐性成本的存在性，但在界定核算内容和范围时并不明确，每个经营环节的构成比重并不明确，每个环节中物流成本的比例通常是一个范围，很难有一个较准确的数据确认值。

(3) 物流成本信息失真。制造企业的物流成本通常贯穿于整个生产经营活动过程，生产制造商品会产生一些多而繁杂的采购费、运输费、装载费、包装费、仓储费等，这些费用中往往有些隐性的物流成本，很难加以区分。

2. 优化制造型物流成本费用的核算方法

(1) 会计科目优化设计。在分析各国物流成本的构成及制造企业物流成本费用核算存在问题的基础上，可以在原有成本核算体系的框架下，对制造企业成本核算科目做适当优化，一级科目在原有科目的基础上添加物流成本与费用两个科目。

(2) 会计核算步骤优化设置。针对已经产生的显性物流成本，物流账务的核算步骤应分别核算直接成本和间接成本。第一步，物流成本的归集。把与物流功能作业活动中消耗相关性大的费用支出直接计入物流成本中，把与物流作业功能相关性较小的耗费以及一些非物流活动过程中产生的耗费计入间接物流成本。第二步，费用分配。归集完物流成本，按照对应标准把费用分配到不同的产品上，计入产品的成本。

(3) 物流成本信息报告统计。为加强物流成本的管控，制造企业在出具物流成本信息报告的同时应在原有财务报表的基础上添加物流成本费用报表。物流成本费用报表的构成要素包括物流费用核算项目、核算范围、收支方式。

(资料来源：徐萍. 制造企业物流成本核算方法优化探析[J]. 商场现代化，2017(1):36-37.)

制造企业物流成本核算中存在着物流成本核算不全面、物流成本核算标准不统一、物流成本信息失真等问题，流通企业、物流企业也存在此类的问题。只有优化成本核算方法，解决物流成本核算存在的问题，才能保证物流成本分析及控制工作的顺利进行。

3.1 企业物流成本核算的作用及存在的问题

3.1.1 企业物流成本核算的作用

企业物流成本核算是根据物流成本的概念，对分散于成本费用类会计科目的显性物流成本进行整理与分析和对隐性物流成本进行计算，为企业物流成本管理提供依据，为完善社会物流统计制度奠定基础。企业物流成本核算主要具有以下作用。

1. 为企业物流运作模式的选择提供依据

企业的物流运作基本模式包括自营、外包、部分自营与部分外包三种，而物流成本是企业选择物流运作模式的重要依据。准确、及时地计算物流成本，可以使企业全面了解自身物流成本的高低，并对自营和外包的物流成本进行比较，在综合考虑其他相关因素的基础上，对企业物流运作模式作出科学合理的决策。近年来，很多生产流通企业更加专注于提供核心竞争力，而把不具备竞争优势的物流业务外包出去，物流成本是企业需要考虑的重要因素。

企业核心竞争力

核心竞争力这一概念最早出现在 1990 年美国密歇根大学教授普拉哈拉德(C.K.Prahalad)和伦敦商学院教授哈梅尔(Gary Hamel)在《哈佛商业评论》(5—6月号)上发表的《企业核心竞争力》(*The Core Competence of the Corporation*)一文，他们认为"核心竞争力是能使组织为消费者带来一定利益的一类独有技能与技术"。它体现在企业的产品与服务之中，是企业扩大经营的基础，竞争对手难以模仿的，能够为企业的发展与顾客利益的最大化做出最大的贡献。

核心竞争力作为企业竞争力的中心，对企业占有更大的市场份额，获得超额利润具有无可替代的作用。根据企业战略管理中的帐篷理论，只有当帐篷的核心支柱不断增高时，整个帐篷的空间才能够不断扩大，核心支柱在其中起着至关重要的作用；同理，当代企业面临激烈的市场竞争环境，构建具有本企业特点，优于竞争对手的核心竞争力日趋重要。

第三方物流企业的核心竞争力

企业的核心竞争力具有以下几个特点(图 3.1)。

(1) 难以模仿性。作为企业的核心竞争力，主要体现在其胜过他人的特点之上，所以其必须难以被竞争对手轻易模仿、复制，借此来保证企业本身的竞争优势与市场占有率。

(2) 企业特有性。企业的核心竞争力虽然有着一定程度上的共同点，但具体来说，每个企业的核心竞争力都具有唯一性，没有任何两家企业的核心竞争力是完全相同的，或多或少都会体现企业自身的一些独有特点。

(3) 系统集成性。核心竞争力往往不是企业某一方面竞争能力的单独体现，而是更多地体现在多种竞争能力的融合发展，形成核心竞争力体系。系统性、集成性是核心竞争力的两个重要特征。

(4) 动态变化性。企业的核心竞争力是处在不断成长与变化之中，一定时期内的核心竞争力并不能长远存在下去，外部市场的变化与企业自身实力的消长会带来核心竞争力的动态反应。所以，企业必须做到与时俱进，在与市场的互动中获得持续的核心竞争力。

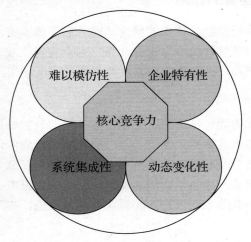

图 3.1　企业核心竞争力的特点

(资料来源：根据豆丁网、道客巴巴网站整理)

2. 为物流企业制订物流服务价格提供依据

成本导向定价法是以产品单位成本为基本依据，再加上预期利润来确定价格的定价方法，是企业最常用、最基本的定价方法。建立成本核算制度，全面、准确地核算企业物流成本，为物流企业制订合理的物流服务价格提供了依据。

3. 有助于完善宏观社会物流统计制度

2004 年，我国《社会物流统计制度及核算表式(试行方案)》发布后，社会物流成本的计算有了统一的标准。社会物流成本是一个国家一定时期内发生的物流总成本，各国通常使用物流成本总额占 GDP 的比例来衡量一个国家物流发展的水平。建立完善的企业物流成本核算体系，将有助于完善社会物流统计制度，对于制定科学合理的物流政策、提高国民经济运行质量和效率具有非常重要的意义。

3.1.2 企业物流成本核算存在的问题

由于物流成本本身就比较复杂，加上我国的物流成本管理起步比较晚，理论成果和实践经验都比较少，因此增加了物流成本管理的难度。企业物流成本核算主要存在以下问题。

1. 物流成本核算内容不全面

正是因为物流活动的复杂性，导致物流成本内容具有多样性，物流成本涉及的因素很多，物流成本的核算结果也各不相同。对于物流成本管理的重要性，大多数企业还没有真正意识到，仍然按照传统的会计核算的方式来计算物流成本，把对外支付的物流费用计入营业费用，内部发生的物流费用按照用途分别计入生产采购成本、成本及营业费用，因此形成了"物流费用冰山说"。虽然有的企业单独核算物流成本，但也只是从某一方面、某一角度核算物流成本，不能全部反映物流成本的内容。

2. 物流成本的核算标准不统一

尽管我国在 2006 年发布实施了国家标准《企业物流成本构成与计算》(GB/T 20523—2006)，统一了物流成本的构成内容与计算方法，但当前企业很难完全按照国家标准来执行，物流成本核算标准仍旧无法完全统一。企业之间物流成本核算采用不同的标准，得到的物流信息不统一，使企业之间的物流成本的比较失去了意义，这一问题是存在于整个物流行业的。

3. 物流成本核算复杂

由于缺乏明确的物流费用确认、计量标准，企业对物流成本的归集、分配与核算不尽相同。物流成本核算复杂，许多企业难以核算和把握真实的物流成本，对物流成本常常是"雾里看花"。因为企业缺乏对物流成本的了解，所以很多企业都做不到对物流成本的有效管理，只能估算物流成本，作为物流管理的依据。

4. 物流成本管理目的不明确

许多企业没有充分考虑物流成本管理的复杂特性，把物流成本管理目的仅仅定位于管理物流成本，而不是通过成本管理物流。这两者的区别在于，管理物流成本只重视物流成本的计算，把物流成本作为需要支付的费用，没有把它看成资源并加以有效的利用。管理主要由物流部门和财务部门实施，缺乏与采购、生产和销售等其他部门的协调。通过成本管理物流则是把成本作为一种管理手段，重视各部门之间工作的协调性。

3.2 企业物流成本核算的原则与对象

3.2.1 企业物流成本核算的原则

1. 客观性原则

客观性原则是指物流成本核算应当以成本费用会计核算资料为依据，如实反映物流成本状况，做到内容真实、数字准确、资料可靠。客观性原则包括真实性、可靠性和可验证性三个方面，是对物流成本核算工作和成本信息的基本质量要求。真实的物流成本信息对国家宏观经济管理、投资人决策和企业内部管理都有重要意义。

2. 相关性原则

相关性原则是指物流成本信息应当符合国家宏观管理的要求，满足有关各方了解企业物流成本状况的需要，满足企业加强内部经营管理的需要。

物流成本核算的主要目标就是向有关各方提供对决策有用的信息，如果提供的信息与进行决策无关，不仅对决策者毫无价值，而且有时还会妨碍他们作出正确的决策，所以物流成本核算提供的信息资料必须对决策者有用才行。

3. 一致性原则

一致性原则是指物流成本核算方法和程序前后各期应当一致，不得随意变更，这样才便于同一企业的不同会计期间的会计信息进行比较，从而对企业不同会计期间的经营管理成果有一个直观的了解。

一致性原则并不否定企业在必要时对物流成本核算方法做适当变更。当企业的经营活动或国家的有关政策规定发生重大变化时，可以根据实际情况变更物流成本的核算方法，但要将变更的情况、变更的原因及其对企业财务状况和经营成果的影响，在物流成本表批注中加以说明。

4. 可比性原则

可比性原则是指物流成本核算应当按照规定的核算方法进行，各项指标应当口径一致。只有遵循可比性原则，一个企业才可以与本行业的不同企业进行比较，了解自己在本行业中的地位，以及存在哪些优势和不足，从而制定出正确的发展战略。

另外指明一点，一致性和可比性实际上是同一问题的两个方面。一致性原则解决的是同一企业纵向可比的问题；可比性原则解决的是企业之间横向可比的问题。广义上说，两者均可称为可比性。

5. 及时性原则

及时性原则是指物流成本核算应当及时进行，按期编制物流成本报表，以利于决策者使用。特别是在如今瞬息万变的信息时代，会计资料如果不及时记录，物流成本信息如果不及时加工、生成和报送，就会失去时效，变成一堆没用的信息，对企业进行决策也就不会有任何帮助。

6. 清晰性原则

清晰性原则是指物流成本记录和物流成本报表都应当清晰明了，便于理解和利用，能清楚地反映企业物流成本的状况。根据清晰性原则，成本记录应准确清晰，文字摘要清楚，数字金额准确，手续齐备，程序合理，以便信息使用者准确完整地把握信息的内容，更好地加以利用。

3.2.2 企业物流成本核算的对象

企业物流成本核算对象是指在核算企业物流成本过程中，确定归集与分配物流成本的承担客体。为了正确核算产品成本,首先要确定成本核算对象,以便按照每一个成本核算对象,分别设置物流成本辅助账户来归集各个对象所应承担的物流成本,然后计算各对象的物流总成本和单位成本,有针对性地提出控制成本的措施。因此,正确确定企业物流成本核算对象,是保证企业物流成本核算质量的关键。

1. 以物流功能作为企业物流成本核算对象

物流功能成本包括运输成本、仓储成本、包装成本、装卸搬运成本、流通加工成本、物流信息成本和物流管理成本。以物流功能作为企业物流成本核算对象可以掌握各功能成本的构成状况,发现成本管理中存在的问题,提出改进措施。

2. 以物流活动发生的范围作为企业物流成本核算对象

企业物流成本按物流活动发生的范围可以分为供应物流成本、企业内物流成本、销售物流成本、回收物流成本和废弃物物流成本。以物流活动发生的范围作为企业物流成本核算对象,可以得出各个阶段物流成本的构成,为作出科学合理的物流成本决策提供依据。

3. 以物流成本支付形态作为企业物流成本核算对象

固定资产折旧的方法

企业物流成本的支付形态构成包括自营物流成本和委托物流成本两大部分。自营物流成本可以分为材料费用、人工费用、设备与设施相关费用、其他费用和特别经费五类。其中,材料费用包括包装材料费等;人工费用包括工资、福利、奖金、津贴、补贴、住房公积金等;设备与设施相关费用包括各类物流设施设备的折旧费、维护维修费、租赁费、保险费、税金、燃料与动力消耗费等;其他费用包括办公费、差旅费、会议费、通信费、水电费、煤气费等;特别经费是指与存货有关的费用支出,包括存货资金占用费、物品损耗费、存货保险费和税费。委托物流成本是指企业将物流业务外包所支付的各项物流活动费用。

以物流成本支付形态作为企业物流成本的核算对象,企业可以掌握材料费用、人工费用、设备与设施相关费用、其他费用、特别经费各项开支数额的多少,也能够掌握委托物流成本的有关数据,为编制物流成本预算、进行成本分析提供依据。

4. 以客户作为企业物流成本核算对象

客户关系管理的内容

物流企业在核算物流成本时,经常以客户作为物流成本核算对象,可以掌握为各类客户提供服务所发生的成本支出,这种核算方式对于加强客户服务管理,制订有竞争力且合理的服务价格,或者为不同客户提供差别化的物流服务等提供决策依据。

5. 以产品作为企业物流成本核算对象

生产企业及流通企业在核算物流成本时,经常以产品作为企业物流成本核算对象,以便于掌握各种产品的物流成本状况,发现物流成本管理中存在的问题,有针对性地提出改进措施。

6. 以运输、仓储等部门作为企业物流成本核算对象

以运输、仓储等部门作为企业物流成本核算对象,明确了物流成本责任中心,便于了

解各责任中心成本管理状况，有利于做好各部门的绩效考核工作，降低各部门的物流成本。

7. 以营业网点作为企业物流成本核算对象

以营业网点作为企业物流成本核算对象，可以了解各网点物流成本的构成，是对各网点进行绩效考核和物流成本控制的重要依据。

企业可以根据物流成本管理的实际需要，选择物流成本核算对象。其中用得较多的是以物流功能、物流活动发生的范围、物流成本支付形态作为物流成本核算对象。

3.3 企业物流成本的核算方法

从物流成本的核算过程来看，物流成本的核算实际上就是物流成本的归集与分配的过程。物流成本的归集是对企业生产经营活动中发生的各种物流费用按照一定的成本对象所进行的成本数据的收集或汇总；物流成本的分配是在有多个成本核算对象的情况下，求得各成本核算对象的费用，再按照费用发生的地点和用途归集后，按一定的分配标准将成本划分后计入成本对象。

企业物流成本的基本核算方法包括会计方式、统计方式，以及会计和统计相结合的方式。

3.3.1 会计方式的物流成本核算方法

会计方式核算企业物流成本，是通过凭证、账户、报表对物流成本进行连续、系统、全面的记录和计算。会计方式核算企业物流成本具体包括两种方式。一是将物流成本核算与现有的会计核算体系分开，建立完全独立的物流成本核算体系，每项物流耗费在物流成本账户和现有的会计核算体系中同时得到反映。这种形式提供的物流成本信息较为全面与准确，但是财务人员的工作量较大。二是将物流成本核算与现有的会计核算体系结合起来，增设"物流成本"账户，当各项费用发生时，与物流成本相关的部分直接记入"物流成本"账户，而与物流成本无关的各项费用，直接记入相关的成本费用类账户。会计期末，再将各个物流成本账户归集的物流成本余额按照一定的标准分摊到相应的成本费用类账户中，以保证成本费用类账户的完整性和真实性。使用第二种方式，财务人员的工作量比第一种方式要少，提供的成本信息也较为准确、全面，但是需要对现有的成本核算体系进行较大的调整，会给第二种方式的实施带来较大的难度。

3.3.2 统计方式的物流成本核算方法

统计方式核算企业物流成本是在不改变现有的会计核算体系的基础上，通过对企业现行成本核算资料的整理与分析，分离出物流成本部分，按不同的物流成本核算对象进行重新归类、分配和汇总，获得物流成本管理所需的成本信息。

由于统计方式的物流成本核算没有对物流耗费进行连续、全面、系统的跟踪，据此得来的信息，与会计方式的物流成本核算相比，其精确程度不高。但由于它不需要对物流耗费进行全面、系统、连续的反映，所以运用起来比较简单、方便。

3.3.3 会计方式与统计方式相结合的物流成本核算方法

会计方式与统计方式相结合核算物流成本，即物流耗费的一部分内容通过会计方式予以核算，另一部分内容通过统计方式予以核算。运用这种方法，也需要设置一些物流成本账户，但不像会计方式核算方法那么全面、系统，而且这些物流成本账户不纳入现行成本核算的账户体系，不需要对现有的成本核算体系做调整。对现行成本核算体系来说，它是一种账外核算，具有辅助账户记录的性质。

从实践操作来看，企业的物流成本有显性和隐性之分。显性物流成本是指在企业现行成本核算体系中已经反映但分散于各个会计科目之中的物流成本；而隐性物流成本是指在企业现行成本核算体系中没有反映但应计入物流成本的费用，主要表现为企业存货占用自有资金所产生的机会成本。考虑上述两种物流成本各自的含义和特征，以及目前我国企业物流成本管理水平与要求、会计管理与核算基础工作的现状、会计电算化的普及程度等因素，会计方式与统计方式相结合的方式是我国企业在进行物流成本核算时的一个必然选择。

会计电算化的概念及发展

在会计方式与统计方式相结合的方式下，企业物流成本核算包括显性物流成本核算和隐性物流成本核算两个方面。其中，隐性物流成本核算是在现行的会计核算体系之外，通过统计存货的相关资料，按一定的公式计算得出。隐性物流成本核算的计算方法相对简单，不涉及会计科目的选取和物流成本账户的设置问题。这里涉及的会计科目选取和物流成本账户的设置问题，主要是针对显性物流成本的核算而言的。

一般来说，在会计核算中，生产制造企业的成本费用类科目主要包括管理费用、销售费用、财务费用、生产成本、制造费用、其他业务成本、营业外支出等，同时由于我国会计核算中对于采购原材料成本的确认通常包括运输费、装卸费等与物流成本有关的内容，而这部分内容连同存货本身的采购价格一并记入"材料采购"账户。所以，计算企业物流成本时，除了从上述成本费用类会计科目入手计算，还应考虑材料采购科目中所包含的物流成本信息。

3.4 企业物流成本核算步骤

以下分别对显性物流成本和隐性物流成本的核算步骤进行分析。

3.4.1 显性物流成本核算步骤

1. 设置物流成本辅助账户

显性物流成本往往需要根据物流成本核算对象的选取和物流成本管理的要求设置物流成本辅助账户。基本的物流成本核算对象主要包括三个维度，即以物流成本功能、物流活动发生的范围和物流成本支付形态作为成本核算对象。根据这三个维度，以物流成本作为一级账户，以物流成本功能所包括的具体成本作为二级账户，以各物流活动发生的范围成本作为三级账户，以各支付形态物流成本作为四级账户，按照以上思路，设置物流成本辅助账户。例如，物流成本中自营运输成本的核算可以设置下列明细账户：

①"物流成本——运输成本——供应物流成本"账户；②"物流成本——运输成本——企业内物流成本"账户；③"物流成本——运输成本——销售物流成本"账户；④"物流成本——运输成本——回收物流成本"账户；⑤"物流成本——运输成本——废弃物物流成本"账户。

根据需要在每个三级明细科目下可分别设置四级明细科目：人工费用、设备相关费用、其他费用。

仓储成本、包装成本、流通加工成本等物流成本明细账户的设置可参照"物流成本——运输成本"账户的设置，不再一一列举。总之，物流成本明细账户的设置增加了一种核算物流成本的方法和方式。

会计科目与会计账户

会计科目是针对会计对象的具体内容进行分类核算的标志或项目，是账户的名称。需要将会计对象中相同的具体内容归为一类，设立一个会计科目，凡是具备这类信息特征的经济业务，都应该在这个科目下进行核算。设置会计科目时，要为每一个具体的类别规定一个科目名称，并且限定在该科目名称下包括的内容，如"库存现金""银行存款"等。会计科目是设置账户、账务处理所遵循的规则和依据，是正确组织会计核算的一个重要条件。

会计账户是根据会计科目设置的，具有一定的结构和格式，用来对会计对象的具体内容进行分类核算和监督的一种工具。任何一个账户都可以分为左右两方，这就是账户的基本结构。在实际工作中，账户格式的设计一般包括以下内容：账户名称、日期和摘要、凭证号数、增加和减少金额。

1. 会计科目与会计账户的联系

(1) 会计账户是根据会计科目设置的，会计科目是会计账户的名称。

(2) 二者开设的目的一致，都是对经济业务进行分类、整理，以提供管理所需要的会计信息。

(3) 二者的内容相同。

2. 会计科目与会计账户的区别

(1) 会计科目和会计账户的具体作用不同。会计科目的具体作用主要表现为将会计对象的具体内容分为若干个相对独立的项目；会计账户则是在会计科目的基础上，再赋予一定的结构，能指明记账的方向，以核算各会计要素的增减变动和余额。

(2) 会计科目和会计账户制定或设置的方法不同。会计科目由国家统一制定，是会计制度的组成部分。会计账户则是由各单位根据会计科目的要求，结合本单位的实际情况开设的。在实际工作中，先有会计科目，后有会计账户。

(资料来源：http://baike.so.com/doc/6677082-6890954.html[2022-06-29])

设置物流成本辅助账户，应注意以下几个问题。

(1) 物流成本二级、三级、四级账户的设置顺序可以根据企业的实际情况来确定，一旦确定后应保持相对稳定，以保证物流成本具有可比性。

(2) 物流成本辅助账户可以按物流成本功能、物流活动发生的范围和物流成本支付形态设置，也可以按客户、营业网点、部门来设置，企业可以根据实际情况来确定。

(3) 物流企业基本的成本核算对象是物流功能成本、物流成本支付形态，物流成本账户也按物流功能成本和物流成本支付形态设置即可。

2. 分析成本费用科目，确认物流成本的内容

对企业会计核算的成本费用科目(包括"管理费用""销售费用""财务费用""生产成本""制造费用""其他业务成本""营业外支出"以及"材料采购"等及明细项目)逐一进行分析，确认物流成本的内容。

3. 登记物流成本辅助账户

对于应计入物流成本的内容，企业可根据本企业的实际情况，选择在期中与会计核算同步登记物流成本辅助账户，或在期末(月末、季末、年末)集中归集物流成本，分别反映出按物流成本功能、物流活动发生的范围和物流成本支付形态作为归集动因的物流成本数额。

3.4.2 隐性物流成本核算步骤

1. 统计存货账面余额

期末(月末、季末、年末)对存货按采购在途、在库和销售在途三种形态分别统计账面余额。无论按采购在途或在库哪种状态统计，均以存货正在占用自有资金为统计标准，对于存货已购在途或在库但企业尚未支付货款以及企业已收到销售货款但存货仍在库或在途的，不计入统计范围。

机会成本

2. 计算机会成本

存货占用自有资金所产生的机会成本的计算公式为

存货资金占用成本 = 存货账面余额(存货占用自有资金) × 行业基准收益率

其中，对于生产制造和流通企业而言，若企业计提了存货跌价准备，则存货账面余额为扣除存货跌价准备后的余额；对于物流企业而言，由于不发生与存货相关的业务，只是在接受物流业务时需要垫付一定的押金与备用金，这部分资金可以视同存货占用自有资金，也应计算其产生的机会成本。

企业如果无法取得行业基准收益率的有关数据，可以使用1年期银行贷款利率或企业内部收益率来计算。

3.5 物流成本核算案例

3.5.1 生产制造企业物流成本核算案例

【例 3-1】甲公司是一家汽车零配件加工企业。截至 2021 年年底,该公司资产总额 6 350 万元,2021 年实现销售收入 1.52 亿元,实现利润总额 6 520 万元。公司内部设有会计部(兼信息工作)、人事部、采购部、生产部、质量部、仓储部和销售部 7 个部门,共有员工 145 人,其中采购人员 5 人,生产人员 60 人,营销人员 20 人,其余为管理人员。该公司有一个总面积为 10 000 平方米的仓库,用于储存汽车零配件等存货,而运输业务和装卸搬运业务均由外部人员承包,公司支付运费和装卸搬运费。

本案例以甲公司 2021 年 12 月有关成本费用资料为依据,计算 2021 年 12 月的物流成本。甲公司的成本费用科目包括"生产成本""制造费用""销售费用""管理费用""财务费用""营业外支出"和"其他业务成本",其中"营业外支出"2021 年 12 月无发生额。经查阅明细资料,甲公司的"生产成本""制造费用""销售费用""管理费用""财务费用"等均与物流成本相关,这里仅计算与"制造费用"账户相关的物流成本及存货占用自有资金所产生的机会成本。

1. 分析与物流成本相关的费用

获取甲公司 2021 年 12 月制造费用发生额及明细资料(表 3-1)并逐项分析哪些与物流成本相关。

表 3-1 2021 年 12 月甲公司制造费用部分明细及物流成本相关性分析表

制造费用明细项目	发生额/元	是否与物流成本相关	备注
折旧费	58 654.90	是	含车间包装设备折旧费
修理费	61 841.90	是	含车间包装设备修理费
水费	10 345.81	否	主要为车间制造耗用水费
差旅费	5 813.30	否	主要为车间人员支出费用
通信费	1 510.00	否	主要为车间人员支出费用
保险费	21 684.00	是	含库存和包装设备保险费用
劳动保护费	3 358.50	否	主要为车间人员支出费用
职工福利费	1 025.95	否	主要为车间人员支出费用
试验检验费	2 906.42	否	主要为制造产品而发生的费用
低值易耗品摊销	99.00	否	主要为车间低值易耗品摊销
办公费	447.38	是	为车间管理人员办公费(含包装业务)
其他	989.37	否	
合计	168 676.53		

2. 核算相关物流成本并记入物流成本辅助账户

(1) 经查明细资料,折旧费 58 654.90 元中含有包装设备折旧费 4 800 元,修理费

61 841.90 元中含有包装设备修理费 6 092 元。据此，相关物流成本计算如下：

包装作业的设备相关费用 =4 800+6 092=10 892(元)

将上述物流成本信息记入物流成本辅助账户：

物流成本——包装成本——企业内部物流成本——维护费　　　　　　　　10 892

(2) 经查明细资料，保险费 21 684.00 元中含有包装设备保险费用 3 241 元，采购存货保险费用 6 872 元。

将上述物流成本信息分别记入物流成本辅助账户：

物流成本——包装成本——企业内部物流成本——维护费　　　　　　　　3 241

物流成本——存货保险成本——供应物流成本——特别经费　　　　　　　6 872

(3) 经查明细资料，办公费用 447.38 元为车间管理人员所耗用办公费，车间管理人员 4 人，其中包括包装作业管理人员 1 人。据此，相关物流成本计算如下：

包装作业管理人数占车间管理人员人数比例=0.25

物流管理作业办公费用=447.38×0.25≈111.85(元)

将上述物流成本信息记入有关物流成本辅助账户：

物流成本——物流管理成本——企业内部物流成本——其他费用　　　　　111.85

2. 核算机会成本

2021 年 12 月月末，该公司仓库存货结余价值总额 29 683 696.65 元，月初仓库存货结余价值总额为 29 342 319.27 元(一年期银行贷款利率为 6.25%)，据此，相关物流成本计算如下：

存货占用自有资金所产生的机会成本=(29 342 319.27+29 683 696.65)÷2×6.25%÷12≈153 713.58(元)

将上述物流成本信息记入有关物流成本辅助账户：

物流成本——流动资金占用成本——企业内部物流成本——特别经费　　153 713.58

3.5.2　流通企业物流成本核算案例

【例 3-2】 乙公司是某集团下属分公司，主要负责服装的销售工作。截至 2021 年 12 月月末，资产总额为 8 900 万元，负债总额为 2 200 万元。该公司的运输业务和装卸搬运业务均委托第三方物流公司完成，同时在本部租赁 3 个仓库，总面积约为 20 000 平方米，用于产品的临时储存和市内周转，无本公司的仓库保管人员，有关费用统一计入仓库租赁费。公司还有一部分自有运输车辆，主要用于各地市内的周转运输，包括仓库之间的运输以及仓库和港口码头之间的运输。该公司的主要工作流程如下：根据客户的订单从集团下设的另一个服装制作公司采购服装，其中有关的物流运作包括运输和装卸搬运等均外包给专业的物流公司。为了满足临时订货和销售的需要，在采购总额中约 15% 的货物储存于仓库，用于市内周转和应急所需。

本案例中以乙公司 2021 年 12 月有关成本费用资料为依据，计算 2021 年 12 月的物流成本。乙公司的成本费用类科目主要有"销售费用""管理费用""主营业务成本"和"财务费用"。

1. 分析与物流成本相关的费用

获取2021年12月主要成本费用发生额及明细资料,并逐项分析哪些与物流成本相关(表3-2)。

表3-2　2021年12月销售费用部分明细及物流成本相关性分析表

制造费用明细项目	发生额/元	是否与物流成本相关	备注
运输车辆折旧	566 200	是	运输车辆少量用于物流业务运输
办公用房设备折旧	15 200	否	主要用于办公用房及设备折旧
运费	7 380 000	是	为对外支付物流运输费用
搬运费	1 845 000	是	为对外支付运费
广告费	186 200	否	为对外支付宣传费用

2. 物流成本核算

根据会计明细账、记账凭证、原始凭证及其他相关资料,对表3-2中与物流成本有关的费用逐项进行分析,并设物流成本辅助账户,从三个维度核算物流成本。

(1) 运输车辆折旧566 200元。经查阅有关资料,自有车辆主要用于各地市内的周转运输,包括仓库之间的运输以及仓库和港口码头之间的运输,2021年12月份运输总里程数为343 200公里,其中物流业务运输里程为27 456公里(采购环节运输里程数为5 491公里,仓库之间调拨发生运输里程数为13 728公里,销售环节运输里程数为8 237公里)。据此,相关物流成本计算如下:

采购环节运输里程数占运输总里程数比例=5 491÷343 200≈0.016

企业内物流阶段运输里程数占运输总里程数比例=13 728÷343 200=0.04

销售环节运输里程数占运输总里程数比例=8 237÷343 200≈0.024

运输作业在供应阶段负担的折旧费 =566 200×0.016=9 059.2(元)

运输作业在企业内物流阶段负担的折旧费 =566 200×0.04=22 648(元)

运输作业在销售阶段负担的折旧费 =566 200×0.024=13 588.8(元)

将上述物流成本信息分别记入有关物流成本辅助账户:

物流成本——运输成本——供应物流成本——维护费　　　　　　　　　　9 059.2

物流成本——运输成本——企业内物流成本——维护费　　　　　　　　　22 648

物流成本——运输成本——销售物流成本——维护费　　　　　　　　　　13 588.8

(2) 运费7 380 000元、搬运费1 845 000元为对外支付的费用,将上述物流成本信息记入物流成本辅助账户:

物流成本——运输成本——委托　　　　　　　　　　　　　　　　　　　7 380 000

物流成本——装卸搬运成本——委托　　　　　　　　　　　　　　　　　1 845 000

(3) 经了解,公司为了满足临时订货和销售的需要,在采购总额中约有15%的货物储存于仓库,用于市内周转和应急所需。2021年12月的采购总额为123 000 000元,一年期银行贷款利率为6.25%。根据上述有关资料,相关物流成本计算如下:

存货占用自有资金产生的机会成本 =123 000 000×15%×6.25%÷12=96 093.75(元)

将上述物流成本信息记入物流成本辅助账户:

物流成本——流动资金占用成本——企业内物流成本——特别经费　　　　96 093.75

3.5.3 物流企业汽车运输成本的核算

1. 账户设置

物流企业汽车运输成本核算的账户可分为三类:"主营业务成本——运输支出"账户、"辅助营运费用"账户、"营运间接费用"账户。

2. 成本的归集与分配

企业经营运输业务所发生的各项费用,应按成本核算对象和规定的成本项目予以归集;能直接计入成本项目的费用,借记"主营业务成本——运输支出"账户,贷记"燃料""轮胎"等账户。不能直接计入成本对象的间接费用,月末可按一定标准进行分配。其他运输方式运输成本的核算与汽车运输成本的核算类似。

【例 3-3】某物流公司车辆大修由外部专业修理厂进行,大修费在发生时一次计入本期运输成本。2021 年 5 月以银行存款支付车辆大修费 8 200 元,其中货运一队车辆大修费 3 700 元,货运二队车辆大修费 3 000 元,公司管理部门用车大修费 1 500 元。编制会计分录如下:

借:主营业务成本——运输支出——货运一队(大修费)　　　　　　3 700
　　　　　　　　　　　　　　——货运二队(大修费)　　　　　　3 000
　　管理费用——大修费　　　　　　　　　　　　　　　　　　　　1 500
　　贷:银行存款　　　　　　　　　　　　　　　　　　　　　　　　8 200

3.6 企业物流成本表

企业物流成本核算出来后,需要通过一种载体披露物流成本信息,这个载体就是企业物流成本表。按披露物流成本信息内容的不同,企业物流成本表可以设计成企业物流成本主表和企业自营物流成本支付形态表两张报表。

3.6.1 企业物流成本主表

企业物流成本主表是按物流功能项目、物流范围和物流成本支付形态三维形式反映企业一定期间内各项物流成本信息的报表。它是根据物流成本的三维构成,按一定的标准和顺序,把企业一定期间内物流功能成本、物流活动发生的范围成本和物流支付形态成本予以适当的排列,并对在日常工作中形成的大量成本费用数据进行整理计算后编制而成的(表 3-3)。

表 3-3　企业物流成本主表

项目		供应物流成本		生产物流成本		销售物流成本		逆向物流成本		物流总成本	
		自营	委托	自营	委托	自营	委托	自营	委托	自营	委托
物流功能成本	运输成本										
	仓储成本										
	装卸搬运成本										
	流通加工成本										

续表

项目		供应物流成本		生产物流成本		销售物流成本		逆向物流成本		物流总成本	
		自营	委托	自营	委托	自营	委托	自营	委托	自营	委托
物流功能成本	包装成本										
	物流管理成本										
	物流信息成本										
存货相关成本	资金占用成本										
	存货风险成本										
	存货保险成本										
物流总成本											

3.6.2 企业自营物流成本支付形态表

企业自营物流成本支付形态表是对企业物流成本主表的补充说明。物流成本按支付形态划分为自营物流成本和委托物流成本，自营物流成本又有其具体的支付形态。企业在物流成本管理过程中，除了要了解自营物流成本和委托物流成本的数额，还需要了解不同支付形态下的各项自营物流成本数额。企业自营物流成本支付形态表对企业物流成本主表中的自营物流成本做进一步的诠释和细化，使相关信息使用者可以更详尽地了解企业内部不同支付形态下的成本发生额，以及不同成本项目的支付形态构成(表 3-4)。

表 3-4　企业自营物流成本支付形态表

项目		材料费	人工费	维护费	一般经费	特殊经费
物流功能成本	运输成本					
	仓储成本					
	装卸搬运成本					
	流通加工成本					
	包装成本					
	物流管理成本					
	物流信息成本					
存货相关成本	资金占用成本					
	存货风险成本					
	存货保险成本					
物流总成本						

本 章 小 结

企业物流成本核算是根据物流成本的概念，对分散于成本费用类会计科目的显性物流成本进行整理与分析；对隐性物流成本进行核算，为企业成本管理提供依据，为完善社会物流统计制度奠定基础。企业物流成本核算主要具有以下作用。

(1) 为企业物流运作模式的选择提供依据。

(2) 为物流企业制订物流服务价格提供依据。

(3) 有助于完善宏观社会物流统计制度。

企业物流成本核算对象是指成本核算过程中归集、分配物流费用的对象，即物流费用的承担者。企业可以根据物流成本管理的实际需要，选择物流成本核算对象。企业通常是以物流功能、物流活动发生的范围、物流成本支付形态作为物流成本核算对象，也可以选取以客户、产品、运输和仓储等部门、营业网点作为成本核算对象。

企业物流成本的基本核算方法包括会计方式、统计方式，以及会计和统计相结合的方式。企业通常将会计方式与统计方式结合起来核算物流成本，这种方式物流耗费的一部分内容通过会计方式予以核算；另一部分内容通过统计方式予以核算。运用这种方法，也需要设置一些物流成本账户，但这些物流成本账户不纳入现行成本核算的账户体系，不需要对现有的成本核算体系做调整，对现行成本核算体系来说，它是一种账外核算，具有辅助账户记录的性质。

企业物流成本核算出来后，需要通过一种载体披露物流成本信息，这种载体就是企业物流成本表。按披露物流成本信息内容的不同，企业物流成本表可以设计成企业物流成本主表和企业自营物流成本支付形态表两张报表。

 关键术语

物流成本核算对象　机会成本　一致性原则　可比性原则　清晰性原则

习　题

一、单项选择题

1. 核算显性物流成本必须依赖于现行会计核算体系，完整准确的会计核算资料是物流成本核算的基础。实践中，核算显性物流成本应从(　　)入手。

　　A. 原始凭证　　　　　　　　　B. 企业物流成本主表
　　C. 企业自营物流成本支付形态表　　D. 会计科目

2. 实践中，通常采用(　　)核算物流成本。

　　A. 会计方式　　　　　　　　　B. 统计方式
　　C. 会计与统计相结合的方式　　　D. 建立独立的物流成本核算体系

3. 基本的物流成本核算对象分为(　　)。

　　A. 一维　　　　B. 二维　　　　C. 三维　　　　D. 四维

4. 特别经费是指与(　　)有关的物流成本费用支付形态。

　　A. 材料费　　　B. 折旧费　　　C. 办公费　　　D. 存货

5. 下列关于会计账户和会计科目的说法正确的是(　　)。

　　A. 会计科目是开设账户的依据，会计账户的名称就是会计科目

B. 二者都是对会计对象具体内容的科学分类，口径一致，性质相同
C. 没有会计账户，会计科目就无法发挥作用
D. 会计科目不存在结构，会计账户则具有一定的格式和结构

二、简答题

1. 企业物流成本核算的作用有哪些？
2. 企业物流成本核算的方法有哪些？
3. 会计方式与统计方式相结合的物流成本核算方法有哪些优点？
4. 简述企业物流成本的核算步骤。
5. 企业物流成本表包括哪些内容？

案例分析

传化物流打造干线网络无车承运人平台，推出的"千·万车队培育计划"

2016年9月，交通运输部办公厅印发了《关于推进改革试点，加快无车承运物流创新发展的意见》，提出在全国开展道路货运无车承运人试点工作。

传化物流将着力打造具有标杆意义的全国干线网络无车承运人平台。传化物流精准运力所推出的"千·万车队培育计划"产品，已吸纳100余家优质专线企业、车队加盟。

针对我国生产性服务业落后的现状，传化物流正致力于通过"端—网—云"系统构建中国智能公路物流网络运营系统，为产业链条上的不同主体提供普惠、开放、统一标准的公共服务，实现对物流行业各要素的共享和高效利用，并逐步形成"物流行业大数据"，为国家、行业和企业提供决策支持和综合服务。

传化物流以平台运营、联盟、战投"三驾马车"驱动，聚集全国的物流人，实现整个物流行业的高效、集约、标准化发展，共同改变物流行业小、散、乱、差的局面。

现实运力的分散是"罗宾逊"模式在中国落地的难题之一。一方面，因货源不足造成的闲置运力，亟待整合提高效率和竞争力；另一方面，大量的货源也急于找到可靠的高质量的物流供应商。如何解决这些难题呢？

(1) 联合。联合是趋势，需要有资本、有实力的行业巨头带动。传化精准运力通过培育车队，实现运力资源的优化配置，提升满足大型货主可视化、网络化、规模化、标准化服务的能力，提供运力一体化解决方案。在传化物流精准运力的规划中，运力资源的整合配置将通过"千·万车队培育计划"实现。该计划目前已吸纳100余家优质专线企业、车队等，基本覆盖华南、华东、西南、华北、东北、西北区域。

(2) 货源。对于平台型物流企业，"得货源者得天下"，"无车承运人"的市场定位、盈利模式使得集货能力的重要性凸显。这也是传化物流精准运力打造"无车承运人"模式的优势之一。基于实体公路港平台的建设，传化物流正逐步实现全国性网络布局。遍布全国80多个城市的"公路港城市物流中心"，为导入高质量的货主资源、拓展上游货源提供了渠道，形成了丰富而稳定的货源保障。

(3) 信息化与互联互通。除对实体资源的有效整合之外，传化物流大规模智能信息系统的开发建设，更是精准运力的核心利器。在传化物流智能信息系统中，通过交易平台化、

物流管理信息化、终端智能化和服务O2O化，实现平台上人、车、货、港信息的全面采集与在线化，并实现对全网物流资源的智能化调配、运输过程的透明化管理和运输业务的安全监控。这为打造网络化、标准化、可视化的公路干线精准运力提供了技术支撑，也提升了风险控制能力、资源优化与整合能力以及业务管理能力。

传化物流全国公路干线运力一体化运营的模式如下。①能力培养。组建车队联盟，进行千万车队培育，形成联合的力量；组建专线联盟，进行专线整合，补充货源和专线线路。②专业化服务。输出标准化的运营和管理体系，实现标准化运力体系；提升业务能力，形成平台和品牌效应。③骨干网络。线路和运力通过平台形成链接，形成网络，平台做好承运商的资质审核体系，统一调度管理，各地之间形成点到点的直达运输。④甩挂体系。实行网络干线甩挂作业，提高运作效率，降低干线运输成本，形成中国公路运力新生态。

(资料来源：根据网站资料整理)

思考：
(1) 传化物流的核心竞争力体现在哪些方面？
(2) 传化物流全国公路干线运力如何一体化运营？

开启交通运输行业高质量、可持续发展的"零碳"之路

"交通运输行业是全球第二大碳排放源，是各国碳中和行动的关注重点，对我国实现碳达峰目标与碳中和愿景有重要影响。"2021年全国"两会"期间，全国人大代表，西南交通大学交通运输与物流学院教授罗霞聚焦碳中和领域，建议推动交通运输行业实现碳中和。在她看来，未来我国交通运输需求将持续高速增长，减排难度和减排潜力也将随之增大。为实现2060年碳中和目标，交通运输行业需要从"十四五"期间就做好布局。

碳中和与碳达峰

罗霞建议将实现碳达峰和碳中和作为我国交通运输行业的引领性目标之一，建立全生命周期的交通运输碳排放核算、核查体系，构建以碳减排量为核心的绩效评价标准、行业技术标准、市场准入标准。同时，加快开展交通运输行业碳达峰路径、碳中和路径分析研究工作，在阶段性目标、阶段性重点、政策组合、政策推行时间等方面提供指导性建议，并积极推动有条件的地区先行先试。

罗霞建议做好交通供给与需求管理的政策搭配，比如进一步提高公共交通服务质量、提升慢行交通出行品质、促进共享出行发展、加快新能源基础设施建设；完善碳排放税机制、建立交通碳交易体系、设立低排区、逐步推进燃油汽车禁售政策；持续推动大宗货物运输"公转铁""公转水"、鼓励多式联运发展、促进货运汽车电动化发展。同时，做好交通行业与其他行业的政策协调，加强交通运载工具电动化与电力清洁水平的同步发展，推广可再生能源的使用与消纳，避免排放转移风险。正如二十大报告所提到的，中国式现代化是人与自然和谐共生的现代化。人与自然是生命共同体，无止境地向自然索取甚至破坏自然必然会遭到大自然的报复。我们坚持可持续发展，坚持节约优先、保护优先、自然恢复为主的方针，像保护眼睛一样保护自然和生态环境，坚定不移走生产发展、生活富裕、生态良好的文明发展道路，实现中华民族永续发展。

(资料来源：https://baijiahao.baidu.com/s?id=1693562528075182099&wfr=spider&for=pc[2022-06-30])

思考：交通运输行业实现碳中和的主要路径有哪些？

第4章 基于作业成本法的物流成本核算

【教学目标与要求】

理解作业成本法的概念与原理。
掌握物流作业成本法的核算程序。
了解物流作业成本法的适用条件。
了解实施物流作业成本法的必要性与可行性。

导入案例

东风汽车股份有限公司实施作业成本法

东风汽车股份有限公司(以下简称"东风汽车")于1997年7月15日成立。东风汽车主营业务是设计、制造和销售东风系列轻型商用车、东风康明斯发动机及相关零部件。东风轻型商用车已形成东风小霸王、东风金霸、东风多利卡、东风之星、东风金刚、东风皮卡、东方快车等多系列上千个品种。东风汽车的产品结构覆盖轻型卡车、轻客、客车底盘、皮卡、SUV等车型,是我国最大的轻型商用车生产基地。

1. 成本核算存在的问题

随着企业业务的发展,东风汽车发现传统的成本核算方法存在着成本数据失真等问题。随着汽车行业内的竞争越发激烈,企业的多元化经营,公司的产品及耗费材料品种越来越多,东风汽车耗费材料的品种达到上万种。由于传统的成本计量方法对于工人工时、机器台时的分配非常欠缺,以往总是笼统地收集所有的本期发生的工时、台时然后统一分摊,这样的方法无法满足现代管理上的需要,对于各个车间的工时、台时的分配更是欠缺。传统成本法提供的会计数据已经完全没有办法满足管理的需求,改革势在必行。

2. 调研分析选定改革方向

传统的成本核算方式已经完全没有办法满足企业管理的需要,那么如何改革、改进后的系统需要有哪些功能,这都是切实摆在东风汽车面前的难题。东风汽车采用了调研分析的方法最终确定了选定实施作业成本法。

3. 实际推行改革

1) 选择试点对象

东风汽车先以车架作业部为试点,对作业成本管理进行试用,在积累了一定的管理经验后再在整个企业推广。因为,如果一开始就在全企业范围内推广全新的作业成本法,势必会对企业的正常管理运作造成巨大的冲击。车架作业部的工艺流程较为复杂,但过程非常清晰。东风汽车所生产的各种车辆配套车架主要在公司内部转移,不对外销售。综合考虑了车架作业部的相对典型简单的特点,决定选择车架作业部作为试点。

2) 实施步骤

东风汽车车架作业部采用作业成本法,包括原始数据的收集、作业中心的确定、成本动因分配率的确定等步骤。在设计的过程中,作业中心的划分非常重要,它是对班组内作业的确认和描述,包括定义一个部门内的作业,划分明确、清晰、相互独立的作业及作业中心,确定每一个作业要耗用的资源、反映作业绩效的经营数据、作业对班组有多少价值等。作业中心的划分可以通过面谈、问卷调查、观察和对工作实务记录的检查得以完成。

3) 完善作业成本管理

完成了一个阶段的试点,并对试点产生的问题进行改进,那就可以在整个企业慢慢推广开来,最终达到整个企业作业成本管理实施应用的目的。在整个推广过程中,逐步建立责任成本中心，以责任成本中心为对象推行作业成本管理，慢慢构建以战略成本管理理念为指导，以预算成本为标准，作业成本与责任成本相结合、成本管理与价值管理相结合、成本中心与利润中心相统一的新型成本管理体系。

4. 经验与启示

1) 在推行作业成本法时，先进行成本效益的分析

东风汽车对于作业成本法的推行可以说是非常谨慎的。在整体推行之前先对整个企业目前面临的问题，企业今后发展的目标做了具体详细的分析，然后针对企业目前的状况做了调研分析，发现需要实行作业成本法。

推行作业成本法是需要付出较大成本的，包括设计成本、运行成本、核算成本、培训人员的相关费用等相关成本费用，如果实行作业成本法所获得的收益比推行作业成本法所付出的成本小，那就需要考虑是否实行改革。因为可能时机还不是特别成熟，不计后果地强行实行作业成本法可能得不偿失。因此，在实行作业成本法时，事前调研、成本效益分析是非常必要的，尤其是在目前国内普遍实践经验比较缺乏的时候，更是要加倍小心、加倍谨慎。

2) 管理层的全力支持

在东风汽车的案例中，不难看出，从头至尾都贯穿着管理层对本次改革的支持，从制订以作业为基础的考核制度到整体企业对作业成本法应用的调整。因为作业成本法的实行实际上是为作业成本管理做的铺垫，是为作业成本管理提供数据信息的一个成本系统。如果没有管理层的全力支持并在整个企业范围内统筹兼顾，那么作业成本法的推行是不可能实现的，所以在推行作业成本法时一定要取得管理层的大力支持。

3) 先点后面，循序渐进地推行

在东风汽车的案例中，该公司并没有一开始就在全公司铺开实行作业成本法，而是选择了比较具有代表性又不是特别复杂的车架作业部作为试点，先推行作业成本法。在试点的过程中及时发现问题、解决问题，而作业成本法在企业内的推行本来就是一个不断发现问题、不断改进的过程。对于每个企业来说作业成本法都是特殊的，都是独一无二的。

(资料来源：根据网站资料整理)

东风汽车实施作业成本法有效地解决了传统成本核算方法存在成本数据不准确等问题。作业成本法将间接费用按相互之间的内在联系划归到若干个不同的成本库，再按各自的成本动因将它们分配到产品(服务)中，这比传统的分配间接费用方法更为科学，提供的成本信息也更为准确。

4.1 作业法成本法概述

4.1.1 作业成本法的概念

作业成本(Activity Based Costing，ABC)法是一种以作业(活动)作为基准的成本核算与管理方法，是更准确计算间接成本和辅助费用的一种成本核算方法，以"作业消耗资源，

产品消耗作业"为原则。作业成本法形象地揭示了成本形成的动态过程,该理论以资源流动为线索,每完成一项作业就要消耗一定的资源,作业的产出又形成一定的价值,资源和作业联系起来,形成这样一种模式——"作业消耗资源,产品消耗作业,生产导致作业的发生"。

4.1.2 作业成本法的产生与发展

作业成本法的产生,最早可以追溯到20世纪杰出的会计大师——美国人科勒(E Kohler)教授。科勒教授在1952年编著的《会计师词典》中,首次提出了"作业""作业账户""作业会计"等概念。1971年,斯托布斯(G Staubus)教授在《作业成本核算和投入产出会计》中对"作业""作业成本""作业会计""作业投入产出系统"等概念进行了全面系统的讲解,这是理论上研究作业会计的第一部宝贵著作。但是,当时作业成本法却未能在理论界和实业界引起足够的重视。20世纪80年代后期,随着以制造资源计划(Manufacturing Resource Planning,MRP II)为核心的管理信息系统(Management Information System,MIS)的广泛应用,以及计算机集成制造系统(Computer Integrated Manufacturing System,CIMS)的兴起,美国实业界感到产品成本信息与现实脱节,成本扭曲普遍存在,且扭曲程度令人吃惊。美国芝加哥大学的青年学者库伯(R Cooper)和哈佛大学教授卡普兰(R. S.Kaplan)注意到这种情况,在对美国公司进行调查研究之后,发展了斯托布斯的思想,提出了以作业为基础的成本核算,又称作业成本法,受到业界广泛的关注,会计理论界对其研究日益深入,实业界对之应用也在不断拓展。理论上,作业成本法已超越了提高成本核算精确性这一最初动机,从成本的确认、计量方面转移到企业管理的诸多方面,深入企业作业链——价值链重构,乃至企业组织机构的设计问题,一种以"作业"为中心的现代企业管理思想——作业管理(Activity Based Management,ABM)正在形成和发展。在实际应用中,作业成本法应用的领域已由最初的制造领域扩展到商业、金融、保险、医疗、物流产业等领域,在范围上已由产品制造加工扩展到产品销售定价、零部件设计、物流管理、战略决策等方面,新型的咨询公司已经扩展了作业成本法的应用范围并研发出相应的软件。

作业成本法在西方企业的应用呈飞速发展的趋势。有关学者称,在会计史上,从未有过某个观念像以作业为基础的成本核算法这样,能迅速地从概念转入应用实施。1992年,作业成本法还处于实验阶段;1997年,美国管理会计师协会的成本管理组的一份调查报告表明,到1996年美国被调查企业中已有49%的企业用了作业成本法。英国、加拿大的调查也表明,作业成本法在这些国家的应用有基本相同的比例。同时,调查也表明绝大多数被调查企业对作业成本法应用效果表示满意。

4.1.3 作业成本法的基本原理

作业成本法的基本原理可概括为产品消耗作业,作业消耗资源并导致成本的发生。作业成本法把成本核算深入作业层次,它以作业为单位收集成本。具体计算步骤:先将资源经资源动因分配到作业,再将作业成本经成本动因分配到成本核算对象。作业成本法的基本原理如图4.1所示。

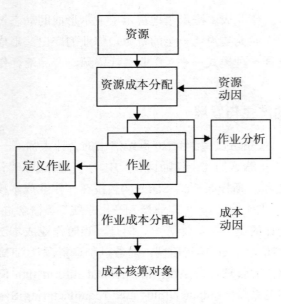

图 4.1 作业成本法的基本原理

4.1.4 作业成本法与传统成本核算方法的比较

作业成本法与传统成本法的主要区别是,作业成本法对间接成本采用了更精确的分配方法,它们具体的区别如图 4.2 所示和表 4-1 所示。

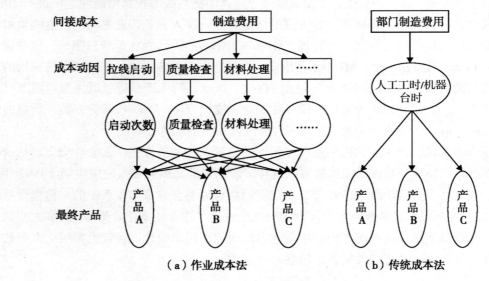

图 4.2 作业成本法与传统成本法的区别

表 4-1 作业成本法与传统成本法的区别

成本核算方法比较项目	作业成本法	传统成本法
产生背景	小批量、个性化生产	常规化、批量化生产
成本内涵	资源的耗用	所耗资金的对象化

续表

成本核算方法比较项目			作业成本法	传统成本法
成本对象			产品、服务合同、客户、资源、作业、作业中心等	产品
费用分配标准	直接费用	直接材料	直接计入成本对象	直接计入成本对象
		直接人工	直接计入成本对象	直接计入成本对象
	间接费用	制造费用	根据多个资源动因分配至物流作业,再根据多个作业动因分配至成本核算对象	根据单一标准分配至成本对象
		期间费用	根据多个资源动因分配至物流作业,再根据多个作业动因分配至成本核算对象	不计入产品成本
成本核算结果			成本信息相对准确	成本信息不够准确

4.1.5 实施物流作业成本法的主要意义

物流作业成本法是全新的物流成本的计算方法,与传统的完全成本法和变动成本法相比,实施物流作业成本法主要有以下意义。

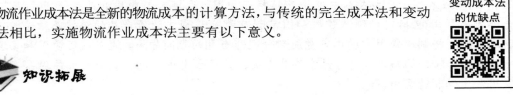

变动成本法的优缺点

知识拓展

完全成本法与变动成本法的区别

完全成本法也称全部成本法、归纳成本法或吸收成本法,就是在计算产品成本和存货成本时,把一定期间内在生产过程中所消耗的直接材料、直接人工、变动制造费用和固定制造费用的全部成本都归纳到产品成本和存货成本中。由于完全成本法是将所有的制造成本,不论是固定的还是变动的,都吸收到单位产品上,所以这种方法也称归纳(或吸收)成本法。

1. 采用完全成本法的原因

虽然固定性制造费用只与企业生产能力的形成有关,不与产品生产直接相联系,但它仍是产品最终形成必不可少的成本,所以应当成为产品成本的组成部分。在完全成本法下,单位产品成本受产量的直接影响,产量越大,单位产品成本越低,这样就能刺激企业提高产品生产的积极性。但是采用完全成本法核算出来的单位产品成本不仅不能反映生产部门的真实业绩,反而会掩盖或夸大它们的生产业绩;在产销量不平衡的情况下,采用完全成本法核算确定的当期税前利润,往往不能真实地反映企业当期实际发生的费用,从而会促使企业片面追求高产量,进行盲目生产。另外,采用这种方法不便于管理者进行预测分析、参与决策,以及编制弹性预算等。

2. 完全成本法与变动成本法的区别

1) 理论依据不同

传统的完全成本法强调成本补偿的一致性,其理论依据:固定制造费用发生在生产领域,与产品生产直接相关,其与直接材料费用、直接人工费用和变动制造费用的支出并无区别，应当将其作为产品成本的一部分，从产品销售收入中得到补偿。

变动成本法的理论依据：固定制造费用与特定会计期间相联系，与企业生产经营活动持续经营期的长短成比例，并随时间的推移而消逝。其效益不应递延到下一个会计期间，而应在其发生的当期，全额列入损益表，作为该期销售收入的一个扣减项目。

2) 应用前提与成本构成的内容不同

完全成本法将成本按其用途不同分为生产成本与非生产成本两大类。其中，生产成本包括直接材料费用、直接人工费用和制造费用；非生产成本包括销售费用和管理费用等期间费用。

变动成本法是在成本性态分析的基础上，对产品成本按其与产量变动之间的线性关系划分为变动成本与固定成本，并进行粗略估计。其中，变动成本包括直接材料费用、直接人工费用、变动性制造费用和变动性销售及管理费用；固定成本包括固定性制造费用和固定性销售及管理费用。

3) 产品成本构成内容不同

由于上述两个方面的差异，使两种成本核算方法在产品成本构成内容方面也有所不同：使用完全成本法，产品成本中包含直接材料费用、直接人工费用和为生产产品而耗费的全部制造费用(包括变动制造费用和固定制造费用)，成本随着产品的流转而结转；使用变动成本法则将制造费用中的固定费用部分视作当期的期间费用，随同销售费用和管理费用一起全额扣除，而与期末是否结余存货无关，产品成本中只包含直接人工费用、直接材料费用和变动制造费用。

3. 完全成本法的优点

1) 符合公认的会计原则

完全成本法是从价值补偿角度核算成本的，不论是变动成本还是固定成本都计入产品成本中，反映生产过程中的全部耗费，因而符合传统的成本概念，便于编制财务报表，是财务会计核算中确定盈亏的重要依据。

2) 强调成本补偿上的一致性

完全成本法把固定制造费用分配到了每一单位产品。因为只要是与产品生产有关的耗费，均应从产品销售收入中得到补偿，固定制造费用也不例外。从成本补偿的角度讲，用于直接材料的成本与用于固定制造费用的支出并无区别。所以，固定制造费用应与直接材料费用、直接人工费用和变动制造费用一起共同构成产品的成本，而不能人为地将它们割裂开来。因此，完全成本法可以促进企业积极扩大生产，降低单位产品的成本，提高经济效益。

3) 强调生产环节对企业利润的贡献

由于使用完全成本法，固定制造费用也被归集于产品而随产品流动，因此本期已销产品和期末未销产品在成本负担上是完全一致的。在一定销售量的条件下，产品的产量大则利润高，所以客观上完全成本法有刺激生产的作用。这也就是说，从一定意义上讲，完全成本法强调了固定制造费用对企业利润的影响。

(资料来源：https://baike.baidu.com/item/完全成本法/10951305?fr=aladdin[2022-06-30])

1. 物流作业成本法实现了成本核算的灵活性，拓展了成本核算的范围

传统的成本核算方法在选择成本核算对象时，自始至终局限在资源耗费和产品耗费的联系与转换上，始终没有摆脱生产组织和工艺过程对成本核算的约束，没有按照费用发生与成本核算对象之间最为直接、最为实质的联系因素进行归集和分配。物流作业成本法克服了上述缺点，突出选择作业来反映成本动因，使成本核算更为合理、准确。

2. 改进了成本分配方法，对物流间接成本的分配更为合理

从物流作业成本法的核算过程来看，它对直接费用的确认和分配，与传统的成本核算方法并无不同，所不同的只是对间接费用的分配。作业成本法将间接费用按相互之间的内在联系划归到若干个不同的成本库，再按各自的成本动因将它们分配到产品(服务)上去。这比传统的以直接人工工时或机器台时等单一标准在全企业范围内统一分配间接费用更为科学。

物流作业成本法与传统物流成本核算方法相比，物流作业成本核算的分配基础(成本动因)发生了质的变化。物流作业成本法不再采用单一的数量分配基准，而是采用多元分配基准，并且集财务变量与非财务变量于一身，强调采用非财务变量作为分配基准，如订单处理次数、质量检验次数、运输距离等。因此，物流作业成本法所提供的成本信息比传统成本核算法准确得多。

总而言之，物流作业成本法通过设置多样化的作业成本库和采用多种成本动因，使间接费用按产品(服务)对象化，成本的可归属性明显提高。因此，采用物流作业成本法得出的产品(服务)成本能较为准确地反映产品(服务)消耗资源的真实情况。

3. 更好地满足企业内部管理的需要

物流作业成本法的计算，能追踪产品成本的形成和积累过程，由此大大提高了计算过程的精细化程度和成本核算结果的精确度。从成本控制的角度来看，物流作业成本法通过对作业成本的确认、计量，为尽可能消除不增值作业提供有用信息，从而促使这类作业减少到最低限度，达到降低成本的目的。同时，由于物流作业成本法提供的成本信息相对更为准确，有利于管理部门正确决策，进行成本管理和评价经济业绩。

传统的成本核算方法强调产成品的核算，因而只能进行被动的事后成本控制；而物流作业成本法找到了产品与成本费用发生的联结点即作业，使其所提供的成本信息可以深入作业层次，因而可以在生产过程中根据实际生产的需要，控制作业的数量。通过减少不增值作业来减少成本费用发生的动因，切断成本费用发生的源头，使成本费用的发生得到有效控制，达到事前、事中成本控制的目的。此外，从责任会计角度来讲，计算作业成本实际上就是计算责任成本。因而对作业成本的核算，既可达到责任会计控制成本的目的，又实现了财务会计核算、监督成本的职能。

4.2 物流作业成本法的核算程序

物流作业成本法的核算程序如图 4.3 所示。

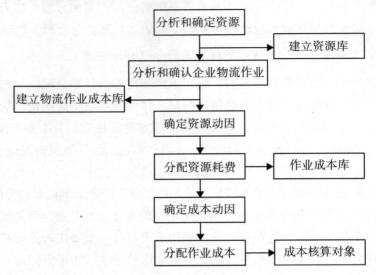

图 4.3 物流作业成本法的核算程序

1. 分析和确定资源，建立资源库

明细分类账簿格式和登记方法

资源是指支持作业的成本、费用来源，它是一定期间内为了生产产品或提供服务而发生的各类成本、费用项目。通常，在企业会计明细账中可清楚地得到各种资源项目，例如对于装卸作业而言，其发生的装卸人员的工资及其他人工费支出，装卸设备的折旧费、维修费、动力费等都是装卸作业的资源费用。一般来说，资源可分为货币资源、材料资源、人力资源、动力资源，以及厂房设备资源等。通常，资源的界定是在作业界定的基础上进行的，每项作业必定涉及相关的资源，与作业无关的资源则应从物流成本核算中剔除。这些资源数据可以在企业原有的成本信息系统中提取，经过加工处理后加以利用。资源是物流作业得以进行的基础，是成本消耗的源泉，物流作业成本核算首先要分析各项物流活动都消耗了哪些资源。企业各项资源被确认后，要为每类资源建立资源库，并将一定会计期间的资源耗费归集到各相应的资源库中。在设置资源库时，有时需要把一些账目或预算科目结合起来，组成一个资源库，有时需要把一些被不同作业消耗的账目或预算科目进行分解。例如，发出订货单是采购部门的一项作业，那么相应办公场地的折旧费、采购人员的工资和附加费、电话费、办公费等都是订货作业的资源费用。

2. 分析和确认企业物流作业，建立物流作业成本库

作业是企业为了某一特定目的而进行的资源耗费活动，是连接资源耗费和成本核算对象的桥梁。企业经营过程中的每个环节或每道工序都可以视为一项作业，企业的经营过程就是由若干项作业构成的。作业有两个基本特点：一是作业作为最基本的成本核算对象，

必须具有可以量化的特点；二是作业贯穿于企业经营的全过程，作业的定义根据管理需要可粗可细，但必须囊括全部经营活动。

物流作业是由运输、仓储、包装、装卸搬运、流通加工、信息管理等一系列基本作业构成的，它们是连接资源和成本对象的桥梁。首先，采用业务职能分析法、作业流程法、价值链分析法等确定各项物流作业。其中，业务职能分析法是将企业各业务职能部门的活动进行分解，确定每个部门应完成的作业有几种、多少人参与该项作业，以及作业耗费的资源；作业流程法是通过绘制作业流程图来描述企业各部门的作业以及它们之间的相互联系，以便确定完成特定业务所要求的各项作业、各项作业所需要的人员以及各项作业所要消耗的时间。然后，在确认作业的基础上对各项物流作业进行筛选和整合，将同质物流作业合并，形成物流作业成本库(又称物流作业中心)。作业流程法的具体做法是把为完成特定业务所要求的各种作业步骤画成一张张系统的流程图，根据流程图来选定物流作业。在确定作业时，作业既不能过细又不能过粗，必须把握好作业合并和分解的平衡。作业合并是指把所有性质相同的业务集合起来组成一个具有特定功能的作业。它以特定的功能对作业进行合并，目的是将单个的、细小的作业组合成可以作为成本核算对象的作业。例如，检验发票作业和付款作业就可以整合为会计这一大作业来管理。作业分解是指把一个较大作业分解成具有不同功能的作业，它与作业合并的过程相反，如运输作业可分解为调度作业、运行作业、到达作业等；获取原材料作业可以分解为购货作业、验货作业和收货作业等。作业分解的作用就是深入活动内部，分析组成特定活动的作业，分析各个作业的成本动因，选择更合理的成本动因分配作业成本。物流作业经分析、确认后，要为每一项作业设立一个作业成本库，然后以资源动因为标准将各项资源耗费分配至各作业成本库。

价值链分析方法

海尔物流流程再造

3. 确定资源动因，分配资源耗费至作业成本库

资源动因是指资源被各项作业消耗的方式和原因，它反映了作业对资源的消耗情况，是把资源库资源分配到各作业成本库的依据。确认作业、建立作业成本库后，应观察、分析物流资源，为各项物流资源确定动因，以资源动因为标准将各项资源耗费分配至各作业成本库。确定物流资源动因应按资源被消耗的情况而定，主要有以下几种情况。

(1) 如果某项资源能直观地确定被最终的成本核算对象(产品或物流服务)所消耗，如材料消耗，那么资源动因则按传统的方法确定，如消耗量等。

(2) 如果某项资源被某项作业所消耗，这种资源具有专属性，如特定的固定资产折旧被特定的作业所消耗，特定的人工费用被特定的作业所消耗，这种情况下资源动因按作业消耗资源的关系确定，如按所使用设备的价值、人数、消耗量等作为资源动因。

(3) 如果某项资源被多项作业所消耗，如各作业中心发生的信息费、办公费等，按多收益、多分摊的原则确定资源动因。

物流作业资源动因确定之后，各资源库要根据资源动因一项一项地分配到各作业中，形成作业成本库。每个作业成本库都可以归集人工费、材料费、机器设备折旧费、管理性费用等，如设备调整人员的工资、福利，设备调整所用的物料、工具的损耗等。

【例4-1】某企业2021年12月间接人工费支出为60 000元，主要的作业为采购、生产、仓储、装卸搬运，从事上述4项作业的人数分别为4人、7人、5人、6人。计算各项作业耗费的人工费如下。

人工费支出分配率 =60 000÷22 ≈ 2 727.27(元)
采购作业的人工费 =4×2 727.27=10 909.08(元)
生产作业的人工费 =7×2 727.27=19 090.89(元)
仓储作业的人工费 =5×2 727.27=13 636.35(元)
装卸搬运作业的人工费 =6×2 727.27=16 363.62(元)

4. 确定成本动因，将作业中心的作业成本分配到最终产品

成本动因是指作业被各种产品或劳务(最终成本核算对象)消耗的方式和原因，它是将作业成本库的成本分配到成本对象中的标准，它反映了成本对象对作业消耗的逻辑关系。由于物流服务过程中所需作业的数量很多，因此从经济上看，为每一项作业确定一个成本动因是不可行的；反之，将许多作业综合起来，共用一个成本动因又会造成成本核算的误差。所以，物流作业成本核算中成本动因的确定，即选择哪些成本动因和确定成本动因的数目需要认真分析。成本动因的选择主要遵循 3 个原则：①选定的成本动因与实际作业消耗之间的相关性较强，从现有资料中易于分辨；②选择容易获得信息的成本动因，以降低获取信息的成本；③为避免作业成本核算过于复杂，要筛选具有代表性和重要影响的成本动因。对于成本动因数量的确定，取决于其要达到的成本核算结果的准确度及物流的复杂性，管理所需信息越准确、物流越复杂，物流成本动因数量应越多。另外，成本效益原则决定了作业成本库并非越多越好，相应地限制了成本动因的数量。

5. 计算物流成本

根据计算出的成本动因分配率(作业成本/成本动因量)和产品(或服务)所消耗的作业动因种类、数量可计算出该产品(或服务)的物流作业成本，即将作业成本库归集的作业成本按成本动因分配率分配到各个成本核算对象。将成本核算对象分摊的各项物流作业成本相加，即是该成本核算对象应负担的间接物流成本，再加上直接物流成本，就是各个成核计算对象的物流总成本，并可以核算单位物流成本。

【例 4-2】某企业采购作业的人工费为 10 909.12 元，该企业生产甲、乙、丙 3 种产品，这 3 种产品当月的采购次数分别为 2 次、3 次、4 次，将采购作业成本分配到各产品。计算过程如下。

成本动因分配率 =10 909.12÷9 ≈ 1 212.12(元)
甲产品应分配的采购作业成本 =2×1 212.12=2 424.24(元)
乙产品应分配的采购作业成本 =3×1 212.12=3 636.36(元)
丙产品应分配的采购作业成本 =4×1 212.12=4 848.48(元)

4.3 作业成本法在企业物流成本核算中的实例分析[①]

某公司主要生产两种品牌的商品：一种是高档品牌的商品，主要销往各大城市；另一

---

① 资料来源：王雍欣. 基于作业成本法的企业物流成本核算的研究与应用[D]. 镇江：江苏大学，2010.

种是大众化品牌的商品,主要销往一些中小城市。该公司的管理人员过去对这两种商品的物流成本没有太准确详细的了解,一直是按两种商品的销售额比例来直接分配各种物流成本的。但是随着企业的发展,以及物流成本的逐渐加大,企业的管理人员越来越感到两种商品的物流成本在某种程度上扭曲了,但是又找不到准确的证据来说明问题,于是决定采用作业成本法对企业的物流成本进行一番深入的分析。企业的管理人员将企业的物流活动分为以下几项活动,并仔细分析研究,对各种资源费用进行了归集。

1. 采购活动

采购活动包括挑选供应商、谈判、签订合同、发订单等方面的具体工作。由于两种商品所经历的采购程序基本相同,而且每次的采购批量也大致相当,所以将采购活动作为一个作业成本库归集费用,以采购次数作为成本动因来分配费用。采购作业的一些专属费用归集如表 4-2 所示。

表 4-2 采购作业的一些专属费用归集

项目	人工费	差旅及业务招待费	订单处理费	其他杂费	小计
金额/元	30 000	32 000	8 000	18 000	88 000

2. 运输活动

运输活动包括运输货物和维修车辆两项作业。车辆行驶距离越长,所耗油费一般也就越多。另外,车辆的折旧费本身就是按车辆的工作量(也就是行驶里程)来提取的,因此运输货物所耗的费用都可以看作与车辆的行驶距离成正比。在一般情况下,车辆行驶距离越长,车辆的磨损也就越大,其需要维修的概率也越大,维修所需的费用也越多,因此维修车辆的费用也可以看作与车辆的行驶距离成正比。由于两项作业具有同质成本库的性质,因此企业管理人员决定将其合并成一项运输作业,以运输里程数作为成本动因来分配。运输作业的一些专属费用归集如表 4-3 所示。

表 4-3 运输作业的一些专属费用归集

项目	人工费	汽油及养路费	车辆折旧费	车辆维修费	小计
金额/元	21 000	85 000	96 000	31 000	233 000

3. 存储活动

存储活动主要包括出入库检验和成品存储两项作业。由于这两项作业不具有同质成本库的性质,不能进行合并,因此必须分开归集两项作业的成本。由于该企业一共有 3 名职工共同负责这两项作业,所以这 3 名职工的 24 000 元人工费属于共同费用,需要在这两项作业之间进行分配。经过企业管理人员的统计分析,这些工人 60%的工作时间和精力花费在成品存储上,另外 40%的时间和精力花费在出入库检验上,因此出入库检验作业所耗的人工费为 9 600 元(24 000×40%),成品存储作业所耗费的人工费为 14 400 元(24 000×60%)。出入库检验以检验次数作为成本动因来分配费用,其费用归集如表 4-4 所示。

表 4-4　出入库检验作业费用归集

项目	人工费	检验费	小　计
金额/元	9 600	34 000	43 600

成品存储则以托盘数作为成本动因来分配费用，其费用归集如表 4-5 所示。

表 4-5　成品存储作业费用归集

项目	人工费	仓库租金	设备折旧费	小　计
金额/元	14 400	100 000	82 000	196 400

选择托盘数作为成品存储作业的成本动因，是因为仓库内的货品都是以托盘存放的，仓库的租金是由容积决定的，而仓库的容积也可以用托盘数来衡量。另外，仓库工作人员的工资是由工作量决定的。在完全托盘化作业的仓库中，不论托盘存放哪种产品，仓库人员进行收发货、盘点、记账等日常工作的工作量都与托盘数成正比，所以也可以将托盘数认定为人工费的驱动因素。

4. 装卸搬运

装卸搬运包括装货和卸货两项作业。经过企业管理人员的统计分析，发现企业平时装货和卸货的次数大致相当，装卸货的过程和所耗费的时间也差不多。为了简化核算，装货和卸货作业可以合并成一个同质成本库，以装货次数作为成本动因来分配费用。装卸搬运作业费用归集如表 4-6 所示。

表 4-6　装卸搬运作业费用归集

项目	人工费	装卸搬运设备折旧费	商品在装卸搬运过程中的损耗	小计
金额/元	30 000	30 000	8 000	68 000

5. 流通加工活动

流通加工活动分为包装商品和分拣商品两项作业。该企业一共有 10 名职工负责包装和分拣商品，所以这 10 名职工的人工费 60 000 元是属于包装商品和分拣商品两项作业的共同费用，应根据职工在两项作业上花费的人工工时来分配。经过企业的统计分析，这些职工在包装商品上花费的时间占配送活动总工时的 65%；在分拣商品上花费的时间占配送活动总工时的 35%，则有

包装商品所消耗的人工费 =60 000×65%=39 000(元)

分拣商品所消耗的人工费 =60 000×35%=21 000(元)

另外，流通加工车间的房屋折旧费每个月为 20 000 元，由于包装和分拣商品都是在同一车间内进行的，因此车间的房屋折旧费也属于两项作业的共同费用，应该按照一定比例进行分配。经过统计分析，包装商品作业面积占据了流通加工车间面积的 65%，而分拣商品作业面积只占据流通加工车间面积的 35%，因此对车间的房屋折旧费进行以下分配：

分配给商品包装作业的房屋折旧费 =20 000×65%=13 000(元)

分配给商品分拣作业的房屋折旧费 =20 000×35%=7 000(元)

商品包装以包装箱数作为成本动因来分配费用，其费用归集如表 4-7 所示。

表 4-7 商品包装作业费用归集

项目	人工费	房屋折旧费	包装材料费	设备折旧费	小计
金额/元	39 000	13 000	30 000	8 000	90 000

商品分拣以分拣次数作为成本动因来分配费用，其费用归集如表 4-8 所示。

表 4-8 商品分拣作业费用归集

项目	人工费	房屋折旧费	分拣费	小计
金额/元	21 000	7 000	15 000	43 000

6. 物流信息活动

物流信息活动主要分为档案管理和信息查询两项作业。由于这两项作业都是应用同一计算机网络系统完成的，其所发生的设备折旧费、网络维护费等费用难以严格区分是其中哪一项作业的，也就是说这些费用都可以看作两项作业的共同费用，因此企业管理人员决定以物流信息部门为成本归集对象进行成本归集，然后在两项作业之间进行分配。物流信息活动的成本归集如表 4-9 所示。

表 4-9 物流信息活动的成本归集

项目	人工费	折旧费	网络维护费	材料费	小 计
金额/元	80 000	25 000	9 000	3 000	117 000

根据统计分析，物流信息工作人员 80%的工作时间耗费在档案管理作业上，20%的工作时间耗费在信息查询作业上，故有

档案管理作业成本 =117 000×80%=93 600(元)

信息查询作业成本 =117 000×20%=23 400(元)

档案管理以档案数作为作业动因来分配费用，信息查询以查询次数作为作业动因来分配费用。

7. 水电费分配

另外，对于各个作业均涉及水电费，水电费共计 15 000 元，由于各个作业所耗费的水电费难以准确计算，如果要严格核算各个作业所消耗的水电费，其所耗费的核算成本是很大的，而且该企业每个月在物流中所消耗的水电费只占总费用很小的一部分，因此，根据成本效益原则，采用一种近似的标准对其进行分配，既不会扭曲物流成本的总体情况，也可以节省核算成本。为此，企业管理人员决定根据各项作业的成本比例对水电费进行分配。计算过程如下：

物流总成本 = 采购成本 + 运输成本 + 出入库检验成本 + 成品储存成本 + 装卸搬运成本 +
　　　　　　　商品包装成本 + 商品分拣成本 + 档案管理成本 + 信息查询成本
　　　　　= 88 000+233 000+43 600+196 400+68 000+90 000+43 000+93 600+23 400
　　　　　= 879 000(元)

水电费分配情况如下：

采购作业所分配的水电费 =15 000×88 000÷879 000 ≈ 1 502(元)

运输作业所分配的水电费 =15 000×233 000÷879 000 ≈ 3 976(元)

出入库检验作业所分配的水电费 =15 000×43 600÷879 000 ≈ 744(元)

成品存储作业所分配的水电费 =15 000×196 400÷879 000 ≈ 3 352(元)

装卸搬运作业所分配的水电费 =15 000×68 000÷879 000 ≈ 1 160(元)

商品包装作业所分配的水电费 =15 000×90 000÷879 000 ≈ 1 536(元)

商品分拣作业所分配的水电费 =15 000×43 000÷879 000 ≈ 734(元)

档案管理作业所分配的水电费 =15 000×93 600÷879 000 ≈ 1 597(元)

信息查询作业所分配的水电费 =15 000×23 400÷879 000 ≈ 399(元)

8. 总成本计算

各项作业的总成本如下：

采购作业总成本 =88 000+1 502=89 502(元)

运输作业总成本 =233 000+3 976=236 976(元)

出入库检验作业总成本 =43 600+744=44 344(元)

成品储存作业总成本 =196 400+3 352=199 752(元)

装卸搬运作业总成本 =68 000+1 160=69 160(元)

商品包装作业总成本 =90 000+1 536=91 536(元)

商品分拣作业总成本 =43 000+734=43 734(元)

档案管理作业总成本 =93 600+1 597=95 197(元)

信息查询作业总成本 =23 400+399=23 799(元)

9. 作业动因量化

企业管理人员经过统计得出了两种商品各自消耗的作业动因的数量，具体数据如表 4-10 所示。

表 4-10 作业动因量化表

作业名称	作业动因	数量	商品消耗	
			高档品牌	大众化品牌
采购	采购次数	15	5	10
运输	运输里程数	30 000	12 000	18 000
出入库检验	检验次数	40	25	15
成品存储	托盘数	500	150	350
装卸搬运	装货次数	40	10	30
商品包装	包装箱数	400	120	280
商品分拣	分拣次数	20	8	12
档案管理	档案数	100	15	85
信息查询	查询次数	400	260	140

10. 物流费用分配

有了以上的数据资料，很容易就可以将各项作业成本账户归集的费用，按相应的作业动因分配到两种商品中，进而得出两种商品各自的物流费用。以下是具体的计算过程，这里将高档品牌的商品记为 A 产品，将大众化品牌的商品记为 B 产品。

(1) 采购作业。

每次采购的成本 =89 502÷15=5 966.8(元)

两种产品各自应当负担的采购费用如下：

A 产品采购费用 =5×5 966.8=29 834(元)

B 产品采购费用 =10×5 966.8=59 668(元)

(2) 运输作业。

每公里运输成本 =236 976÷30 000=7.899 2(元)

两种产品各自应当负担的运输费用如下：

A 产品运输费用 =12 000×7.899 2=94 790.4(元)

B 产品运输费用 =18 000×7.899 2=142 185.6(元)

(3) 出入库检验作业。

每次检验的成本 =44 344÷40=1 108.6(元)

两种产品各自应当负担的检验费用如下：

A 产品检验费用 =25×1 108.6=27 715(元)

B 产品检验费用 =15×1 108.6=16 629(元)

(4) 成品存储作业。

每件成品的存储成本 =199 752÷500=399.504(元)

两种产品各自应当负担的存储费用如下：

A 产品存储费用 =150×399.504=59 925.6(元)

B 产品存储费用 =350×399.504=139 826.4(元)

(5) 装卸搬运作业。

每次装卸搬运成本 =69 160÷40=1 729(元)

两种产品各自应当负担的装卸费用如下：

A 产品装卸费用 =10×1 729=17 290(元)

B 产品装卸费用 =30×1 729=51 870(元)

(6) 商品包装作业。

每箱商品的包装成本 =91 536÷400=228.84(元)

两种产品各自应当负担的包装费用如下：

A 产品包装费用 =120×228.84=27 460.8(元)

B 产品包装费用 =280×228.84=64 075.2(元)

(7) 商品分拣作业。

每次分拣成本 =43 734÷20=2 186.7(元)

两种产品各自应当负担的分拣费用如下：

A产品分拣费用 =8×2 186.7=17 493.6(元)
B产品分拣费用 =12×2 186.7=26 240.4(元)

(8) 档案管理。

每份档案的管理成本 =95 197÷100=951.97(元)

两种产品各自应当负担的管理费用如下：

A产品管理费用 =15×951.97=14 279.55(元)
B产品管理费用 =85×951.97=80 917.45(元)

(9) 信息查询。

每次查询成本 =23 799÷400=59.497 5(元)

两种产品各自应当负担的查询费如下：

A产品查询费 =260×59.497 5=15 469.35(元)
B产品查询费 =140×59.497 5=8 329.65(元)

A、B两种产品各项物流成本汇总后如表4-11所示。

表4-11 两种产品物流成本明细表 单位：元

作业名称	A产品	B产品	合计
采购	29 834	59 668	89 502
运输	94 790.4	142 185.6	236 976
出入库检验	27 715	16 629	44 344
成品存储	59 925.6	139 826.4	199 752
装卸搬运	17 290	51 870	69 160
商品包装	27 460.8	64 075.2	91 536
商品分拣	17 493.6	26 240.4	43 734
档案管理	14 279.55	80 917.45	95 197
信息查询	15 469.35	8 329.65	23 799
合计	304 258.3	589 741.7	894 000

设该企业的其他相关财务信息如表4-12所示。

表4-12 产品毛利

项目	A产品	B产品	合计
销量/件	3 000	18 000	21 000
单价/元	1 000	100	1 100
销售额/元	3 000 000	1 800 000	4 800 000
生产成本及期间费用/元	2 150 000	1 200 000	3 350 000
扣除物流成本前的税前利润/元	850 000	600 000	1 450 000

两种成本计算方法的比较如表4-13所示。

表 4-13　两种成本计算方法的比较

项目	A 产品		B 产品	
	传统方法	作业成本法	传统方法	作业成本法
销量/件	3 000	3 000	18 000	18 000
销售额/元	3 000 000	3 000 000	1 800 000	1 800 000
生产成本及期间费用/元	2 150 000	2 150 000	1 200 000	1 200 000
扣除物流成本前的税前利润/元	850 000	850 000	600 000	600 000
物流成本/元	558 750	304 258.3	335 250	589 741.7
税前净利润/元	291 250	545 741.7	264 750	10 258.3
税前净利率(%)	34.26	64.2	44.13	1.7
单位物流成本/元	139.69	76.06	13.97	24.57

注：这里的生产成本及期间费用包括除物流成本外的制造成本、管理费用、销售费用等其他一切资源的消耗，而且假设这些成本信息都是准确、符合客观实际情况的。那么在传统的物流成本核算方法下，由于企业是将物流成本按产品的销售额比例进行分配的，因此分配给 A、B 两种产品的物流成本计算如下：

A 产品的物流成本　=894 000×3 000 000÷4 800 000=558 750(元)
B 产品的物流成本　=894 000×1 800 000÷4 800 000=335 250(元)

从表 4-13 中不难看出，两种产品如果按照传统的成本核算方法进行计算，则两种产品的税前净利率相差不多，B 产品的税前净利率甚至比 A 产品还高出约 10 个百分点，但如果按照作业成本法进行计算，则情况就大不相同了，A 产品的税前净利率将近翻了一番，而 B 产品的税前净利率只有 1.7%，已经接近了亏损的边缘。造成这种情况的主要原因是，由于 A 产品单价高、销售额高，而 B 产品单价低、销售额低，根据传统的成本计算方法，按产品销售额这一单一成本动因来分配企业的物流成本，必然使销售额高的 A 产品分担了大部分的物流费用，其中也包括了本应该由 B 产品承担的一部分物流费用，这将严重地扭曲了物流成本的实际情况。实际上，企业为了维护其高档商品的形象，对 A 产品销量进行了一定的控制，其主要市场是各大城市；而 B 产品销量大，其主要市场是一些中小城市，客户比较多而零散，货物运输路途远，收发货的次数比较频繁，因此也就造成了 B 产品的物流总成本大大超过了 A 产品的物流总成本。

由于 A 产品属于高档商品，企业在单位产品的存储、运输等多方面的物流活动中都要投入更多的精力和时间，以此来维护产品的形象，因此 A 产品的单位物流费用大大超过了 B 产品。因为以上这些情况，所以采用传统的单一的数量标准进行物流成本的分配是不合适的，而作业成本法的多动因分配体系是比较符合客观情况的，并且能较为准确地反映出企业两种产品物流成本的情况。

4.4　物流作业成本法的优势及适用条件

4.4.1　物流作业成本法的优势

物流作业成本法的优势主要表现在以下几个方面。

1. 体现了现代物流价值链的形成过程

物流作业成本法不仅揭示了成本的经济实质(价值消耗)和经济形式(货币资金),而且反映了成本形成的动态过程。其中,作业推移的过程也是价值在企业内部逐步积累、转移,直到最后转移给顾客的总价值(即最终产品成本)的过程。物流作业成本法通过作业这一中介,将费用发生与产品成本(服务)形成联系起来,形象地揭示了成本形成的动态过程,使成本的概念更为完整、具体。

2. 能够真实计算物流成本

物流作业成本的计算步骤分为两个阶段:第一阶段是将物流费用根据资源动因分配到同质的作业成本库;第二阶段是根据作业动因,把作业成本分配到各个物流成本对象,计算出各个物流成本对象的成本。由于物流作业大多数属于支持性作业,其物流费用大多数是间接费用,利用作业成本法计算物流作业时,以作业为中心,着眼于分析物流费用产生的原因,采用多样化的分配标准。物流费用产生的原因不同,归集和分配费用的方法也不同,这样就大大提高了物流费用的可归属性。物流成本作业法有利于克服物流费用归集和分配标准不相关的缺陷,从而能够较准确地确认物流费用,并且能较容易地实现按照商品、顾客、销售地区、营业部门等不同物流作业对象来计算物流成本。因此,物流成本不再是"不可捉摸"的,而是比较客观、真实、准确的。

3. 反映出现代物流作业为满足顾客需要而建立的一系列有序的作业集合体

现代企业观认为,企业是由一系列作业组成的作业链,每完成一项作业都要消耗一定的资源,产品成本实际上就是制造和运送产品所需要的全部作业所消耗的资源成本,作业是资源与产品之间的桥梁。物流作业成本法根据作业消耗资源、产品消耗作业的原则,将成本核算的重点放在作业上,以作业作为核算对象,这相对于传统的成本核算方法就发生了一次根本性的变革。

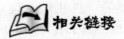

中欧班列长安号(海防—西安—阿拉木图)班列首发

2022年6月21日,首列中欧班列长安号(海防—西安—阿拉木图)班列从西安国际港站发车,开往哈萨克斯坦的阿拉木图,标志着中欧班列长安号与陆海新通道首次实现互联互通。

当日10时20分,满载着越南生产的白糖、家具、布料、医护用品的中欧班列长安号缓缓驶出西安国际港站,将一路向西,经阿拉山口口岸出境,最终抵达哈萨克斯坦等地。据了解,中欧班列海防—西安—阿拉木图线路由重庆陆海新通道运营有限公司和西安自贸港建设运营有限公司共同开发运营。班列运输的40个集装箱货物由越南海防港经海路运输至广西钦州港,再经铁路运送至重庆,在西安集结后,搭乘中欧班列长安号发往中亚,全程5 966公里,运行14天。

"这趟班列的开启充分表明中欧班列(西安)集结中心建设的品牌影响力不断提升,也说明通过这几年的发展,中欧班列(西安)集结中心的开行量、吞吐量、服务能力对陆海新通道沿线及周边国家和地区越来越具有吸引力。"西安自贸港建设运营有限公司总经理袁小军说,将进一步加强与陆海新通道运营公司的合作,通过陆海新通道辐射东南亚地区,为陕西及周边企业开拓东南亚市场提供更广阔的通道服务。

西部陆海新通道北接丝绸之路经济带,南连21世纪海上丝绸之路,协同衔接长江经济带,在区域协调发展格局中具有重要的战略地位。"班列首发是中欧班列(西安)集结中心实现陆海内外联动的具体抓手。"重庆陆海新通道运营有限公司董事长王渝培表示,双方将提升通道对地区产业链供应链的支撑作用,促进区域经济更好地融合发展,实现高水平的对外开放。

目前,中欧班列长安号常态化运行16条干线,辐射范围覆盖亚欧大陆全境。2022年1月至5月,中欧班列长安号共开行1399列,核心指标保持全国领先。

"中欧班列(西安)集结中心将通过陆海新通道吸引更多东南亚及我国东南沿线省份货物在西安集结分拨,为陆海新通道建设进一步拓展新'丝路'注入新动能。"西安国际港务区党工委书记、管委会主任孙艺民说,双方将依托自身优势,持续推进陆海新通道与中欧班列长安号的高效联通,加快推动两地区域融合发展,为推进西部大开发形成新格局、促进国内国际双循环贡献力量。正如二十大报告所提到的,推动共建"一带一路"高质量发展。优化区域开放布局,巩固东部沿海地区开放先导地位,提高中西部和东北地区开放水平。加快建设西部陆海新通道。

(资料来源:http://sn.cri.cn/n/20220622/4e7da9d9-b45c-1ec2-40fe-c396aca3d75e.html[2022-08-15])

4. 物流作业成本法可以增加物流服务价值

物流作业成本法不仅可以提供相对准确的成本信息,而且还可以通过作业链和价值链分析,进行作业管理。一方面,通过对所有与物流相关联的作业进行追踪分析,尽可能消除"不增值作业",改进"可增值作业",优化物流作业链和价值链,降低物流成本,增加物流服务价值;另一方面,通过落实物流作业成本控制目标,计量实际物流作业成本水平,进行物流作业绩效评价等方法控制物流成本,从而实现降低物流成本,增加物流服务价值的目标。

4.4.2 物流作业成本法的适用条件

物流作业成本法的创始人库珀和卡普兰提到,虽然物流作业成本法源于制造业,但它更适合应用在服务业,主要原因是服务业的间接成本在总成本中所占比例较大,且这些间接成本非常不容易追踪,而采用物流作业成本法的观点进行从头到尾的流程分析,服务业就能掌握每个顾客服务的真正成本。根据物流作业成本法的特点,理论界较为一致的观点认为,具有下列特性的企业较适合采用物流作业成本法。

(1) 企业自动化成本高,间接费用在成本结构中占的比例大。间接费用在成本结构中占的比例大,若采用传统成本法分配间接费用,会使成本信息受到严重的歪曲,进而影响到成本决策的正确性;若采用物流作业成本法分配间接费用,将会提高间接费用分配的精确度。

(2) 企业规模大,个性化生产,产品种类繁多。产品种类繁多的企业,通常存在间接生产费用在不同种类产品之间进行分配的问题,传统成本法笼统地将不同质的间接生产费用统一的分配率作为标准进行分配,使成本信息不可靠。物流作业成本法以作业为中心,区分不同质的费用采用不同的动因进行分配,能准确地将成本追溯到各种产品。

(3) 竞争激烈。因为越是竞争激烈的产业越需要有正确的价格策略,而正确的成本信息是制定价格策略不可缺少的工具。

(4) 日常订单流失。由于现行成本信息不够准确,造成企业的成本分析出现盲点,决策失误,以致失去竞争力,因此急需利用物流作业成本法来确立正确的成本。

定价方法

(5) 企业信息化水平高。采用以计算机技术为主要技术支持和处理的系统,能够更好地满足作业成本核算所需的数据收集、信息提供和程序运行等技术性条件,使物流作业成本法的实施符合成本—效益原则,并进一步促进成本管理方法的使用。

(6) 各个产品需要技术服务的程度不同,即技术层次不同。

(7) 现有成本管理模式不适应企业的管理要求,现行成本信息的准确性受到怀疑。

(8) 具有较高业务水平的管理人员,尤其是高素质的财务人员。

4.5 采用物流作业成本法的必要性及可行性分析

在间接费用高、产品品种复杂的情况下,传统成本法提供的信息严重扭曲了产品的实际成本,误导了企业的经营决策。作业成本法对企业中发生的所有成本都进行了追溯,有效避免了成本核算的疏漏,为企业经营者确定成本经营策略提供了依据,因此企业应考虑采用作业成本法。同时从物流系统营运成本的特点(营运间接费用在营运成本中所占比例很大)来看,更应考虑采用作业成本法。采用物流作业成本法的必要性主要表现在以下几个方面。

4.5.1 采用物流作业成本法的必要性分析

1. 企业物流成本中间接费用在总成本中的比例较高的特点与作业成本管理适用的条件不谋而合

物流企业或企业中的物流部门不生产有形的产品,而是提供无形的物流服务。由于物流企业以物流合同或客户为成本核算对象,生产物流服务这一产品所耗的直接人工和直接材料很少,它的成本几乎全部由间接费用构成。物流企业的营运间接费用包含的项目范围很广、种类很多,在营运成本中所占比例也很大。在物流企业或部门提供物流服务的过程中,不能归入直接人工和直接材料的费用支出很多,例如运输车辆的营运、维护,仓库的折旧,装卸、搬运、升降设备及其折旧、维修,水、电、物业管理及信息系统的开发维护等。

2. 物流企业或部门个性化生产的要求高

物流服务产品的物化表现是企业与客户签订的合同,即使两份完全一样的合同要求的服务也是不一样的,就是说物流服务产品的个性化极高。

3. 作业成本法能有效解决物流企业产品定价难的问题

由于物流服务产品存在无形性、瞬时性和多样性的特点，导致物流企业对其产品的定价比较困难，传统成本法对此无能为力，而作业成本法能有效地解决这一问题，它可以将作业分析的观点应用于物流服务产品的定价决策。作业成本法不仅将成本的计算深入作业层面，分别对每一项作业进行价值确认，从而计算出整体物流服务的成本，而且能准确计算出每个客户的服务成本及客户间的成本差异。这样，企业就可以获得可靠的产品成本信息。产品的价格建立在产品成本的基础上，因而物流企业或部门可以利用作业成本法合理制订出产品的价格，有效解决产品定价难的问题。

4. 物流企业或部门有必要通过运用作业成本法来对企业的作业流程进行改造

物流企业或企业中的物流部门建立在供应链、服务链等作业链的基础上，而在企业中，并非所有的作业链都能创造价值，因而物流企业或企业中的物流部门有必要通过运用作业成本法来对企业的作业流程进行改造。因此，物流企业或企业中的物流部门是最需要采用作业成本法来进行管理的企业类型之一。

4.5.2　采用物流作业成本法的可行性分析

物流作业成本法能很好地应用于物流成本管理，主要表现在以下几个方面。

1. 物流运作方式与作业成本法的思想有相似性

(1) 物流作业成本法体现了现代企业物流成本管理的理论与价值观念。作业成本法适用于产品(服务)品种结构复杂，工艺多变，经常发生调整生产作业的情形中，而物流企业提供的是无形的服务，其物化表现为与客户签订合同，每个客户所要求的服务都是不一样的。这与作业成本法能很好地应用于物流成本管理是相适应的。作业成本法能辅助企业准确掌握提供物流服务的成本，进而辅助产品定价、客户营利性分析以及物流流程改进等。在企业的物流成本管理中应用作业成本法不但可以去除无效成本，而且可以再造整个物流管理过程。

(2) 物流作业成本法使成本核算、控制和分析更具科学性，对物流成本中间接成本的分配更为合理。作业成本法正是针对制造费用(生产企业)、间接费用(生产和服务企业)比例很高的企业而提出的。物流企业提供物流服务的过程以及生产企业的物流活动过程中，涉及的间接费用比例很高，且都不能直接归入直接成本。随着时间的推移，间接费用的重要性大大提高。在许多企业中，间接费用占产品成品的比例比直接人工费用大得多，并且许多间接作业与产品产量并不相关。由于这一原因使用传统成本核算的方法可能扭曲产品成本。

(3) 物流作业成本法更有利于绩效评价与考核。作业成本法通过建立的作业中心也就是各个责任中心，可以真实地核算各种产品生产经营过程中的资源消耗，从而比传统成本方法更容易发现具体问题和改进工作。因此，在市场机制下，使各部门、各环节管理人员对成本费用责任更加明确，更有利于业绩的评价与考核。绩效评估是一个有效的管理工具，建立绩效评估的主要目的就是使物流系统不断得到改进。绩效评估系统通过不断地衡量各项作业的效率，从而不断地改进物流系统。一个好的绩效评估系统应该能够减少订货至交货的时间，降低物流成本，提高物流作业的效率，改善物流的服务水平。

2. 企业信息化水平不断提高

《纸牌屋》的成功

由于企业的物流活动要形成完整的物流链过程，通常包括运输、仓储、装卸搬运、包装、配送、流通加工以及物流信息服务等环节。在每个环节，都会涉及若干不同的作业流程及大量的作业信息数据。毫无疑问，应用作业成本法进行计算是比较复杂的，为了解决此问题，对这方面的软件工具要求非常高，而现代企业信息化水平的不断提高能很好地满足这一要求。例如，独立的作业成本核算软件能够从现在的信息系统中抽取相关的运作数据，用于成本核算，企业需要做的只是把作业成本软件系统与现行的信息系统建立数据联系。

3. 企业财务及管理人员整体素质不断提高

从作业成本法的可行性角度出发，要对企业的成本运用作业成本法进行控制，需要有高素质的人员进行配合。随着企业财务及管理人员整体素质的不断提高，将为作业成本法的顺利实施打下良好的基础。

本 章 小 结

作业成本法是将间接成本更准确地分配到作业、产品、顾客、服务，以及其他成本核算对象的一种成本核算方法，体现的是一种精细化和多元化的成本核算和管理思想。

作业成本法的基本原理可概括为产品消耗作业，作业消耗资源并导致成本的发生。作业成本法把成本核算深入作业层次，它以作业为单位收集成本。物流作业成本法核算程序：分析和确定资源，建立资源库；分析和确认企业物流作业，建立物流作业成本库；确定资源动因，分配资源耗费至作业成本库；确定成本动因，将作业中心的作业成本分配到最终产品。

资源是指支持作业的成本、费用来源，它是一定期间内为了生产产品或提供服务而发生的各类成本、费用项目。资源动因是指资源被各项作业消耗的方式和原因，它反映了作业对资源的消耗情况，是把资源库资源分配到各作业成本库的依据。

作业是企业为了某一特定目的而进行的资源耗费活动，是连接资源耗费和成本核算对象的桥梁。企业经营过程中的每个环节或每道工序都可以视为一项作业，企业的经营过程就是由若干项作业构成的。作业有两个基本特点：一是作业作为最基本的成本核算对象，必须具有可以量化的特点；二是作业贯穿于企业经营的全过程，作业的定义根据管理需要可粗可细，但必须囊括全部经营活动。成本动因是指作业被各种产品或劳务(最终成本核算对象)消耗的方式和原因，它是将作业成本库成本分配到成本核算对象中的标准。选择成本动因要考虑的因素：相关性、计量性及计量成本的合理性。

关键术语

作业成本法　资源　资源动因　作业　成本动因

习　题

一、选择题

1. 物流作业成本法是(　　)的更准确的分配方法。
   A. 直接费用　　　B. 间接费用　　　C. 原材料费　　　D. 燃料费
2. 成本动因是(　　)。
   A. 将作业成本库的成本分配到成本对象中的标准
   B. 把资源库资源分配到各作业成本库的依据
   C. 资源被各项作业消耗的方式和原因
   D. 为了生产产品或提供服务而发生的各类成本、费用项目
3. 资源动因是(　　)。
   A. 作业被各种产品或劳务即最终成本核算对象消耗的方式和原因
   B. 资源被各项作业消耗的方式和原因
   C. 将作业成本库的成本分配到成本对象中的标准
   D. 连接资源耗费和成本核算对象的桥梁
4. 作业成本法以(　　)为单位收集成本。
   A. 产品　　　　　B. 产量　　　　　C. 销售额　　　　D. 作业
5. 作业成本法适用于(　　)。
   A. 间接费用在成本结构中占的比例大的企业
   B. 间接费用在成本结构中占的比例小的企业
   C. 直接费用在成本结构中占的比例大的企业
   D. 直接费用在成本结构中占的比例小的企业

二、简答题

1. 作业成本法的基本原理是什么？
2. 作业成本法的核算程序有哪些？
3. 作业成本法与传统成本的核算方法有哪些区别？
4. 实施作业成本法有什么意义？

基于作业成本法的农产品冷链物流成本核算

1. 农产品冷链物流及成本概述

农产品冷链物流就是使以水果、蔬菜、鱼、肉、蛋等为代表的农产品从产地采购、加工、储藏、运输、销售直到消费的各个环节都处于低温环境中，以保证农产品的质量，减

少农产品的损耗,防止农产品的变质和受污染。农产品冷链物流主要包括冷冻加工、冷冻存储、冷藏运输及配送、冷冻销售4个环节。

农产品冷链物流包括以下成本。

1) 直接成本

(1) 普通物流作业成本:在冷链物流作业中发生的和普通物流作业相同的作业成本,包括运输、包装、装卸搬运、流通加工成本。其主要包含机械的燃料费、维修保养费、水电消耗费、折旧费、租赁费、车检费、税金、事故损失费和养路费等。

(2) 直接材料成本:为完成冷链物流作业而消耗的所有材料而产生的费用。其包括产品材料成本及产品包装材料成本。

(3) 直接人工成本:在冷链物流作业期间内,为完成作业而产生的所有人工费用。其包括作业人员费用和管理人员费用。

(4) 冷链作业成本:在冷链物流作业期间内,产品在流通加工、储存、销售等过程中因需冷藏环境而产生的所有费用的总和。

2) 间接成本

(1) 资源动因成本:在冷链物流作业期间内,若部分资源(如水、电、单位产品)的价格发生改变,资源动因成本就会随之产生相应的成本。

(2) 作业动因成本:在冷链物流作业期间内,若某一冷链作业的作业环节(如冷冻加工、冷藏存储、冷藏配送等)的不确定因素(如作业时间)发生改变,作业动因成本就会随之发生改变。

2. 基于作业成本法核算农产品冷链物流成本的基本步骤

运用作业成本法核算农产品冷链物流成本,主要是将间接成本准确地分配到冷链作业中,再通过物流作业分配到农产品冷链物流这一核算对象中。运用作业成本法核算农产品冷链物流成本的具体步骤为:①分析和定义农产品冷链物流作业;②确定冷链物流系统涉及的资源;③确定资源动因,将资源分配到作业成本库中;④确定作业动因,将作业成本分配到农产品冷链物流的各项成本对象中。

3. 农产品冷链物流成本核算应用案例

M公司是一家专业的冷链物流公司,主要提供农产品冷冻加工、包装及配送服务。目前该公司已有较大的规模和比较完善的冷藏系统。现以该公司2021年5月的资料为依据,运用作业成本法计算M公司5月的成本。M公司于2021年5月同时与A、B两个公司都签订了合同,合同基本内容如下:M公司为A、B两个公司分别加工2 400箱、2 000箱农产品并送至A、B两个公司,其中A公司要求分8次送,每次300箱;B公司要求分10次送,每次200箱。为了达到客户的要求,M公司需要300平方米的仓库来满足A公司的货物存取,需要200平方米的仓库来满足B公司的货物存取。为了简便计算和比较,假设A、B两个公司的配送路程相同,且产品的加工和储存、运输方式都相同,计算作业成本。

(1) 各项资源成本分析。根据M公司的财务资料可以得到该月的间接费用主要有电费、燃油费和机器折旧费。将上述各项费用分配到各项作业中,如表4-14所示。

表 4-14　各冷链作业环节的资源分配表　　　　　　　　　　　　　　单位：元

项目	电费	燃油费	折旧费	合计
冷链加工	1 300	—	900	2 200
采购作业	—	1 100	—	1 100
包装作业	840	—	304	1 144
存储作业	3 100	—	1 150	4 250
配送作业	605	4 141	735	5 481
入库作业	582	3 425.6	640	4 647.6
出库作业	585	3 915.2	745	5 245.2
合计	7 012	12 581.8	4 474	—

(2) 根据成本动因分配率 = 作业成本/成本动因量，可以计算出各项作业的成本动因分配率，具体数据如表 4-15 所示。

表 4-15　各项作业的成本动因分配率

项目	作业成本/元	成本动因量	成本动因分配率
冷链加工	2 200	4 400	0.5
采购作业	1 100	4 400	0.25
包装作业	1 144	4 400	0.26
存储作业	4 250	500	8.5
配送作业	5 481	18	304.5
入库作业	4 647.6	18	258.2
出库作业	5 245.2	18	291.4

(3) 分配作业成本至成本核算对象，计算结果如表 4-16 所示。

表 4-16　各项作业成本分配表

项目	作业成本/元	成本动因分配率	A 产品成本动因量	B 产品成本动因量	A 产品作业成本/元	B 产品作业成本/元
冷链加工	2 200	0.5	2 400	2 000	1 200	1 000
采购作业	1 100	0.25	2 400	2 000	600	500
包装作业	1 144	0.26	2 400	2 000	624	520
存储作业	4 250	8.5	300	200	2 550	1 700
配送作业	5 481	304.5	8	10	2 436	3 045
入库作业	4 647.6	258.2	8	10	2 065.6	2 582
出库作业	5 245.2	291.4	8	10	2 311.2	2 914

(资料来源：李婷，宋志兰. 基于作业成本法的农产品冷链物流成本核算[J]. 物流工程与管理，2014(10): 17-20.)

思考：

(1) 什么是农产品冷链物流？

(2) 农产品冷链物流成本包括哪些项目？

苏宁易购物流配送模式分析

苏宁易购在中国物流发展浪潮中依托相关政策扶持和自身的不断发展进步,已经成为我国目前最大的电商自建物流企业之一,随着苏宁易购供应链的整合和配送模式的不断创新发展,在新冠肺炎疫情期间,苏宁易购、家乐福到家业务为保障市民的"菜篮子""米袋子"做出了贡献。

1. 苏宁易购物流配送现状

1) 苏宁易购公司简介

1990年创立于南京的苏宁电器股份有限公司是一家大型家电连锁企业,苏宁易购是其创立于2009年的B2C电子商务网站,目前是中国领先B2C电商平台之一。

苏宁最早的物流基地1996年建立于江苏南京,苏宁的自建物流体系在其全国范围内的实体店铺和较早建立的物流基地基础上建立并迅速发展。截至2019年,苏宁易购物流收购天天快递后其快速网点增至26 091个,仓储面积多达1 105万平方米,物流网络遍布全国351个地级市,苏宁易购在2019年2月又收购了万达下属的37家百货门店,线下的零售市场进一步扩大,配送实力也进一步增强。

2) 配送模式现状

苏宁易购最主要的配送模式为自营物流模式,依托于苏宁电器的长期经营和苏宁后期的收购,苏宁小店遍及全国各地,为苏宁易购自营物流打下了良好的基础。

苏宁易购采用以自营物流配送模式为主、第三方和共同配送为辅的配送模式。线上平台与线下实体店融合,不断完善物流体系;多个线下实体店作为配送与售后服务站点,与仓库和配送网点共同构成配送网络,服务于广大消费者。

2. 苏宁易购物流配送存在的问题

1) 物流标准化程度不高,配送效率难以进一步提升

(1) 备货速度。

苏宁易购的仓储面积在2019年已经达到了1 105万平方米,物流配送中心不断建设,苏宁小店作为配送的前置仓也为覆盖范围内的消费者提供了便利,但如此大的仓储面积,随之而来的是建设的资金成本和管理问题。苏宁易购在选择配送中心地址时更多考虑的是租金问题,而对配送成本与效率、基础设施标准化和服务质量等更为关键的问题不够重视。

(2) 配送速度。

苏宁易购自运营自营物流以来,配送效率较其他物流企业更快,但也仅限于苏宁易购的仓库与快递站点存在的地区,农村地区和偏远地区的配送速度还有待提高。苏宁易购与家乐福合作以来已形成"1小时达+半日达+预售自提"的到家业务供应模式。这样一来,家乐福所在城市内几乎所有地区都能够被苏宁易购的到家业务覆盖,但存在各地配送速度不均衡的问题。

2) 自建物流配送成本高,资源利用率低

苏宁易购自建物流企业相对于专门的第三方物流公司来说并不专业,且投入建设资金较多,因此维持整个物流体系的运营需要投入更多成本,承担更多风险。

3. 对策分析

1) 推进物流行业及基础设施标准化，优化配送速度

建立一个良性、高效运转的物流系统，苏宁易购应加速标准化进程，标准化不仅要体现在基础设施方面，而且要严格执行国家相关行业标准以及培养高素质、专业化的物流人员。

2) 有效集约物流资源，降低自身物流配送成本

集约物流资源不仅能够响应绿色物流号召，提高资源利用率，还能在降低自身物流成本的同时为消费者减少物流配送费用、提高服务质量。同时苏宁易购可以利用闲置的物流资源与其他电商企业合作，为其提供物流服务和仓储服务；与不同商家合作共赢，扩大线上平台运营，共同承担物流费用以降低成本。集约物流资源可以打造绿色物流，加快绿色物流发展进程，合理布局仓储中心、中转站和配送点，合理规划配送路径，选择最优配送路线，提高配送效率，达到降本增效的目的。

智慧云仓

3) 提高信息化水平，提高作业效率

现代社会的进步发展离不开信息化，同样作为不断发展的物流服务业，信息化水平的高低直接决定行业水平的高低。物流的末端配送直接接触消费者，是商家与消费者交易的桥梁，配送信息的及时、准确关系消费者对所购买商品物流状态的了解，苏宁易购应积极提高自身信息化水平，及时更新物流信息，确保商品流通信息的及时性。除此之外，苏宁易购线上与线下融合进程的加快更需要信息畅通。

(资料来源：郝丽，冯路. 基于SWOT分析法对苏宁物流配送模式问题的创新分析[J]. 中国储运，2020(12): 92-95.)

思考：自营物流的优点与缺点有哪些？

第5章 物流成本预算

【教学目标与要求】

理解物流成本预算的概念。
掌握物流成本预算编制的方法。
掌握物流成本预算编制的程序。
了解物流成本预算的作用。

全面预算管理在物流企业中的分析与研究

当前我国正处于互联网经济飞速发展的"快车道"上,物流业也迎来了发展的黄金期,但是在飞速发展的过程中,物流企业内部也出现了一系列问题值得行业进行研究和警惕:物流利润率较低、对不同区域运输能力的调配不合理、公司资金链短缺,等等。这些问题的出现警醒着行业内部的各个企业,如何进行内部管理、内部调配,如何从财务管理的角度对企业进行深层次的管理,都是需要思考的问题。全面预算管理制度引入物流企业的财务管理中是一项值得肯定的建议,只有从根源上解决企业深层的问题,尤其是内部管理上的问题,才可以把企业的发展方向从重视经营调整到重视管理,重视经营是只以经营收益为目的,而重视管理则可以以程序化、规范化的制度,既保证企业经营,又确保长效的制度管理模式。

1. 全面预算管理的内容

全面预算管理是指对企业的财务预算进行事前、事中和事后的全覆盖管理,确保企业的各项举措都在计划内,并且可以实时监控予以修正。(1)要明确的是管理目标。物流企业的发展有一定的特殊性,但也有企业发展的共性,需要制定企业发展的年度目标或者更加细化的月度目标。管理层根据企业上一年度的年报并结合当前经济发展形势,提出符合企业发展的战略目标。目标的制定是对企业本年度的发展有明确具体的规划、具体步骤和细节,既要有宏观的目标引导同时也要有具体的管理办法。这都是全面预算管理所能够体现的。(2)要确保执行的力度。执行是保证工作开展的根本,所以管理层需要强化具体职能部门的执行力度和执行效果,确保各项工作按时按质完成。只有把工作落到实处,才可以保证企业按照预定计划进行每一步的工作。(3)要进行动态监控。实时监控是全面预算管理的一项重要举措,工作的开展是动态的,在进行的过程中会因内部以及外界的各项因素导致工作的进程发生变化,如果继续按照既定计划开展工作很可能造成"事倍功半"的效果。所以全面预算管理中的动态监控就是确保每一个步骤都在监控之下,发现问题及时解决、及时更改既定方案,确保总目标的不变。在不同的阶段,开展的工作也有很大的差异性,动态监控就是实时确保企业计划的每一步都能如期完成,指导工作的开展和进行。(4)要确保信息的公开透明。全面预算管理也要求企业及时披露信息,企业信息中的成本控制、预算计划、战略目标等应该在企业内部予以公开,让员工了解企业的信息和计划。

2. 当前物流企业在预算管理中存在的问题

(1) 目标制定所受牵制较多。物流企业自身具有范围大、环节多、人员杂的特点,所以在制定目标时既要考虑市场大环境,又要考虑每个省尤其是偏远地区分公司目标的合理程度。尤其是当前物流企业的目标制定主要采用总公司制定分公司执行的模式,如果管理层根据较强的主观性来制定目标，很可能会导致分公司在具体执行过程中困难重重，无法按时完成目标。因此也会导致分公司员工的工作热情降低和工作效率下降，最终造成恶性循环，不利于企业的整体进步。

(2) 物流企业对于全面预算管理制度的认识程度不够。物流企业现阶段的发展仍然是重经营而轻管理，管理层对于预算管理的重视程度不够，认为只要效益好就代表企业经营水平高，但是忽略了企业长久发展所需要的制度保障和规范化的管理体系。这也就导致没有对物流企业进行足够的全面预算管理，不能从宏观角度来制定政策和措施，企业出现成本过高、利润率变低、员工绩效考核不统一等问题。所以物流企业的领导层应该立足长远，对全面预算管理体系予以重视，统筹考虑企业发展的方向和工作的细节，以此来解决发展过程中出现的问题。

(3) 物流企业员工的综合素质有待提升。物流行业作为服务业，员工的综合素质和服务态度决定了企业在市场中的生存状态。由于物流行业需要很强的体力劳动，因此在人员选拔过程中对体力要求比较高，对服务态度和综合素质的要求不是很高，在具体物流服务中会出现员工不能理解公司要求或者满足客户需求等问题。

(4) 绩效考核方式不统一。由于物流企业具有地域差异，同时企业在绩效考核上存在不合理和不统一的问题，因此各地在薪资水平上有较大的差异。这严重影响员工工作的积极性和热情，进而影响企业的效益。所以统一绩效考核的方式是物流企业在全面预算管理中需要改进的管理制度。

3. 物流企业开展全面预算管理的策略

(1) 从领导层面强调战略管理和预算管理。全面预算管理的核心就是从宏观层面统筹制定企业发展的战略目标和发展方向。一个企业如果没有目标，单纯想"挣钱、提效益"是远远不够的，而且随着时间的推移，这种简单的思考和目标是不足以支撑一个大型企业的发展的。只有管理层对全面预算管理予以重视，确保全面预算管理制度在企业内全面铺开，由管理层通过全面预算管理制度对企业的外部市场、内部架构进行研究分析，确定企业的年度目标和长期战略规划，也就是说给企业提供一个科学合理的战略目标，才可促进企业的发展。同时，在预算制订的过程中，要对市场进行灵敏的捕捉和敏感的反馈，改变以往"纸上谈兵"式的静态预算规划，把企业的发展融入时代进步的洪流之中，动态制定目标，缩小企业的发展战略与实际市场环境之间的差距，提升预算管理战略的全面性和相关性。

(2) 建立可执行的预算管理体系，确保战略目标可以充分执行。在具体执行过程中，省级分公司、市级分公司以及各营业网点，都需要认真履行企业的要求和规划，完成划分给各个区域的业绩要求和工作目标。一方面总部要选派人员到各分公司督导目标执行的情况，对完成好的地区予以奖励；对工作完成有待改进的地区，需要进行点对点的帮扶和指导，尽快改进问题。这样的方式既保证各分公司都能完成总部分派的工作任务，又保证公司整体的战略能够实现，不能有遗漏或消极怠工的态度。另一方面是把工作完成的情况与各地区的绩效奖励相挂钩。工作任务按时完成或者超额完成的，由总部予以奖励；对无特殊理由而无法完成任务的，取消额外奖励。需要注意的是，绩效考核的目的不是对员工进行处罚，而是保证员工充分执行企业的战略目标。

（3）建立全面预算管理流程体系。建立一个完善的预算管理流程体系是为了保证企业运转的规范性和模块化，一个完善的物流流程应该包含运输、储存、包装、装卸、流通、配送以及物流信息的更新。一个完整的物流流程需要企业进行内部控制时详细设计每个步骤，每项业务流程中也包含很多小的作业项目，需要完善每个作业项目的工作要求和工作指标，将每个作业流程都落实到人，每个模块落实到责任人，每个人都落实相应的任务，确保"人人有事做，事事有人做"。通过这样的设计和安排，使整个全面预算管理流程体系能够高效配合、深度连接，实现组织、项目、流程三者之间的相互配合和相互协作。

（4）加强动态监督流程。全面预算管理的一大特色就是可以全方位监控企业经营活动的全流程，从事前、事中和事后三个部分对企业运转进行研究和监控。

（资料来源：林秋晓. 全面预算管理在物流行业中的分析与研究[J]. 现代商业，2021(18): 129-131.）

物流成本预算可以为评估物流成本、控制绩效提供标准，从而使物流部门和物流运营者能够按科学的计划开展物流业务，降低物流成本。

5.1 物流成本预算概述

5.1.1 物流成本预算的概念

预算是用数字表示预期结果的一种计划。计划包括规划、程序、预算等各种具体的计划形式。物流成本预算是指以货币形式反映的企业未来一定时期内的物流成本水平。物流成本预算是控制物流活动的重要依据和考核物流部门的绩效标准。

知识拓展

计划的含义与作用

1. 计划的含义

计划是明确所追求的目标以及相应行动方案的活动。

2. 计划的作用

在管理活动中，计划是其他管理职能的前提和基础，并且还渗透其他管理职能之中，计划在管理活动中具有特殊重要的地位和作用。

（1）计划是组织生存与发展的纲领。我们正处在一个经济、政治、技术、社会变革与发

企业使命的含义

展的时代。在这个时代,变革与发展既给人们带来了机遇,也给人们带来了风险,特别是在市场、资源的竞争中更是如此。如果管理者在看准机遇和利用机遇的同时,又能最大限度地降低风险,即在朝着目标前进的道路上架设一座便捷而稳固的桥梁,那么组织就能立于不败之地,在机遇与风险的纵横选择中得到生存与发展。

(2) 计划是组织协调的前提。现代社会的各行各业的组织以及它们内部的各个组成部分之间,分工越来越精细,过程越来越复杂,协调关系更趋严密。要把这些繁杂的有机体科学地组织起来,让各个环节和部门的活动都能在时间、空间和数量上相互衔接,既围绕整体目标,又各行其是,互相协调,就必须要有一个严密的计划。

(3) 计划是控制活动的依据。计划是组织、指挥、协调的前提和准则,与管理控制活动紧密相连。计划为各种复杂的管理活动确定了数据、尺度和标准,它不仅为控制指明了方向,还为控制活动提供了依据。经验告诉我们,未经计划的活动是无法控制的,也无所谓控制。因为控制本身是通过纠正偏离计划的偏差,使管理活动保持与目标的要求一致。

3. 计划的内容

我是谁?(使命)我要到哪里去?(目标)我如何到那里去?(战略)对这些问题的回答构成了企业中各种具体的计划形式,这是一个由上至下的层次结构,如图5.1所示。

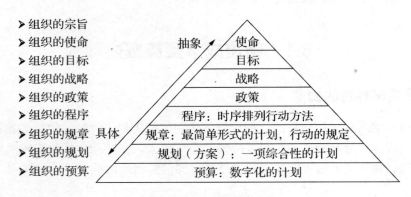

图 5.1 计划的表现形式

(资料来源:http://www.docin.com/p-537034328.html&s=CAEB3CF424542A568E25510F6BF42D56[2022-06-29])

5.1.2 物流成本预算的作用

物流成本预算包括预算编制和预算控制两项职能。作为计划本身与计划实施、控制的中间环节,物流成本预算具有以下重要作用。

1. 明确物流成本目标

物流成本预算是明确建立和显示物流系统所要实现的近期成本目标。通过总的物流成本预算,可以加强计划目标的可比性,监管计划执行情况,及时明确地提供偏差信息,以便管理层采取有效措施扩大收益或减少损失。同时,物流成本预算使计划目标明确化,便于个人与组织理解和把握,帮助其了解自身在企业整体工作中的地位和作用,从而强化了计划目标的指导性和激励性。

2. 协调企业的物流活动

企业物流的总体经营目标,必须层层分解为物流各部门、人员和经营环节上的具体目标才能够得到落实。最重要的是各部门、个人和经营环节的具体目标在方向上必须与总体经营目标保持一致,总体经营目标才有可能最终实现。通过编制物流成本预算可以把各组织层次、部门、个人和环节的成本控制目标有机地结合起来,明确它们之间的数量关系,有助于各个部门和经营环节通过正式渠道加强内部沟通并互相协调,从整个物流系统的角度紧密配合,实现成本控制目标。

3. 评价物流工作业绩

物流成本预算在确立组织内部各部门、各环节个人行动目标的同时,也进一步明确了它们所应承担的经济责任,使之能够被客观评价并具有可考核性,即通过实际数与预算数的比较分析,可以检查和评价各部门、个人和经营环节的经济责任和计划任务的完成情况。

总之,通过物流成本预算可以明确各种物流成本控制目标,使每个物流部门、物流运营者为各自的成本控制目标而努力,有利于发挥各部门和个人的积极性、主动性和创造性;通过物流成本预算可以协调企业的物流活动,有助于各个部门和经营环节加强内部沟通并互相协调,取得良好的经济效益。

5.1.3 物流成本预算编制的内容

实施物流成本控制,需要将物流成本预算数额与实际数额进行比较,分析存在偏差的原因,提出改进的措施。因此,物流成本预算的编制内容与物流成本的核算内容基本类似,以便实现成本控制的目标。在《企业物流成本构成与计算》(GB/T 20523—2006)标准中,对企业的物流成本是按照物流成本功能、物流活动发生的范围和物流成本支付形态进行分类核算,为了与此相适应,物流成本预算也应当按照上述标准进行分类编制。

1. 按照物流成本功能编制物流成本预算

按照物流成本功能编制的物流成本预算,主要包括运输成本预算、仓储成本预算、包装成本预算、装卸搬运成本预算、流通加工成本预算、物流信息管理费用预算等。上述预算明确了计划期内各项物流作业中的物流成本控制的目标,以此作为降低物流成本的依据。

由于企业物流运作模式分为自营与外包两种,因此物流成本预算的编制方式也不同。如果企业选择自营物流业务,首先将各成本项目耗费按其与业务量的关系分为变动费用与固定费用两部分。在编制各成本项目变动费用预算时,先以上一年度该项变动费用总额除以业务量,求出上一年度的变动费用率,在此基础上考虑预算期可能发生的各种变动,适当调整变动费用率,再用调整后的变动费用率乘以预算期的业务量,则可得到预算期该项变动费用的数额。在编制各成本项目固定费用预算时,可以根据上一年度的固定费用数额，并考虑预算期可能变化的因素，确定预算期的各项固定费用。如果企业选择物流业务外包，通常根据业务量的大小一次性付费，这部分物流成本属于完全的变动费用，物流成本预算编制也比较简单，用预计的业务量乘以预计的单价即可。

下面具体介绍运输成本预算、仓储成本预算、包装成本预算的编制过程。

1) 运输成本预算的编制

运输成本包括营业运输费和自营运输费两个部分。营业运输费是指利用营业性运输工具进行运输所支付的费用，自营运输费则是用自备运输工具进行运输所发生的费用。这两种费用在支付对象、支付形式及项目构成方面都有较大的差别，因而必须区别对待，分别编制预算。

(1) 营业运输费预算的编制。在进行营业运输时，其运输费是直接以劳务费的形式支付给承运单位(运输企业)的。营业运输费实质上是一种完全的变动费用，因此这种运输费预算的编制较为简单。如果企业采用汽车运输，运输费就可按汽车标准运输率乘以运输吨公里计算确定；如果企业采用火车运输，运输费就可按铁路标准运输率乘以运输吨公里计算确定；水路、航空运输等的运输费，依此类推计算。

(2) 自营运输费预算的编制。自营运输费项目比较复杂，在构成上可分为以下两类：①随运输业务量增减成比例增减的变动运输费，如燃料费、维修费、轮胎费等；②不随运输业务量成比例变化的固定运输费，如司机和助手的基本工资、保险费等。为了有效地实施预算控制，在编制自营运输费预算之前，首先需区分变动运输费和固定运输费，然后分别编制变动运输费和固定运输费预算，最后汇总形成自营运输费预算。

2) 仓储成本预算的编制

仓储成本预算也是物流成本预算的重要组成部分。根据所使用的仓库是否归本企业所有，可将仓储形式分为营业仓储和自营仓储。由于营业仓储与自营仓储所支付的费用在形式与内容上有很大的差别，不可等同对待，因此在编制仓储费预算时，也要分别编制营业仓储费预算和自营仓储费预算。

如果使用营业仓储设备储存商品，只需向仓储企业支付一笔保管费，对于委托仓储的单位来说，所支付的保管费就是仓储费。仓储费的多少，往往因储存商品的价值大小、保管条件的好坏以及仓库网点所处的地理位置不同而有所不同。

自营仓储费预算的编制较营业仓储费预算的编制复杂，这是因为自营仓储费包括的内容比营业仓储费多。为编制自营仓储费预算，首先要区分变动仓储费和固定仓储费。属于变动仓储费的一般有转库搬运费、检验费、包装费、挑选整理费、临时人工工资及福利费、库存物资损耗等；属于固定仓储费的一般有仓储设备折旧费、管理人员的工资及福利费、保险费等。仓储费用中有一部分是半变动费用，如其他人工费、材料费、动力费、水费、取暖费等。

自营仓储费预算可按月度、季度和年度编制。不论是月度预算、季度预算，还是年度预算，费用的计算方法基本相同。可根据上一年度统计数据结合考虑预算期的变化因素进行计算，然后编成预算表。

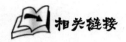 **相关链接**

京东"无人仓"

京东"无人仓"是自主研发的定制化、系统化整体物流解决方案，其掌握了核心智慧物流设备与人工智能算法，拥有完全的自主知识产权。京东无人仓在控制算法、工业设计、机械结构、电气设计、应用场景等方面取得了大量的技术突破与创新，累计专利申请已超过100件。

京东"无人仓"的特色是大量智能物流机器人进行协同与配合，通过人工智能、深度学习、图像智能识别、大数据应用等诸多先进技术，为传统工业机器人赋予了智慧，让它们具备自主的判断和行为，适应不同的应用场景、商品类型与形态，完成各种复杂的任务。

京东通过机器人的融入改变了整个物流仓储生产模式的格局。搬运机器人、货架穿梭车、分拣机器人、堆垛机器人、六轴机器人、无人叉车等一系列物流机器人辛勤地工作在无人仓中，组成了完整的中件商品与小件商品智慧物流场景。

SHUTTLE 货架穿梭车，负责在立体货架上移动货物，能够实现 6 米/秒的高速行走，并且具有 1 600 箱/小时的巨大吞吐量。智能搬运机器人 AGV，自动导引小车载货达 300 千克以上，可实现货物在库房内的搬运，通过调度系统与人工智能可灵活改变路径，实现自动避障与自主规划路径。DELTA 型分拣机器人采用 3D 视觉系统，能够实现动态拣选、自动更换捡拾器，具有三轴并联机械结构及适应货物转角偏差辅助轴的特点，拣选动作令人眼花缭乱。六轴机器人 6-AXIS，由控制、驱动、机械本体等单元组成，是个勤勤恳恳的搬运工，负责拆码垛等工作，具有 165 千克大载荷量和±0.05 毫米高精度的特点，它几乎就是每个人心目中的经典机械手。环环相扣的机器人配合作业，让整个流程有条不紊地进行，后台的人工智能算法指导生产，带来仓储运营效率的大幅度提升。目前京东"无人仓"的存储效率是传统横梁货架存储效率的 10 倍以上，并联机器人拣选速度可达 3 600 次/小时，相当于传统人工拣选速度的 5~6 倍。

(资料来源：http://finance.ifeng.com/a/20161026/14964885_0.shtml[2022-8-12])

3) 包装成本预算的编制

包装成本是指商品在包装过程中所发生的费用，它可分为直接包装费和间接包装费。直接包装费是指与商品包装业务量大小直接有关的各种费用，包括直接材料费、直接人工费和直接经费；间接包装费是指与各种商品包装有关的共同费用，如间接人工费和间接经费等。由于直接包装费随包装件数的增减而成比例增减，因此直接包装费一般属于变动费用；相反，间接包装费则属于固定费用，但也有一部分间接包装费是半变动费用，如电费、煤气费、水费等。

在编制某类商品的包装成本预算时，应先分析各类费用的变化特点，将其分类或分解成变动费用和固定费用两类，然后编制预算数据。直接包装费可按商品的包装件数乘以该商品每件的直接包装费计算确定；间接包装费可根据历史水平，结合计划期业务量的变动确定一个费用总额，然后按标准在各种包装对象之间进行分摊。

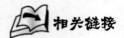

节能降碳，发展绿色物流

绿色物流是绿色发展的重要内容，是推动绿色低碳发展的题中应有之义。要加强绿色包装应用、加大新能源物流车推广力度、加强科技手段在物流环节中赋能，实现重点环节绿色化，推动绿色物流高质量发展。

一、物流变绿，服务绿色发展

家住广东广州市越秀区的吴月凌喜欢在网上购物，但"买买买"的背后，不断堆积的快递纸箱也成了难题。最近，她收到了一个特别的快递包裹，这个快递纸箱的内侧设计了示意线条，按照提示把快递箱拆开平铺，沿着示意线裁开，很快就制作出了一个置物架。

"既有意思也有意义。这种创意改造既能锻炼消费者的动手能力，也能变废为宝践行环保责任。"吴月凌说。使用这种特别的纸箱是顺丰推出的"'箱'伴计划"中的一个举措。截至目前，顺丰已在全国大中城市投放了数十万个创意纸箱，鼓励用户动手对旧纸箱进行创意改造再利用，推动快递物流绿色化。

今年的《政府工作报告》提出，持续改善生态环境，推动绿色低碳发展。中国宏观经济研究院研究员王蕴表示，流通是社会大生产循环中的重要环节，绿色物流的发展对促进社会大生产绿色发展具有重要意义，是推动绿色低碳发展的题中应有之义。

2021年，我国快递年业务量突破千亿件级别，已连续8年稳居世界第一，日均服务用户近7亿人次。国家统计局数据显示，当前交通运输、仓储和邮政业能源消费量已由2003年的1.28亿吨标准煤增至2019年的4.39亿吨标准煤，占我国能源消费总量的比例由6.50%提升至9.01%。促进绿色物流产业发展、构建低碳生态，成为一项日益重要且迫切的任务。

前不久，国家发展改革委、商务部、市场监管总局等7部门发布的《促进绿色消费实施方案》提出，加快发展绿色物流配送。北京工商大学商业经济研究所所长洪涛认为："绿色物流涉及包装、运输、仓储和配送等方面，由生产者、销售者和消费者共同参与，需要各方共同努力才能实现。"

王蕴表示，近年来，在绿色发展理念和相继出台的绿色低碳发展政策引导下，我国绿色物流呈现较快发展态势，正在向低污染、低消耗、低排放、高效能、高效率、高效益的现代化物流转变。各地加快建设绿色物流仓储园区，通过采用高效节能设备，加快物联网、云计算和大数据等技术应用，进行物流智能化改造，优化仓储设计等，减量和可循环成为快递包装绿色化发展的重要内容。

"探索建设绿色仓储，实现科技节能；积极倡导绿色回收，实现变废为宝；扎实推行绿色采购，加强源头管控。这一系列新业态、新模式正在加快推行，助推绿色物流行业供给侧结构性改革。"洪涛说。

二、协同发力，促进低碳环保

"自从更换了电动物流车，最明显的就是装车时再也没有燃油车呛鼻的尾气味道了。"

京东"亚洲一号"智能产业园区第一传站车队负责人王帅使用电动物流车驾轻就熟，他是京东的物流用车从燃油车转向低碳电动化的见证者与参与者。"我们在 2017 年就把北京的自营城配车辆全部更换为新能源车辆了。"他说。

目前，越来越多物流企业相继启动碳减排路径规划，从加强绿色包装应用、加大新能源物流车推广力度、加强科技手段在物流环节中的赋能等角度出发，积极推进重点环节的绿色发展。

三、大力推行绿色包装，降低包装能耗

绿色包装是发展绿色物流的重要内容。不少市场主体纷纷在快递包装的减量和循环上做文章。最近，在一些城市的顺丰速运营业点，除了传统的纸质包装盒，还多了不少银灰色的箱子，这就是顺丰自主研发的新型快递循环箱"丰多宝"。这种包装箱采用更易回收的单一化材料 PP 蜂窝板材，自锁底折叠结构和全箱体魔术贴黏合模式，免去使用胶带纸等耗材。

天猫超市利用智能算法，根据包裹大小"量体裁盒"，让包装箱使用量降低了 15%；通过原箱配送、循环包装等方式，让快递"绿"起来。目前，天猫超市有七成包裹均为循环利用纸箱，不产生二次包装。京东物流加快循环包装研发应用，推广原发包装、简约包装、纸箱减量化、胶带瘦身、填充物减量化、仓内作业无纸化等举措，切实推动包装减量化。以原发包装为例，京东物流通过入仓优惠政策，激励上游品牌商企业推行原发包装，目前宝洁、联合利华等品牌商上千种商品已实现出厂原包装可直发，累计已减少物流纸箱使用 2 亿个以上。

四、加快推行绿色运输，促进节能减排

在广东深圳市工作的货车司机谢××以前一直开燃油货车，2021 年 11 月，他在货拉拉平台租了一辆新能源货车，开启了他的新能源货车运货生涯。

"现在消费者的环保意识更强了，很多用户在平台下单时会优先选择新能源货车。由于新能源货车载货空间比较大，不少老客户会在备注上说明要新能源货车，这种情况我每天都能遇到。"谢××说。

据货拉拉创始人及首席执行官周胜馥介绍，在货拉拉平台上，新能源车辆的比例在不断提升。如在深圳、广州等城市，平台上新能源车辆占比超过 30%。"未来我们将以平台司机和物流用户的需求为中心，持续提升新能源货车在平台整体车辆中的占比，推动绿色物流与低碳交通高质量发展。"周胜馥说。

2015 年，顺丰正式批量采购新能源汽车，在日行驶里程 180 公里以内的运输场景全面使用新能源车辆，涉及支线、重货收派、普通收派。目前，京东物流已在全国 7 个大区、50 多个城市，总计布局使用新能源车约 2 万辆，并大量使用清洁能源充电基础设施，每年可减少约 40 万吨二氧化碳排放。

五、科技赋能，提升流通效率

一辆辆物流车进进出出，一块块屏幕实时监测物流信息，物流与信息流交相辉映⋯⋯江南云港物流总部产业园坐落于江西南昌市青云谱区，通过引进宁波全致、车联天下等"互联网+物流"综合技术平台龙头企业，将货源、车源、仓储、配送等行业信息汇总共享，有

效降低物流信息成本，提升物流配送速度。

以互联网、大数据等为代表的数字科技创新为绿色物流按下加速键。"目前，产业园聚集大型物流企业120多家，相关供应链企业70多家，汇聚检验检疫、展示交易等多方位、全景式物流服务，提供'一站式'物流服务解决方案。"江南云港物流总部产业园董事长张新辉说。

江西方众物流科技有限公司于2021年2月成立，并入驻江南云港物流总部产业园，注册货车司机1万多名，会员货主企业1000多家，通过线上车货匹配，有效减少货车运输过程中的空载率，降低能源消耗和碳排放，提高了司机的实际收入。公司负责人陈梦青说："在线接单、平台支付运费、开具运输发票等服务，解决了货主与司机信息不对称的痛点问题。今年1月公司交易额4000多万元，2月公司交易额突破1亿元。"

"建立'互联网+'物流综合信息服务平台，实现信息资源服务互通共享，对接消费、流通、生产，形成多业联动、融合发展，推动物流绿色高质量发展。"江西省物流行业协会秘书长黄利文说，抓住"互联网+"机遇，让物流更加智慧化、智能化，这些都会促进物流转型升级，物流将步入"互联网+"高效物流的"快车道"。

创新技术应用正在有效提升运配效率，降低能源损耗。京东"亚洲一号"智能产业园通过调度算法和运筹优化技术，指挥车辆精确地走向适合的月台；同时，通过可视化导引、摄像头识别，指导司机准确停靠，有效降低车辆在园区外的排队时间，以及在园区内的等待时间。

美团配送利用人工智能、5G应用、物联网、云计算等物流科技，结合配送行业数智化升级的痛点和需求，对配送行业的降本增效产生了重要的促进作用，共同助力配送行业数字化转型升级。其中，在配送调度方面，通过合理划分配送区域、智能实时调度，持续优化骑手、消费者和商家的体验和效率，助力线下零售提升运营效率。

"要继续以科技助力低碳供应链。"王蕴说，"物流企业要通过引进、消化与自主创新相结合，加大新能源、新材料以及节能技术的研发力度，加快推广经济性较强的绿色物流技术装备，同时，通过业务积累和技术创新，将物联网、大数据算法、人工智能等技术融合到实际场景中，加快构建绿色化、智能化、信息化的物流产业链，助力全流程提质增效和低碳减排。"

正如二十大报告所提到的，大自然是人类赖以生存发展的基本条件。尊重自然、顺应自然、保护自然，是全面建设社会主义现代化国家的内在要求。必须牢固树立和践行绿水青山就是金山银山的理念，站在人与自然和谐共生的高度谋划发展。

(资料来源：http://www.gov.cn/xinwen/2022-03/16/content_5679287.htm[2022-08-12])

2. 按照物流活动发生的范围编制物流成本预算

按照物流活动发生的范围编制物流成本预算，明确了计划期内各项物流活动发生范围中的物流成本控制目标，以此作为降低物流成本的依据。以制造企业物流系统为例，它可以包括供应物流成本预算、生产物流成本预算、销售物流成本预算、退货物流成本预算和废弃物物流成本预算等内容。

例如，可以以上一年度的物流成本统计数据为基础，结合物流作业量的变化及成本的控制节约目标，制定新一年度各物流范围中的物流成本，如表5-1所示。

表 5-1 按物流范围编制的物流成本预算

成本项目	上年实际数/万元	预计增减比率(%)	本年预算金额/万元
供应物流成本	100	10	110
生产物流成本	150	—	150
销售物流成本	200	-5	190
退货物流成本	10	-20	8
废弃物流成本	20	-5	19
总计	480	—	477

在编制物流成本预算时，应注意以下几个问题。①预计增减比率。该增减比率要考虑到物流业务量的变化。一般来讲，当业务量预计增加时，物流成本预算也会有所增加，同时又要考虑物流成本控制和降低的因素。可见，预计增减比率是一个关键因素。②对于每一项物流成本预算，应采用一定的技术方法对其细化，例如将供应物流成本预算细化为材料费、人工费、折旧费、办公费等。③不同范围的物流成本预算不仅可按年度编制，也可按季度、月份编制，然后汇总编制年度预算。④如果企业物流业务量较大，且不同月份的物流业务量增减变化较为明显，最好按季分月编制预算。

3. 按照物流成本支付形态编制物流成本预算

按照物流成本支付形态编制物流成本预算，明确了计划期内各项物流成本支付形态的成本控制目标，以此作为降低物流成本的依据。物流成本支付形态包括物流人员工资、燃料费、租金、折旧费、材料费、修缮费及各种杂费等。以这种形式编制的物流成本预算，与现行的财务会计核算系统接轨，有利于评价分析一定时期内物流系统的成本财务状况。

5.1.4 物流成本预算编制的程序

企业在编制物流成本预算时，一般是按以下几个步骤来进行的。

(1) 在预测与决策的基础上，由预算委员会拟订企业预算总方案，包括企业各项政策以及企业总目标和分目标，如利润目标、销售目标、成本目标等，并下发到各有关部门。

(2) 组织各部门按具体目标要求编制本部门的预算。

(3) 由预算委员会审查、平衡各部门的预算，并进行预算的汇总与分析，确定预算方案。

(4) 审议预算方案并上报董事会，最后通过企业的综合预算和部门预算。

(5) 将批准后的预算下达到各执行部门。

物流成本预算编制的流程如表 5-2 所示。

表 5-2 物流成本预算编制流程图

工作目标	知识准备	关键点控制	细化执行	流程图
(1) 规范各项基础管理工作； (2) 完善内部控制机制； (3) 加强成本费用控制	(1) 全面预算的内容； (2) 全面预算编制的方法； (3) 全面预算的要求	(1) 明确企业发展战略。公司首先应制订明确的战略规划，为企业各项工作提供依据	—	(1) 明确企业发展战略 ↓ (2) 确定成本预算目标 ↓ (3) 资料收集 ↓ (4) 编制成本预算 ↓ (5) 报送审核 ↓ (6) 形成公司整体成本预算 ↓ (7) 下达执行
		(2) 确定成本预算目标。公司的最高领导机构或预算管理委员会根据公司的战略目标确定下年度公司的整体经营目标和成本控制目标	—	
		(3) 资料收集。财务部收集相关资料，各部门予以配合	现金流量、收入、成本、资产等相关信息	
		(4) 编制成本预算。公司各部门根据预算编制的要求，编制本部门的预算	各部门的预算	
		(5) 报送审核： ① 预算管理委员会审查、平衡各部门的预算； ② 预算管理委员会通过或者要求相关部门修改、调整预算	—	
		(6) 形成公司的整体成本预算： ① 预算管理委员会汇总公司各部门的总预算； ② 公司预算编制的内容主要包括物流功能成本预算、物流活动发生的范围成本预算、物流成本支付形态成本预算	公司预算	
		(7) 下达执行： ① 将编制的预算报告及主要预算指标报告上交董事会或上级主管单位； ② 批准后的预算下达给各有关部门、单位执行	各部门制定具体的控制物流成本预算的措施	

5.2 物流成本预算编制的方法

物流成本预算编制的方法很多，这里主要介绍弹性预算法、零基预算法、定期预算法、滚动预算法等。

5.2.1 物流成本的弹性预算法

弹性预算法也称变动预算法或滑动预算法,它是相对固定预算而言的一种预算。编制预算的传统方法是固定预算法,即根据固定业务量水平(如产量、运输量、销售量)编制的预算。这种预算的主要缺陷是:当实际发生的业务量与预期的业务量发生较大偏差时,各项变动成本的实际发生数与预算数之间就失去了可比的基础。在市场形势多变的情况下,这种偏差出现的可能性极大,因而将导致固定预算失去应有的作用。为了弥补按传统方法编制预算所造成的缺陷,保证实际发生数同预算数的可比性,就必须根据实际业务量的变动对原预算数进行调整,于是就产生了弹性预算。

弹性预算法是在编制成本预算时,预先估计计划期内业务量发生的变动,编制一套能适应多种业务量的成本预算,以便分别反映在各业务量的情况下所应支出成本水平的一种预算。这种预算随着业务量的变化而变化,本身具有弹性。

1. 弹性预算法的基本原理

弹性预算法的基本原理:把成本按成本习性分为变动成本与固定成本两大部分。由于固定成本在其相关范围内,其总额一般不随业务量的增减而变动,因此在按照实际业务量对预算进行调整时,只需调整变动成本即可。其计算公式为

$$y=a+bx$$

式中,y 为变动成本总额(元);a 为固定成本总额(元);b 为单位变动成本(元/单位业务量);x 为计划业务量(单位业务量)。

2. 弹性预算法的编制步骤

按照弹性预算法编制预算时,首先要选择合适的业务量计量单位,确定一定的业务量范围,然后根据各项物流成本项目与业务量之间的数量关系,区分变动成本与固定成本,并在此基础上分析确定各项目的预算总额或单位预算,并用一定的形式表达出来。

(1) 选取和确定业务量计量单位。业务量计量单位的选取,应以代表性强、直观性强为原则。例如,运输成本的预算可以选择吨公里作为计量单位,仓储成本的预算可以选择仓储作业量(托盘数、吨等)为计量单位,供应物流成本预算可以以材料采购量(如吨)作为计量单位等。

(2) 确定业务量变动范围。确定业务量变动范围应满足其业务量实际可能变动的需要。一般来说,可以将业务量范围确定在正常业务量的80%~120%,或者把历史上的最低业务量和最高业务量分别作为业务量范围的下限和上限;也可以对预算期的业务量作出悲观预测和乐观预测,分别作为业务量范围的下限和上限。然后在其中划分若干等级,这样编制的弹性预算较为实用。

(3) 确定各项费用与业务量之间的关系。根据成本特性和业务量之间的依存关系,将企业生产成本划分为变动成本和固定成本两个类别,并逐项确定各项费用与业务量之间的关系。

(4) 弹性预算法的编制。计算各种业务量水平的预测数据,并用一定的方式表示,形成运输成本、仓储成本、装卸搬运成本等的弹性预算。

例如,已知某物流企业运输成本资料和用弹性预算法编制的运输成本弹性预算值如表 5-3 所示。

表 5-3　某物流企业运输成本资料和用弹性预算法编制的运输成本弹性预算值

项目	预算值		
货运周转量/万吨公里	80	100	120
单位变动成本/元	3 000	3 000	3 000
变动成本总额/元	240 000	300 000	360 000
固定成本总额/元	60 000	60 000	60 000
运输总成本预算/元	300 000	360 000	420 000

3. 弹性预算法的特点

由上述可见,弹性预算法具有以下两个特点。

(1) 弹性预算法可根据各种不同的业务量水平进行调整,具有伸缩性。

(2) 弹性预算法的编制是以成本可划分为变动成本与固定成本为前提的。

弹性预算法由于可根据不同业务量进行事先编制或根据实际业务量进行事后调整,因此具有适用范围广的优点,增强了预算对生产经营变动情况的适应性。只要各项消耗的标准、价格等编制预算的依据不变,弹性预算法就可以继续使用下去,而不用每期都重新编制成本预算。由于弹性预算法的编制是以成本可划分为变动成本与固定成本为前提的,所以可以分清成本增加的正常与非正常因素,有利于成本分析与控制。

5.2.2　物流成本的零基预算法

零基预算法是与增量预算法相对的。传统的增量预算法,一般是以基期的各种物流费用项目的实际开支数为基础,结合预算期内可能会使各种物流费用项目发生变动的有关因素,如业务量的增减等,然后确定预算期内应增减的数额,即在原有的基础上增加或减少一定的百分率来编制物流预算。这种方法过分受基期的约束,往往不能做到实事求是、精打细算,会造成较大的浪费,使企业的物流资源运用效率下降。

零基预算法是"以零为基础编制预算和计划的方法",是指在编制预算时对于所有的物流成本预算支出均以零为基础,不考虑其以往的情况,从实际需要与可能出发,研究分析各项预算费用开支是否必要、合理,进行综合平衡,从而确定预算费用。零基预算法的编制包括以下几个步骤。

(1) 企业内部各有关部门,根据企业的总体目标和该部门的具体任务,提出预算期内需要发生的各种业务活动及其费用开支的性质、目的和数额。

(2) 对各项预算方案进行成本—效益分析,即对每一项业务活动的花费与所得进行对比,权衡得失,据以判断各项费用开支的合理性及优先顺序。

(3) 根据生产经营的客观需要与一定期间内资金供应的实际可能,在预算中对各个项目进行择优安排,分配资金,落实预算。

(4) 划分不可延缓费用项目和可延缓费用项目,在编制预算时,应根据预算期内可供支配的资金数额在各费用之间进行分配,应优先安排不可延缓费用项目的支出,然后根据需要和可能,按照费用项目的轻重缓急确定可延缓项的开支。

零基预算法的优点是不受现有条条框框的限制,对一切费用都以零为出发点,这样不仅能压缩资金开支,而且能切实做到把有限的资金用在最需要的地方,从而调动各部门人员的积极性和创造性，量力而行，合理使用企业的资金，提高企业的经济效益。

零基预算法的工作量较大，编制预算需要较长的时间。为了克服这一不足，不需要每年都按零基预算法编制预算，只需隔几年按此方法编制一次预算。

5.2.3 物流成本的定期预算法

定期预算法也称阶段性预算法，是指在编制预算时以不变的会计期间(如日历年度)作为预算期的一种编制预算的方法。定期预算法的优点是能够使预算期间与会计年度相配合，便于考核和评价预算的执行结果。按照定期预算法编制的预算主要具有以下缺点。

(1) 盲目性。由于定期预算往往是在年初甚至提前两三个月编制的，对于整个预算年度的生产经营活动很难作出准确的预算，尤其是对后期的预算只能进行笼统的估算，数据笼统含糊，缺乏远期指导性，给预算的执行带来很多困难，不利于对生产经营活动的考核与评价。

(2) 滞后性。由于定期预算不能随情况的变化及时调整，当预算中所规划的各种活动在预算期内发生重大变化时(如预算期临时中途转产)，就会造成预算滞后过时，使之成为虚假预算。

(3) 间断性。由于受预算期间的限制，致使经营管理者的决策视野局限于本期规划的经营活动，通常不考虑下期。例如，一些企业提前完成本期预算后，以为可以松一口气，其他事等来年再说，形成人为的预算间断。因此，按照定期预算法编制的预算不能适应连续不断的经营过程，从而不利于企业的长远发展。

为了克服定期预算法的缺点，在实践中可采用滚动预算法编制预算。

5.2.4 物流成本的滚动预算法

滚动预算法又称连续预算法或永续预算法，是指按照"近细远粗"的原则，根据上一期的预算完成情况，调整和编制下一期预算，并将编制预算的时期逐期连续滚动向前推移，预算能随时间的推移不断加以调整和修订。简单地说，滚动预算法就是根据上一期的预算指标完成情况，调整和编制下一期预算，并将预算期连续滚动向前推移的一种预算编制方法。

滚动预算法具有以下优点。

(1) 能保持预算的完整性、继续性，从动态预算中把握企业的未来。

(2) 能使各级管理人员始终保持对未来一定时期内的生产经营活动做周详的考虑和全盘规划，保证企业的各项工作有条不紊地进行。

(3) 由于预算能随时间的推移不断加以调整和修订，能使预算与实际情况更相适应，有利于充分发挥预算的指导和控制作用。

(4) 有利于管理人员对预算资料进行经常性的分析研究，并根据当前的执行情况及时加以修订，保证企业的经营管理工作稳定、有秩序地进行。

采用滚动预算法编制预算的工作比较繁重。所以，也可以采用按季度滚动来编制预算，在执行预算的那个季度里，可以再按月份具体编制预算，这样可以适当简化预算的编制工作。总之，预算的编制是按月份滚动还是按季度滚动，应视实际需要而定。

滚动预算法能克服定期预算法的盲目性、滞后性和间断性，从这个意义上说，编制预算已不再是每年年末才开展的工作了，而是与日常管理密切结合的一项措施。

本 章 小 结

物流成本预算是指以货币形式反映的企业未来一定时期内的物流成本水平。物流成本预算是控制物流活动的重要依据和考核物流部门的绩效标准。

物流成本预算具有以下重要作用：明确物流成本目标；协调企业物流活动；评价物流业绩，进行绩效考核的标准。

物流成本预算编制的内容主要包括按照物流成本功能编制预算、按照物流活动发生的范围编制预算和按照物流支付形态编制预算，这与物流成本核算对象是一致的。

企业在编制物流成本预算时，一般是按以下几个步骤来进行的。

(1) 在预测与决策的基础上，由预算委员会拟订企业预算总方案，包括企业各项政策以及企业总目标和分目标，如利润目标、销售目标、成本目标等，并下发到各有关部门。

(2) 组织各部门按具体目标要求编制本部门的预算。

(3) 由预算委员会审查、平衡各部门的预算，进行预算的汇总与分析，确定预算方案。

(4) 审议预算方案并上报董事会，最后通过企业的综合预算和部门预算。

(5) 将批准后的预算下达到各执行部门。

物流成本预算的编制方法主要有弹性预算法、零基预算法、定期预算法、滚动预算法。弹性预算法是在编制成本预算时，预先估计计划期内业务量发生的变动，编制一套能适应多种业务量的成本预算，以便分别反映在各业务量的情况下所应支出成本水平的一种预算法。零基预算法是"以零为基础编制预算和计划的方法"，是指在编制预算时对于所有的物流成本预算支出均以零为基础，不考虑其以往的情况，从实际需要与可能出发，研究分析各项预算费用开支是否必要、合理，进行综合平衡，从而确定预算费用。定期预算法也称阶段性预算法，是指在编制预算时以不变的会计期间(如日历年度)作为预算期的一种编制预算的方法。滚动预算法又称连续预算法或永续预算法，是指按照"近细远粗"的原则，根据上一期的预算完成情况，调整和编制下一期预算，并将编制预算的时期逐期连续滚动向前推移，预算能随时间的推移不断加以调整和修订。简单地说，滚动预算法就是根据上一期的预算指标完成情况，调整和编制下一期预算，并将预算期连续滚动向前推移的一种预算编制方法。

 关键术语

物流成本预算　弹性预算法　零基预算法　定期预算法　滚动预算法

习　题

一、单项选择题

1. 相对于滚动预算法，定期预算法的优点是(　　)。
   A. 远期指导性强　　　　　　　　B. 灵活性好
   C. 便于考核和评价预算执行结果　D. 连续性好

2. 滚动预算法是动态的和灵活的，其主要特点是（　　）。
   A. 按前期计划执行情况和内外环境变化，定期修订已有的预算
   B. 按"近细远粗"的原则来编制
   C. 不断逐期向前推移，使短、中期预算有机结合起来
   D. 以上三项都是
3. 下列各项中，不属于零基预算法优点的是（　　）。
   A. 编制工作量小　　　　　　　B. 不受现有预算的约束
   C. 不受现有费用项目的约束　　D. 能够调动各方节约费用的积极性
4. 下列关于弹性预算法的说法，不正确的是（　　）。
   A. 弹性预算法是为了弥补固定预算法的缺陷而产生的
   B. 弹性预算法的编制依据是业务量、成本、利润的依存关系
   C. 弹性预算法所依据的业务量只能是产量或销售量
   D. 弹性预算法的适用范围大
5. 不受现有费用项目和开支水平限制，并能够克服增量预算法缺点的预算方法是（　　）。
   A. 弹性预算法　　　　　　　　B. 固定预算法
   C. 零基预算法　　　　　　　　D. 滚动预算法

二、简答题

1. 编制物流成本预算有什么意义？
2. 物流成本预算编制的内容有哪些？
3. 什么是弹性预算法？弹性预算法的编制原理是什么？
4. 什么是零基预算法？零基预算法的编制步骤是什么？
5. 什么是滚动预算法？滚动预算法的优点有哪些？

案例分析

滚动预算法在 K 公司的应用

K 公司是世界上最大的电梯公司之一，于 1910 年成立。该公司总部位于芬兰，是一家拥有一百多年历史的工业工程公司，其主要业务是电梯和自动扶梯。经过百余年的发展，现在 K 公司的业务遍及全球 50 多个国家和地区。

预算管理是 K 公司管理的核心内容之一，随着公司规模的不断扩大，公司管理也逐步进入了战略管理时代，预算管理具体操作方法也逐步成熟。传统的定期预算管理由于无法即时适应市场变化，难以全面反映连续不断的业务活动，而且不能给管理层提供一个长期的计划。因此，从 2010 年开始，K 公司尝试启用滚动预算法，使预算更具有长远性和适应性。

K 公司的管理者提出了整个集团公司的战略目标为"缔造完美的客流体验"。为了更好地进行管理，集团将直接与各地客户联系的事业部整合为前线，而将专门生产电梯、自动扶梯的事业部整合为供应线。前线遍布于各地，供应线则分布在中国、美国、意大利

等国家和地区。在2010年之前,供应线采用的是传统定期预算法,由于市场的变化及不确定性,竞争日益激烈。为更好地把握市场变化,从2010年起,地处芬兰的供应线总部要求各地供应线的预算方式均采用滚动预算法。

1. K公司实施滚动预算法的意义

滚动预算法使K公司的财务核算与市场机制有机地结合起来。K公司各级管理人员能始终保持12个月的考虑和规划,公司的经营管理工作稳定而有序。实施滚动预算法是支持K公司管理层决策最有效的财务工具之一,其意义主要体现在以下几个方面。第一,滚动预算法是K公司长期战略目标的必要补充。K公司实施滚动预算法就是要形成持续计划的工作思路和方法,使K公司管理者始终保持对未来一定时期的生产经营活动做周详的考虑和全盘规划,保证企业的各项工作有条不紊地进行。滚动预算法可以使K公司的短期、中期、长期计划有机结合,是公司实现长期战略目标的必要补充。第二,有利于K公司加强预算的可控性。全面的季度和年度预算加上每月度必要的预算调整使公司紧紧把握市场的变化,根据市场需求调整相应的销售策略、成本策略及价格策略等,并且通过每期的预算和实际状况的分析,可以更好地对实际经营活动进行监控,及时改进存在的问题,避免失误。尤其在房地产和零售商业风云不定的当下,持续可更新的滚动预算保障了正确的公司战略和目标。第三,有利于推动K公司业绩考核目标的实现。根据滚动预算法制定的科学合理的预算考核体系,不仅可以正确反映公司的战略意图和自身优势,提高公司的核心竞争力,而且年度预算经过批准后,成为公司各部门以及各员工业绩评价和激励制度的有效沟通和协调工具。经过层层分解和落实并已经量化的预算目标是一种公正客观和合理的激励及约束方式。

2. 滚动预算法在K公司的具体应用

1) 滚动预算法的工作组织架构

K公司供应线总部财务部负责制定并下发滚动预算的目标和工作时间表。各供应线财务部接受指令后协调各自供应线所属的生产线、物料资源部、质量部等部门组成预算工作组。预算工作组由财务部牵头,负责制定并下发滚动预算的目标和工作时间表。

2) 滚动预算法的实务操作流程

(1) 在编制每季度及年度全面预算前,供应线总部根据高层的政策及和前线沟通确认的销售信息下发滚动预算的目标和工作时间表给各供应线。各供应线根据总部的要求制定各自的滚动预算目标和工作时间表。例如,物料资源部门提供原材料降价计划及比例;工厂提供产能、固定资产投资、工人人数、加班比例;物流部门提供仓储、运输和装卸的计划;质量部门提供反馈成本降低计划及比例;各生产及辅助支持部门提供本部门差旅、培训计划等。

(2) 各部门将所有的数据、计划等上交于财务部。财务部计算并汇总编制出预算初稿,包含季度及滚动年度销售额和利润等财务数据,相关各部门的考核指标以及此次数据指标与上期预算和实际对比分析报告,提交给供应线管理层。

(3) 供应线管理层将根据从上至下的视角对预算进行审议,提出修改意见,由财务部协调各相关部门更新个别预算项目,如此多次往复,直至最终的预算经供应线管理层复审通过。

(4) 预算的考核。经过各部门2~3个月的努力,年度预算的结果最终以财务数据及关键业绩指标(Key Performance Indicator, KPI)对外发布。对内则为了对预算执行单位的预算完成结果进行检查、考核和评价，预算的财务数据及 KPI 将进行量化并细化到各部门，体现在各部门的平衡计分卡(Balance Score Card)中。部门负责人在每月度业绩汇报会议中须提供并分析本部门实际与预算情况的对比，进而汇总为年度业绩考核的依据。

3. 滚动预算法应用需要注意的问题

滚动预算法最大的特点就是延续性和相关性强。将原定的预算结果不断地进行更新和修改是滚动预算法的主要任务。滚动预算法避免了传统定期预算法造成的短期行为的出现，使公司能从动态的预算中把握未来，了解总体规划和近期目标，充分发挥预算的指导和控制作用。滚动预算法需要在以下 4 个方面加以注意。

(1) 滚动预算法的假设基础认定。无论是全面的季度、年度预算还是月度预算调整，合理和相对准确的假设认定是有效的预算结果的保障。在预算操作之前，公司必须慎重做好宏观市场分析，考虑本公司价格和产品策略，确认预算期内的重大事件，分析自身所处的阶段。另外，汇率、原材料价格等假设需要采用合适的预测方法，结合内外部环境的情况，以提高预测和预算编制的准确性。

(2) 对财务人员的素质要求。实施滚动预算法首先需要加强财务数据的相关性和及时性，公司财务人员不能将其能力仅停留在财务部门内的职责和领域，还需要延展到业务领域，提升对业务的了解及掌控能力；滚动预算法对财务人员，特别是高级财务人员提出了较高的要求，不仅要对企业战略设想全盘了解，还需要对业务发展模式保持较高的敏感度，所以只有集合团队的力量，才能把这项工作变成常规工作，变成科学推进公司战略管理的有效工作。

(3) 滚动预算法的信息化支撑。滚动预算法涉及预算基础的随时更新及预算数据的频繁修正，工作量大，编制过程复杂，因此高效智能的信息化系统成为实现有效滚动预算的强大支撑。公司必须摒弃繁复的人工操作，努力提供并解决信息系统的全面开发，并在此基础上引入其他有助于预算操作的系统功能，保证预算结果的准确性和有效性。

(4) 预算结果的应用切实有效。滚动预算法的成功编制，并不只是数据或表格的呈现。公司更需要着眼于对预测与实际结果的差异进行全面、正确的分析，以助于提高公司下期预算的预测能力，进而有利于提高公司的经营管理水平；此外，按照滚动预算结果确定考核项目时，公司须确保严肃性，坚持公开、公正、透明的原则，对所有执行单位和个人一视同仁，切实做到激励与约束相辅相成，引导员工有效的行为，从而保证共同实现公司的战略目标。

(资料来源：杨子馨. 滚动预算在跨国电梯制造企业的应用：基于 K 公司的案例分析[J]. 现代商业，2015(20): 245-246.)

思考：K 公司实施滚动预算法的原因及作用有哪些？

全面预算管理在上汽集团的应用

1. 案例简述

上海汽车集团股份有限公司(以下简称"上汽集团")作为一家大型制造业集团，为适应不断加剧的行业竞争，不断学习外部先进经验，不断创新企业管理手段，不断提高管理精细化程度，把预算管理作为企业管理的基石，将全面预算管理作为日常管理工具。经过十余年的实践和完善，上汽集团逐渐将全面预算管理工作制度化、系统化、常态化。

(1) 上汽集团形成了完善的预算管理制度体系，包括预算政策、预算审核权限、预算编制、预算审批、执行跟踪、监督评价等预算管理的各个环节。这一预算管理体系是在上汽集团多年预算管理经验基础上逐步提炼和完善的，具有较强的可操作性。近年来，上汽集团经营规模不断增长，企业数量也不断增加，具有可操作、可复制的预算内部控制制度，对于统一集团预算管理要求，提升预算管理效率都起到了积极的作用。

(2) 上汽集团建立了系统的预算管理流程，预算编制、预算执行、预算评价等环节紧密相连，形成了完整的闭环管理系统。对于系统中每个预算管控环节都作为重点工作来落实，把每个预算管控环节都做好，都有自己的特色，确保预算管控系统平衡地、有效地运行。

(3) 上汽集团全面预算管理日常运营。全面预算管理是企业管理系统中的工具，要真正发挥作用，还需要与其他管理手段联合一起使用，如与绩效管理工作相结合，与风险预警工作相联系等。全面预算管理重点是"全面"，不仅要把预算管控落实到企业经营的各个方面，还要让预算管理理念渗透企业各项管理系统中，渗透企业文化中，这样才能发挥全面预算管理的最大效用。

2. 上汽集团全面预算管理实践

(1) 建立具有上汽集团特色的全面预算管理系统。上汽集团在合资经营初期，在向合资外方引进技术的同时，十分重视借鉴合资外方先进的管理理念和管理方式。由于上汽集团的合资伙伴大多是行业的领先者，已形成成熟的全球管理模式，其中包括全面预算管理模式。因而，上汽集团在合资经营的同时，不断向合资外方学习先进的预算管理理念，引入领先的预算管理系统(包括制度、流程、执行跟踪的措施和方法等)，并积极将其用于实际经营管理中。

上汽集团将这些成熟的预算管理方法付诸实践，不断总结经验，并结合集团自身的实际情况，逐步形成了具有上汽集团特色的全面预算管理系统。随着上汽集团经营规模的不断扩大，新设和收购企业数量也在不断增加，但是上汽集团预算管理的理念和方法却能很快地在新企业中得到应用。这就完全得益于上汽集团较为完善的全面预算管理系统。

(2) 全面预算管理得到集团的高度重视。集团管理层对预算工作的重视和支持，是全面预算管理工作顺利开展的基石。只有管理层重视，预算管理工作才会得到有效的组织保障，各项预算管控工作才能得到相关企业、部门的支持，全面预算管控才能得到有效的推行。从上汽集团预算管理实践看，集团设立预算管理委员会，在预算管理委员会的领导下开展预算编制、预测执行、预算控制和监督等各项工作。集团总裁牵头落实预算目标的制定工作，负责预算编制总体要求的下达。年度预算目标经过多次"由上而下、由下而上"的充分沟通和讨论，经董事会审核批准后执行。在上汽集团预算管控过程中，无论是工作汇报还是考核评定等具体工作，管理层都以预算目标的执行情况作为主要评价依据。这些都充分体现了集团管理层视预算管理为重心，视预算目标为抓手，将全面预算管理作为集团的基本管理工具。

(3) 全面预算管理重点突出"全面"。"人人成为经营者"管理模式，是上汽集团独创并长期实践的管理模式。"经营者"的管理模式突破了传统的管理理念和思维方法，把市场机制引入企业内部管理，精细有效地优化了企业的管理结构、管理环节和管理过程，把员工当家做主真正落到实处，极大地调动了广大员工的创造性和积极性。"经营者"管理模式突出了企业管理的精细化，而且以"经营体"管理目标为导向，激发员工开源节流、降本增效的动力。这些与全面预算管理理念相通。

上汽集团下属 A 公司是"经营者"管理模式的先行企业，实施的总体构思是按市场法则建立内部用户关系，划小核算单位，用"经营"的思路和方式进行管理。公司将每个员工或若干员工组成的基准单位设定为独立核算的"经营体"，构成企业内部的"经营者"；在此基础上，改变企业原有的粗线条的组织内部核算关系，将核算单位分解细化到企业相关管理资源和技术资源的最小利用单位。通过这种改变，让员工的思维和行为方式发生了根本转变，由被动生产转为了主动经营，员工当家做主的能力和素质得到了提高。该模式将企业资源货币化、定量化，使得"经营体"内的员工从经营者的角度，依据成本效益原则，合理利用和管理资源，减少资源的浪费，降低成本。"经营者"管理模式在该企业经过几年的实践后，企业管理水平得到了较大的提升，企业的经营效益也得到了很大的提高。

(4) 做好目标的持续跟踪与分析。上汽集团一贯将预算跟踪和分析作为预算管控的重点。通过滚动预测分析模板，强化对预算目标的跟踪分析，而且对于预算执行的偏差分析，不仅关注数据，还要深入挖掘造成偏差的经营实质。这样才能更有效地反映企业经营过程中所存在的风险和机会，然后及时把这些信息提供给管理层，为管理层作出准确的决策提供支持。对于预算目标的跟踪，也不仅限于财务数据，还要求对业务数据的关注。如在关注收入、利润预算完成情况的同时，还要关注业务的完成情况(如销售订单的获得情况)、生产运营的效率情况(如单台产品的制造费用)，并通过与先进企业的对比，寻找差距并积极改进。因此，全面预算管理不仅是对财务指标的控制，而且关系到企业经营业务的各个方面。只有通过全方位的跟踪和深入的分析，才能对企业经营情况和未来发展趋势有准确的判断和预测。

(5) 将信息系统运用于全面预算管理。随着市场竞争日趋激烈，企业生产经营规模日益扩大，所分析的数据量将呈几何级增长。对于汽车制造企业，管控的业务涵盖远期项目、工程开发、商务、采购、生产、管理等全链条。管控的载体包括各产品的利润表、资产负债表、现金流量表、结构成本、转移价以及贯穿其中的物料成本预测和税收预测等。此外，企业会越来越多地要求进行多维度、全方位的比较和分析。这些变化导致传统的 Excel 手工分析模式越来越难以满足需求，为了提升预算的管控效率，必须引入信息系统解决方案。

上汽集团本部实施了 SAP(System Applications and Products，企业管理解决方案)系统及其他辅助系统(如电子 PR 系统、采购 E-Purchasing 系统等)，对本部费用尤其是开发费用的全面预算管理起到积极的推动作用。通过 SAP 系统的应用，可以打通并规范业务流程；实现数据在业务部门和相关业务链中的共享；可以通过系统积累强大的基础数据，为事前、事中和事后全过程控制提供依据。

上汽集团在合并层面实施了 HFM(Hyperion Financial Management)系统，给全面预算管理带来了多方面的好处。首先，形成了整合的数据平台，可以及时掌握下属企业预算、预测信息；其次，通过预算、预测科目系统化，确保数据准确、结构稳定、关系可靠；再次，运用统一的科目定义，便于对标、沟通和管理；最后，系统可根据需求灵活取数并生成管理分析报告，而且大大提高了工作效率。

由于信息系统的使用，使得日常预算、预测工作效率得到了提升，为财务人员完成从数据收集到更有价值的数据分析的工作角色转变创造了条件。

全面预算管理工作在上汽集团内的推行和不断完善，保障了上汽集团经营目标的合理制定和有效执行。上汽集团近年来销量、收入和净利润等各项指标都得到较快增长。

(资料来源：夏明涛.企业集团全面预算管理案例研究：来自上汽集团实践[J].新会计，2015(2): 33-36.)

思考：

(1) 上汽集团的预算管理体系有哪些特点？

(2) 上汽集团全面预算管理的重点是什么？上汽集团下属 A 公司"经营者"管理模式是如何运作的？

第 6 章　物流成本预测与决策

【教学目标与要求】

理解物流成本预测与决策的概念。
掌握物流成本决策的方法。
掌握物流成本预测的程序。
了解物流成本预测的作用。

导入案例

亚洲首个专业货运机场

亚洲首个专业货运机场——鄂州花湖机场在湖北正式投运。这意味着以后国内的顺丰快递不用隔夜就能送到用户手里,用户网购当天就能享受到拆快递的快乐。花湖机场由顺丰集团与湖北省共同打造,是亚洲第一个专业货运机场,从 2014 年初步谋划到 2022 年建成投运,历时 8 年,总投资 308.42 亿元。该机场按照满足 2025 年旅客吞吐量 100 万人次,货邮吞吐量 245 万吨的要求设计。据悉,2021 年,国内仅有 2 个机场货邮吞吐量超过 200 万吨,可见,花湖机场货运能力的强大。作为一个专业的货运机场,花湖机场建有 2.3 万平方米的航空货站、67.8 万平方米的分拣中心、124 个机位、两条 4E 级远距跑道,并且预留了第三条跑道,可满足多种货机停靠。值得一提的是,花湖机场分拣中心具有分拣、仓储、冷运、国际货站等综合功能,处理货物异常迅速,可达每秒 139 件,将成为全国规模最大、技术水平领先的航空物流转运中心。有了这样的技术加持,顺丰集团国内快递业务很快将实现"一日达全国,隔夜达全球"的目标。

(资料来源:https://www.toutiao.com/article/7121678911175606796/?log_from=b2e87ba290978_1659347567854&wid=1661149335225[2022-8-12])

顺丰集团为了实现企业的战略目标,通过对内外部环境进行分析,做出了建设亚洲首个专业货运机场的决策,这对于企业今后的发展及满足市场的需求都将起到十分重要的作用。只有战略决策的正确,才能保证物流企业的顺利发展,而正确的战略决策依赖于通过深入的调查研究和预测所掌握的大量信息。

6.1 物流成本预测概述

预测就是对未来进行预计和推测。它是根据已知推测未来,根据过去和现在的状况预计将来的趋势,是对未来不确定的事件预先提出看法和判断。

成本预测是以预测理论为指导,根据有关历史成本资料、成本信息数据,在分析目前技术经济条件、市场经营环境等内外条件变化的基础上,对未来成本水平及发展趋势所做的定性描述、定量估计和逻辑推断。成本预测是确定目标成本和选择达到目标成本的最佳途径的重要手段。加强成本预测工作,可以挖掘企业内部的一切潜力,即用尽可能少的人力、物力、财力实现企业的经营目标,保证企业获得最佳的经济效益。

6.1.1 物流成本预测的概念

物流成本预测是在对物流成本数据进行统计调查的基础上,运用历史统计资料,通过科学的手段和方法,对物流成本的未来影响因素、条件和发展趋势进行估计和判断,为企业确定物流成本决策、编制物流成本预算提供依据。

6.1.2 物流成本预测的作用

企业要在激烈的竞争中立于不败之地，就必须对未来的状况作出正确的估计，并以这种估计作为决策和计划的客观基础，正所谓"凡事预则立，不预则废"，对于企业的物流成本管理工作来说尤为如此。在物流成本管理工作中，物流成本预测具有十分重要的意义。通过物流成本预测，可以使企业对未来的物流成本水平及其变化趋势做到"心中有数"，从而与物流成本分析一起，为企业确定物流成本决策提供科学的依据，以减少物流成本决策过程中的主观性和盲目性。

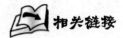 相关链接

推广使用绿色燃料 实现 2060 交通碳中和目标

2060 年之前实现碳中和这一历史性目标的提出，为各行业在低碳发展路径和发展方式上提出了更高的要求。根据推算，在交通行业，通过节能增效、交通方式转型等方式能够实现大约 30%的碳减排量。如果要实现行业整体的碳中和，还需要使用清洁能源对传统化石能源进行更为全面的替代。

与电力、工业和建筑行业不同，交通行业多数情况下难以直接使用风、光等清洁能源，必须将清洁能源转换成可以储存、运输的形式，使其成为交通行业能够直接使用的"绿色燃料"，才能满足深度减排以及净零排放的目标。

交通行业主要包括道路、铁路、航空和船运这四种交通方式，每一种交通方式对"绿色燃料"的要求都不尽相同。在完善的电力基础设施和电池技术快速进步的推动下，电能在交通行业已经得到了大规模的应用，并成为道路和铁路交通最主要的清洁能源替代方式。然而动力电池体积大、重量大，并不适用于部分航空和船运场景，这两种交通方式需要更多地依靠氢能等其他新能源来满足供能需求。

（资料来源：http://www.tanpaifang.com/tanzhonghe/2021/0112/76232.html[2022-6-30]）

6.1.3 物流成本预测的程序

为了保证物流成本预测结果的客观性，企业在进行物流成本预测时，通常分为以下几个具体步骤。

1. 确定预测目标

进行物流成本预测，首先要有一个明确的目标。物流成本预测的目标取决于企业对未来的生产经营活动所达成的总目标。物流成本预测目标确定之后，便可明确物流成本预测的具体内容。

2. 收集预测资料

物流成本指标是综合性指标，涉及企业的生产技术、生产组织和经营管理等各个方面。在进行物流成本预测前，必须进行深入的市场调查研究，尽可能全面地收集相关的资料，并应注意去粗取精、去伪存真。

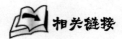

咖啡杯的颜色

日本三叶咖啡店，有一次请了30名顾客喝咖啡。他们先后端出4杯浓度完全相同而咖啡杯颜色不同的咖啡，请这30名顾客试饮。结果是：当咖啡杯为咖啡色时，有2/3的顾客评论"咖啡太浓了"；咖啡杯为青色时，所有的人异口同声地说："咖啡太淡了"；当咖啡杯为黄色时，大家都说："这次咖啡浓度正合适，好极了"；而最后端上用红色杯子盛的咖啡时，10人中有9人都认为"太浓了"。

根据这一调查结果，三叶咖啡店一律改用红色的杯子盛咖啡，该店借助于杯子的颜色，既可省料、省成本，又使大多数顾客满意。

（资料来源：https://zhuanlan.zhihu.com/p/272486379[2022-6-19]）

3. 建立预测模型

在进行物流成本预测时，必须对已收集到的有关资料，运用一定的数学方法进行科学的加工处理，建立科学的预测模型，借以揭示有关变量之间的规律性联系。

4. 评价与修正预测值

以历史资料为基础建立的预测模型可能与未来的实际状况之间有一定的偏差，且数量方法本身就有一定的假定性，因此还必须采用一些科学方法进行评价与修正。

6.1.4 物流成本预测的方法

物流成本预测的方法很多，但具体可以分为两类：一类是以调查为基础的经验判断法，也称定性预测法；另一类是以统计资料为基础的分析计算法，也称定量预测法。

1. 定性预测法

定性预测法是预测人员根据已有的历史资料，凭借个人的经验和综合分析、判断能力，对未来成本的变化趋势作出预测。这种方法是在缺乏预测资料，影响未来变化趋势的因素复杂而繁多，又难以采用定量分析的方法时采用。它的优点是耗时短，易于应用。定性预测法主要包括以下具体方法。

1）综合判断法

综合判断法是组织若干个了解情况的人员，要求他们根据对客观情况的分析和自己的经验，对未来情况作出各自的估计，然后将每个人的预测值进行综合，得出预测结果。这种方法的优点是能综合不同人的知识、经验和意见，得出的预测结果比较全面；缺点是可能受限于预测者对相关情况的了解。

2) 专家调查法

专家调查法又称德尔菲法，是采用"背靠背"方式就所预测的问题征询专家的意见，经过多次信息交换，逐步取得比较一致的预测结果。具体包括以下几个步骤。

(1) 企业先建立物流成本管理专家库和专家库系统。值得一提的是，企业建立专家库并非一朝一夕之功。企业应由专门的部门、分派专人具体负责该项工作。在日常工作中，根据企业的业务特点、发展趋势和发展要求，及时从各种渠道、各种媒体，通过各种方法和途径获得相关各类专家的详细信息，并根据需要与他们保持必要的联系和沟通，如有必要，还可以与他们签订聘用合同或协议，使他们成为自己企业的顾问。

沟通的技巧

(2) 拟订调查预测表。确定预测课题，并据此设计表格，准备可供专家参考和使用的背景资料。

(3) 选择专家。选择与预测课题有关的在年龄、地区、专业知识、工作经验、预见分析能力，以及学术观点等方面有代表性的专家参与预测。参加预测的专家的数量可以根据企业的预测课题和本次预测预算确定。

(4) 反馈信息。将相关表格和背景资料寄给选定的专家，要求他们在规定的时间里反馈信息。第一轮表格收回后，要进行综合整理，整理出不同的预测意见，然后将初步结果反馈给每位专家，要求他们修改和完善自己的意见，再次预测。这样，经过几轮预测和反复，便可以取得基本一致的预测结果。

(5) 预测结果的处理。在预测过程的每个阶段，对收集的专家意见都要利用科学的方法进行整理、判断、分析、归纳和分类等工作，为对下一轮预测提供帮助。

2. 定量预测法

物流成本的定量预测法主要有时间序列分析预测法和回归分析法。时间序列分析预测法利用物流成本时间序列资料来预测未来的状态；回归分析法依据所掌握的历史资料，找出所要预测的变量和与它相关的变量之间的关系，从而达到预测未来的状态。下面主要介绍这两种定量预测方法。

1) 时间序列分析预测法

定量分析中的外推法主要是指时间序列分析预测法(即趋势预测法)。这种方法的基本思路是把时间序列作为随机变量序列的一个样本，应用概率统计的方法，尽可能减少偶然因素的影响，作出在统计意义上较好的预测。时间序列分析预测法中常用的几种方法有移动平均法、加权移动平均法和指数平滑法。

(1) 移动平均法。这种方法主要是不断引进新的数据来修改平均值，以消除激烈变动的不稳定因素，而且可以看出其发展趋势。其计算公式为

$$Y_{t+1} = \frac{X_t + X_{t-1} + \cdots + X_{t-1+n}}{n} \tag{6-1}$$

式中，Y_{t+1}为预测值；X_t为第t期实际值；n为预测资料期数。

(2) 加权移动平均法。这种方法的主要特点是要考虑预测资料期中每一期的数据对未来预测数的影响程度，对每期资料进行加权，越是近期权数越大，即影响程度越大。资料

期中的各权数之和必须等于1。其计算公式为

$$Y_{t+1} = \sum_{t=1}^{n} \alpha_t X_t \tag{6-2}$$

(3) 指数平滑法。指数平滑法是一种特殊的加权移动平均预测法，它给过去的观测值不一样的权数，赋予近期数据更大的权数。指数平滑法包括一次指数平滑法、二次指数平滑法及三次指数平滑法，这里重点介绍一次指数平滑法。该方法操作简单，只需要本期的实际值和本期的预测值便可预测下一期的数据，当预测数据发生根本性变化时还可以进行自我调整。该方法适用于数据量较少的近短期预测。设 F_n 表示下一期预测值，F_{n-1} 表示本期预测值，D_{n-1} 表示本期实际值，α 为平滑系数($0<\alpha<1$)，则 F_n 的计算公式为

$$F_n = F_{n-1} + \alpha(D_{n-1} - F_{n-1}) = \alpha D_{n-1} + (1-\alpha)F_{n-1} \tag{6-3}$$

式(6-3)表明，指数平滑法在预测时，分别以不同的系数对过去各期的实际数进行了加权。远期的实际值影响较小，因而其权数也较小；近期的实际值影响较大，因而其权数也较大。显然，这种预测方法更符合客观实际，但 α 的确定具有较大的主观因素。

【例6-1】某物流企业2021年3—12月的实际物流成本如表6-1所示，设4月的物流成本预测为3月的实际值，试利用指数平滑法预测该企业2022年1月的物流成本(设 $\alpha=0.8$)。

根据式(6-3)进行指数平滑计算，计算结果填入表6-1 "预测值" 栏。

表6-1计算结果表明，该企业2022年1月的物流成本应为281.61万元。

表6-1　某物流企业2021年3—12月各月的实际物流成本　　　　　　　　单位：万元

月份	实际值	预测值
3	245.00	—
4	250.00	245.00
5	256.00	249.00
6	280.00	254.60
7	274.00	274.92
8	255.00	274.18
9	262.00	258.84
10	270.00	261.37
11	273.00	268.27
12	284.00	272.05
		281.61

2) 物流成本预测的回归分析法

回归分析法是通过对观察值的统计分析来确定它们之间的联系形式的一种有效的预测方法。从量的方面来说，事物变化的因果关系可以用一组变量来描述，因为因果关系可以表述为变量之间的依存关系，即自变量与因变量的关系。运用变量之间这种客观存在的因果关系，可以使人们对未来状况的预测达到更加准确的程度。

回归分析法主要包括以下几个步骤。

(1) 进行相关关系分析。分析要预测的变量间是否存在相关关系以及相关的程度，如果没有相关关系，则不能利用回归预测模型进行预测。

(2) 确定预测模型。如果变量间存在相关关系，则需确定变量间是线性关系还是非线性关系，可通过做散点图进行分析。

(3) 建立回归预测模型。

(4) 利用模型进行预测。

(5) 统计检验。

6.2 物流成本决策

物流成本预测是为物流成本决策服务的。物流成本决策不仅是成本管理的重要职能，也是企业生产经营决策体系的重要组成部分。由于物流成本决策考虑的是与价值有关的问题，更具体地说是资金耗费的经济合理性问题，所以物流成本决策具有较大的综合性，并对其他生产经营决策起着指导和约束作用。

阿斯旺水坝

6.2.1 物流成本决策概述

1. 决策的概念与作用

1) 决策的概念

决策是指作出决定或选择。人们对决策的概念有两种理解：一是把决策看作一个包括提出问题、确立目标、设计和选择方案的过程，这是广义的理解；二是把决策看作从几种备选的行动方案中作出最终抉择，是决策者拍板定案，这是狭义的理解。我们倾向于采用广义的决策定义，即决策是一个作出决定的过程。

2) 决策在管理中的地位与作用

(1) 决策是管理的基础。决策是从各个抉择方案中选择一个方案作为未来行为的指南。而在决策之前，只是对计划工作进行了研究和分析，没有决策就没有合乎理性的行动，因而决策是计划工作的核心。计划工作是进行组织工作、人员配备、指导与领导、控制工作等的基础。因此，从这种意义上说，决策是管理的基础。

(2) 决策是各级、各类主管人员的首要工作。决策不仅仅是"上层主管人员的事"，上至国家的领导者，下到基层的班组长，均要作出决策，只是决策的重要程度和影响的范围不同而已。

(3) 决策是执行的前提，正确的行为来源于正确的决策。在日常的管理工作中，执行力是体现一个组织效益的重要因素，也是衡量一个企业是否良性发展、有效管理的重要指标。正确的决策是企业在有限的条件下做正确的事、创造最大价值的前提，让企业少走、不走弯路。

(4) 决策能明确目标,统一行动,让企业成员明白工作的方向和要求。民主决策有助于提高企业的凝聚力,创造良好的企业文化,改进企业的管理水平。民主的决策是大家的共识,更加易于执行,更为有效。

2. 物流成本决策的概念

物流成本决策是指在物流成本预测的基础上,根据物流成本分析与成本预测所得的有关数据、结论和其他资料,运用科学的方法,包括定性与定量的方法,从若干个方案中选择一个合理的成本方案的过程。具体来说,就是以物流成本分析和物流成本预测的结果等为基础建立适当的目标,并拟订几种可以实现该目标的方案,根据成本效益评价从这若干个方案中选出最优方案的过程。确定目标成本以及进行成本决策是编制成本计划的前提,同时也是实现成本的事前控制和提高经济效益的重要途径。

3. 物流成本决策的程序

物流成本决策的程序如图 6.1 所示。

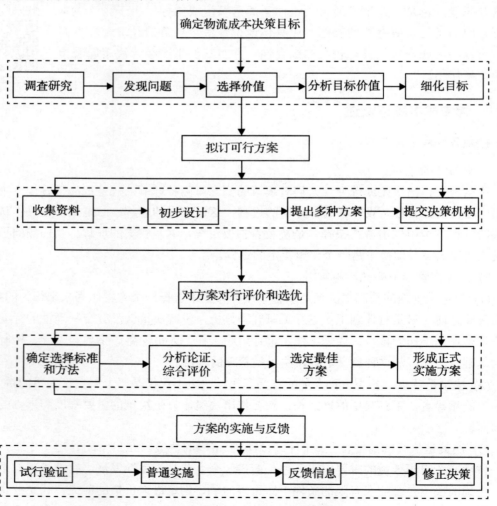

图 6.1 物流成本决策的程序

1) 确定物流成本决策目标

物流成本决策的目标就是要求企业在所从事的生产经营活动中，要使资金耗费达到最少，使所取得的经济效益达到最大，这也是物流成本决策的总体目标。在某一个具体问题中，可以采用不同的方式，但总的原则是必须兼顾到企业目前和长远的利益，并且能够通过自身的努力实现。

2) 拟订可行方案

可行方案是指具备实施条件，能保证决策目标实现的方案。解决任何一个问题，都存在多种途径，其中哪条途径有效，要经过比较才能知道，所以要制订各种可供选择的方案。拟订可行方案的过程不仅是一个发现、探索的过程，也是一个淘汰、补充、修订、选取的过程。

3) 对方案进行评价和优选

对每个方案的可行性都要进行充分的论证，并在论证的基础上作出综合评价。论证要突出技术上的先进性、实现的可能性，以及经济上的合理性。不仅要考虑方案所能带来的经济效益，也要考虑可能带来的不良影响和潜在的问题。对可行性方案的评价和选优应主要把握以下两点：一是确定合理的优劣势的评价标准，包括成本标准和效益标准两个部分；二是要选取适宜的抉择方法，包括定量方法和定性方法两个方面。

4) 方案的实施与反馈

决策的正确与否要以实施的结果来判断，在方案实施过程中应建立信息反馈渠道，将每个局部过程的实施结果与预期目标进行比较，如果发现差异，则应迅速纠正，以保证决策目标的实现。

6.2.2 物流成本决策的方法

物流成本决策的方法很多，可根据决策性质、决策内容和取得资料的不同进行分类。根据决策性质的不同，可将物流成本决策的方法划分为定性分析法和定量分析法两大类。

1. 定性分析法

定性分析法又称非数量分析法，它是依靠专家及知识和经验丰富的专业人员的分析能力，利用直观材料和逻辑推理对所提出的各种备选方案作出正确评价和选择的方法。由于定性分析法只是一种直观判断和逻辑推理，因此定性分析法没有固定的模式，可视不同的分析对象和分析要求而灵活运用。下面主要介绍头脑风暴法和互动小组法。

1) 头脑风暴法

头脑风暴法又称思维共振法，即通过有关专家之间的信息交流，引起思维共振，产生组合效应，从而形成创造性思维。头脑风暴法是比较常用的群体决策方法，它鼓励参与者提出任意类型的方案设计思想，同时禁止对各种方案进行批判。因此，这种方法主要用于收集新设想。

在典型的头脑风暴法会议中，群体领导者以一种明确的方式向所有参与者阐明问题，使参与者在完全不受约束的条件下，敞开思路，畅所欲言，在一定的时间内"自由"提出尽可能多的方案，不允许任何批评，并且所有方案都当场记录下来，留待稍后讨论和分析。

头脑风暴法的创始人英国心理学家奥斯本(A F Osborn)为这一决策方法的实施提出了4项原则。

(1) 对别人的建议不作任何评价。

(2) 建议越多越好。在这个阶段,有什么想法就应该说出来;将相互讨论限制在最低限度内;参与者不要考虑自己建议的质量。

(3) 鼓励每个人独立思考,广开思路,想法越新颖、越奇异越好。

(4) 可以补充和完善已有的建议以使它更具说服力。

头脑风暴法的目的是创造一种畅所欲言、自由思考的氛围,引发创造性思维的共振和连锁反应,产生更多的创造性思维。因此,头脑风暴法是一个产生思想的过程,了解取得期望决策的途径。

2) 互动小组法

互动小组法是一种群体决策形式。它既可以是现存的群体,如企业中的某个部门,也可以是专门成立的小组。小组成员就某个问题共同交谈、讨论,达成一致后,进一步讨论,最后完成决策。其好处是小组成员间的合作有利于产生新主意、新点子,同时有利于小组成员间的互相理解和沟通。

2. 定量分析法

定量分析法是运用一定的数学原理,将决策所涉及的变量与决策目标之间的关系用一定的数学模式或公式表达并据以决策的方法。由于决策的方案中数据预测结果的确定性有强有弱,所以采用的决策方法也不尽相同。根据数学模型涉及的决策问题的性质(或者说根据所选方案结果的可靠性)的不同,定量决策方法一般分为量本利分析法、期望值决策法和差量分析法等。下面主要介绍量本利分析法、差量分析法。

1) 量本利分析法

量本利分析又称本量利分析,是成本—业务量—利润关系分析的简称。作为一种定量分析方法,量本利分析能够在计算变动成本模式的基础上,以数学模型和图形来揭示固定成本、变动成本、单价、营业量、营业额、利润等变量之间的内在规律性,从而为管理者的预测、决策和规划提供必需的财务信息。

量本利分析考虑的因素主要包括固定成本(a)、单价变动成本(b)、营业量(x)、单价(p)、营业额(px)和营业利润(P)等。这些变量之间的关系表示为

$$P=px-(a+bx)=(p-b)x-a \tag{6-4}$$

式(6-4)是建立量本利分析数学模型的基础,是量本利分析的基本公式。

为了使量本利分析的思想更加形象化,在实践中常会使用量本利分析图。量本利分析图就是在平面直角坐标系上,使用解析几何模型来反映量本利关系的图像。量本利分析图能够反映出固定成本、变动成本、营业额、营业量和盈亏平衡点、盈余区和亏损区。最基本的量本利分析图如图 6.2 所示。

对某项物流作业进行量本利分析,可以帮助企业进行以下几个方面的决策。

(1) 对物流业务额(量)的决策,确定物流作业的盈亏平衡点。物流作业的盈亏平衡点是指物流作业在一定时期的收入与成本相等,既没有盈利也没有亏损,利润额为零。如果当企业的物流作业的业务额(量)低于该点时,则企业在该项物流作业上会亏损,因此该点是企业可以接受的业务额(量)的最低限。所以,当某项业务的业务额(量)低于该点时,企业应当拒绝该项业务。

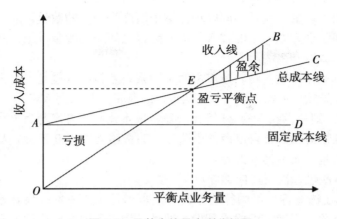

图 6.2 最基本的量本利分析图

(2) 确定企业能够获得的营业利润。通过量本利的分析公式，企业能够计算出在目前的经营状态下，能够从该项物流作业中所获取的营业利润(P)，用公式表示为

$$P = px - (a + bx) \tag{6-5}$$

(3) 以实现目标利润为前提，确定物流作业所应达到的业务量。实现目标利润的业务量是指在保持单价和成本水平不变的情况下，企业为保证能够实现预先确定的目标利润，而必须达到的营业量和营业额的统称。

(4) 以实现目标利润为前提，确定物流作业单价。利用量本利分析的基本公式，企业还能够计算出当其他条件不变时，为实现预先确定的目标营业利润，物流作业的单价的数额。

【例 6-2】某运输企业依据历史数据分析，确定单位变动成本为 150 元/千吨公里，固定成本总额为 20 万元，营业税税率为 3%，下月预计货物周转量为 5 000 千吨公里，单位运价为 200 元/千吨公里，对该公司进行运输业务的量本利分析。如果该公司制定的目标利润为 5 万元，计算保本点运输周转量。

设利润为 P，固定成本为 a，单位变动成本为 b，单位运价为 p，运输周转量为 x，目标利润为 P_T。

计算该公司的保本点运输周转量，即计算盈亏平衡点的业务量。根据前面的介绍可知，在盈亏平衡点时，该公司的物流作业的利润为零，即收入等于成本。

根据式(6-4)可知，要求保本点运输周转量，则利润 P 为零，即营业额等于单位成本与运输周转量的乘积，代入数值，得

$$x = \frac{200\,000}{200 \times (1 - 3\%) - 150} \approx 4\,545.45 \text{(千吨公里)}$$

由于保本点运输营业收入 = 保本点运输周转量 × 单位运价，故有

$$\frac{4\,545.45 \times 200}{10\,000} \approx 90.909 \text{(万元)}$$

从已知条件与计算可知，由于下月的预计周转量为 5 000 千吨公里，超过保本点运输周转量(4 545.45 千吨公里)，因此下月开展的运输业务方案是可行的。

2) 差量分析法

传统的思维方式是，当企业进行决策时，需要将全部成本费用都计算在内，认为只有这样核算出来的经营成本才真实合理。差量分析法强调的不是"全部"的概念，而是"差

量"的概念。所谓"差量"就是不同行动方案中所产生差别的数量。差量分析法就是决策者在充分了解不同行动方案产生的收入与成本因素之间差别的基础上,从中选择最优方案的决策方法。

差量分析法包括差量收入与差量成本两类因素。差量收入就是一个方案与另一个方案预期收入之间的差异数。例如,某汽车车队自己经营每月收入为30万元,租给别人经营每月收入为10万元,则差量收入为20万元。差量成本是一个方案与另一个方案的预期成本之间的差异数。继续前例,若自己经营车队每月的费用支出为9万元,租给别人每月费用支出为3万元,则差量成本为6万元。

运用差量分析法进行决策,应遵守以下原则。

(1) 沉没成本在选择各种不同行动方案时,永远是无关成本;只有差量收入与差量成本才与选择决策有关。所谓沉没成本是指企业过去为取得固定资产的所有权已经支付的资金。当对相关的固定资产进行成本决策分析时,一般只需要研究重新出售的市价,而不必去考虑沉没成本。

(2) 已经发生的成本和已经实现的收入,只有在它们有助于预测未来成本和未来收入的范围内才是有关成本。

(3) 在实际购买和使用前,准备购买的固定资产仍算差量成本。

(4) 只要方案的差量收入大于差量成本,那么该方案就可行。

(5) 凡是能提供令企业满意的报酬方案,就是理想方案。

如前所述,在决策分析中,差量是指不同备选方案之间的差异,该差量又分为差量收入、差量成本和差量利润3个部分。

【例6-3】某仓储企业为适应日益增加的业务量,想要扩大仓库的面积,拟订了以下两个方案。

方案一:新建一座仓库,投资300万元。据估计,每年可获得收入70万元,服务期限为15年。

方案二:扩建旧仓库,投资100万元。据估计,每年可获得收入50万元,服务期限为15年。

试用差量分析法选择方案。分析如下:

两种方案的差量收入=70×15-50×15=300(万元);

两种方案的差量成本=300-100=200(万元);

两种方案的差量损益=300-200=100(万元);

由于100>0,因此方案一对该企业更有利。

6.2.3 物流成本决策过程中应注意的问题

为做好物流成本的决策工作,使物流成本决策能够更好地为企业管理服务,企业应在决策中注意以下几点。

1. 应全面考虑物流中各种成本因素

物流成本决策对于任何一家企业来讲,都是一项耗时耗力的工作,在物流活动的每个环节都可能出现意外情况,这就对物流管理提出了更高的要求。企业中的物流成本管理人员必须谨慎地考虑运输、仓储等环节与物流相关的问题,全面细致地掌握企业的背景资料。所以,许多公司从事物流成本决策的人员都是最具有物流管理经验的。

物流成本管理人员必须尽早着手进行资源的配置工作,只有这样,才能提高物流成本决策的效率。他们应尽量在满足客户服务和生产需求的前提下,以最低的成本来实现企业物流的衔接与运营。物流人员要全面了解企业物流成本和客户服务需求,周密而又详尽地进行决策。在此过程中,物流人员必须全面考虑从原料生产地到产品销售地的全部运输费用(包括公路和铁路及水运与航空的运输费用)、仓储费用、装卸费用、出口单证费用、物流管理费用等。

2. 注意决策的成本

企业管理中一项最为重要的工作就是决策。决策是有成本的,这一点极易被人忽视。例如,一个正确的决策能够为企业盈利 1 000 万元,如果错失机遇,没有及时作出决策,该决策的成本就是 1 000 万元;如果作一个错误的决策,不仅赚不到 1 000 万元,反而可能会亏损 1 000 万元,那么这个错误的决策成本就是 2 000 万元。可见,决策也是必须讲成本控制的。

管理学家德鲁克曾经称物流为"经营上的黑暗大陆",这不仅是指产品在向消费者的转移过程中缺乏足够的可见性,而且市场经营者在分析规划营销战略时,也往往会疏忽了物流。以前,产品在由生产商向顾客移动的过程被分割成一系列独立的活动来进行管理,很少有人把它们整合为一个整体的系统,对从原材料与零部件的采购、库存控制、生产加工、运输一直到最终顾客的整个实物流动过程,采取综合物流的管理方法。现在,无论是生产企业还是流通企业,都同样面临着需要通过物流的一体化管理,认真权衡影响成本的要素,以降低供应链的总成本,来满足顾客对服务的需要。

3. 从系统的角度去设计决策方案

现代物流的概念基本包含了企业经营的全过程:需求预测、选址、采购、生产进度、运输、装卸、搬运、库存控制、流通加工、包装、订单处理、配送、客户服务、返还品管理、废弃物处理,以及其他一些辅助活动。很多企业在降低这些局部成本的工作中,都取得了不同程度的胜利,但是一些知名企业的实践证明,整体宏观的物流能给企业带来实质性的成本节约。

过去,虽然企业的经营管理有一套整体的目标,但是企业内部每个部门往往只围绕自己的职责去展开工作,虽能使费用支出减少,但效果不明显。这样并不是从供应链中跟踪成本的产生,所以企业经营活动的持续性差,甚至会造成职能部门之间的冲突。另外,企业的营销管理活动常伴随着物流系统的支持,也产生了对不同的物流成本要素的选择权衡问题。一个营销物流系统通常包含运输、仓储和库存等成本要素,它们彼此利益相悖,但却直接影响顾客服务水平,并与顾客满意程度息息相关。如何平衡这些有竞争性的成本要素是对管理工作的巨大挑战。物流总成本正是通过实现个别的成本要素之间的最佳平衡,达到降低整体物流成本的目标。

企业在进行生产经营决策时常要面对物流成本的选择。如当仓库数量增加时,运输成本下降了，但库存与订单处理成本却上升了。此时，从物流的观点考虑，应做到降低总的分销成本。达到总成本最低的目标并不是一件容易的事情，因为物流成本的效益背反性，有时在某项功能上的最优设计却可能导致其他功能下降，有可能会遇到以下几种情况。

(1) 减少库存，可以降低仓储成本，但会降低顾客服务标准或增加缺货成本。

(2) 提高交货速度会提高顾客服务水平，但会使运输成本上升以至需要更高的总成本。

(3) 达到较低的运输成本，但会导致库存增加与顾客服务水平降低。

因此，企业在决策时必须综合考虑影响物流成本的因素，才能作出对企业最有利的决策。

德胜企业的管理之本——程序管理

4. 把好成本决策程序关，做到物流成本决策的科学化与民主化

不同的物流活动的成本都有其自身的特点，所以有不同的管理程序，需要由不同的部门来开支。因此，在物流成本决策过程中应建立科学的程序，适应各自部门的特点和需要，避免决策的无序化和随意化。

5. 注意决策相关成本与非相关成本的划分

在进行物流成本决策时，只能包括因选择实施某种方案而发生的相关成本。相关成本是指与特定的决策或行动有关的，在分析评价时必须考虑的成本；非相关成本则是指在决策之前就已经发生或者不管采取什么方案都会发生的成本。它与某个特定的决策无关，所以在分析评价和选择最优决策过程中不应该被纳入决策成本的范畴。

沉没成本

在实际工作中常常会遇到这样一些情况：一些冒进的决策者因为将相关成本错误地排除在决策成本之外而对项目作出盲目乐观的估计；而另一些审慎的决策者则因为将一些不相关的成本纳入决策成本考虑而错失了本来可行的方案。所以，建立正确的决策成本观念对行动和决策是十分重要的。

另外，需要说明的是，从决策的相关性来看，沉没成本是决策的非相关成本，如果在决策时计入沉没成本，将会高估项目成本，得到错误的结论。

虽然，沉没成本是决策的非相关成本，但与其相伴随的机会成本却是决策的相关成本，是需要在决策时加以考虑的。

这也就是上面所说的，注意决策相关和非相关成本的划分，搞清楚两者之间的界限。

本 章 小 结

物流成本预测是在对物流成本数据进行统计调查的基础上，运用历史统计资料，通过科学的手段和方法，对物流成本的未来影响因素、条件和发展趋势进行估计和判断，为企业确定物流成本决策、编制物流成本预算提供依据。

企业要在激烈的竞争中立于不败之地，就必须对未来的状况作出正确的估计，并以这种估计作为决策和计划的客观基础，正所谓"凡事预则立，不预则废"，对于企业的物流成本管理工作来说尤为如此。

物流成本预测的方法很多，具体可以分为两类：一类是以调查为基础的经验判断法，也称定性预测法；另一类是以统计资料为基础的分析计算法，也称定量预测法。

决策是指作出决定或选择。人们对决策的概念有两种理解：一是把决策看作一个包括提出问题、确立目标、设计和选择方案的过程，这是广义的理解；二是把决策看作从几种备选的行动方案中作出最终抉择，是决策者拍板定案，这是狭义的理解。我们倾向于采用广义的决策定义，即决策是一个作出决定的过程。

物流成本决策是指在物流成本预测的基础上，根据物流成本分析与成本预测所得的有关数据、结论和其他资料，运用科学的方法，包括定性与定量的方法，从若干个方案中选择一个合理的成本方案的过程。

物流成本决策的程序包括确定物流成本决策目标、拟订可行方案、对方案进行评价和优选、方案的实施与反馈。

物流成本决策的方法很多，可根据决策的性质、决策内容和取得资料的不同进行分类。按决策的性质不同，可将物流成本决策的方法分为定量分析法和定性分析法两大类，主要有头脑风暴法、差量分析法和量本利分析法等。

关键术语

预测　物流成本预测　决策　物流成本决策　量本利分析　差量分析

习　题

一、单项选择题

1. 德尔菲法是美国兰德公司提出的一种预测方法，它在节省开支、避免专家之间出现从众行为方面，显示了独特的优势，但也有人对它提出批评，这主要是基于(　　)。
   A. 该法使专家的意见难以得到发挥
   B. 主持人容易过多地加入个人意见
   C. 耗费时间太多，不适用于快速决策
   D. 以上三项都正确

2. 指数平滑法属于(　　)。
   A. 时间序列分析　　　　　　　　B. 因果联系
   C. 一元回归分析　　　　　　　　D. 二元回归分析

3. 物流成本决策的方法按决策的性质不同划分为(　　)。
   A. 两类　　　　B. 三类　　　　C. 四类　　　　D. 五类

4. 某公司生产某产品的固定成本为 100 万元，单位产品可变成本为 700 元，单位产品售价为 900 元，那么其保本的产量至少为(　　)件。
   A. 5 000　　　　B. 6 000　　　　C. 4 500　　　　D. 3 000

5. 目的是创造一种畅所欲言、自由思考的氛围，诱发创造性思维的共振和连锁反应，产生更多的创造性思维的集体决策方法是(　　)。
   A. 头脑风暴法　　　　　　　　　B. 名义小组技术
   C. 德尔菲技术　　　　　　　　　D. 政策指导矩阵

二、简答题

1. 什么是物流成本预测？预测包括哪些步骤？
2. 什么是物流成本决策？决策有哪些步骤？
3. 如何通过差量分析法进行物流成本决策？
4. 如何利用量本利分析进行物流成本决策？

案例分析

美国西南航空公司的竞争战略

美国西南航空公司是低成本航空运营模式的鼻祖，自从1973年它首次实现盈利，连续36年保持了盈利——这在航空历史上也是空前的纪录。2008年全年净盈余为1.78亿美元，2009年全年净盈余为6.45亿美元。美国西南航空公司由罗林·W. 金(R. W. King)创建于1971年，总部设在达拉斯。创立之初，公司购买了3款新型的波音737客机，于1971年6月开始在美国得克萨斯州3个最大的城市(达拉斯、休斯敦和圣安东尼奥)经营航空业务。其每条航行的平均票价仅为20美元，而竞争者的平均票价为27或28美元。当时只有少量顾客和一小群焦急不安的员工的小公司，现在已成为美国第六大航空公司，拥有1.8万名员工，服务范围已横跨美国22个州的45个大城市。美国西南航空公司的经营之道是：为乘客提供可靠、安全的飞行服务，为员工提供工作保障，同时实现收益最大化。

1. 差别化战略

这是世界上唯一一家只提供短航程、高频率、低价格、点对点直航的航空公司。"我们的对手是公路交通。我们要与行驶在公路上的福特车、克莱斯勒车、丰田车、尼桑车展开价格战。我们要把高速公路上的客流搬到天上来。"美国西南航空公司的执行官凯勒尔(H Kelleher)这样解释道。美国西南航空公司只将精力集中在短途航班上，它提供的航班不仅票价低廉，而且班次频率高。和许多竞争对手不同，公司并不收取任何改签费，也没有周末必须停留一晚的规定。公司目前大约80%的客源都是直达旅客，直达航班减少了经停点和联程点，从而缩短了航班延误和整个旅行时间。公司还在所运营的每一个机场都设置了自助式值机柜台。

2. 成本领先战略

首先，选用型号单一、装修朴实的飞机。美国西南航空公司只购买燃油经济型的波音737飞机(美国西南航空公司的部分飞机是购买的尚未"退伍"的二手飞机，在安全的使用年限内)，不搞豪华铺张的内装修，机舱内没有电视和耳机。单一机型能最大限度地提高飞机的利用率，因为每个飞行员都可机动驾驶所有飞机。此外，还可以简化管理，并降低培训、维修和保养成本。公司在人员培训、维修保养、零部件购买与库存上均只执行一个标准，大大节省了培训费、维护费。美国西南航空公司在美国创立了独一无二的航线模式——点对点直航。同时美国西南航空公司将飞机大修、保养等非主业业务外包，保持地勤人员少而精。一般只有4个地勤人员提供飞机检修、加油、物资补给和清洁等工作，人手不够时驾驶员也会从事地勤工作。

其次，选择价格低廉、成效卓著的机场。美国西南航空公司尽可能选用起降费、停机费较低廉的非枢纽机场(二线机场)，这样不仅直接降低了中转费用，而且也能确保飞机快速离港。为了减少飞机在机场的停留时间，增加在空中飞行的时间(也就是挣钱的时间)，美国西南航空公司采用了一系列保证飞机高离港率的规定：不提供托运行李服务；不指定座位，先到先坐，促使旅客尽快登机；建立自动验票系统，加快验票速度；不提供集中订票服务等。这些特色使得美国西南航空公司70%的飞机滞留机场的时间只有15分钟，而其他航空公司的客机需要一两个小时。

最后，提供化繁为简、顾客满意的服务。选择低价格服务的顾客一般比较节俭，于是美国西南航空公司在保证旅客满意度的基础上，尽可能将服务项目化繁为简，降低服务成本。例如，飞机上不提供正餐服务，只提供花生与饮料。

3. 目标聚焦战略

不论业务范围如何扩展，规模如何扩大，美国西南航空公司始终坚持最初制定的"短航线、低价格"标准，并为此严格进行成本控制，不曾偏离。

4. 企业文化及员工管理

深厚的企业文化基础是塑造团队战斗力的关键，高层管理人员务实的工作心态是基层员工的动力源泉。美国西南航空公司成功的原因，不是比别人领先一步的技术，也不是与众不同的战略定位，而是传递在组织系统中的价值观、人文和团队精神。

在美国西南航空公司的组织文化中，"员工第一"的信念在激发员工工作积极性中起着至关重要的作用。公司努力强调对员工个人的认同，如将员工的名字雕刻在特别设计的波音737飞机上，以表彰员工在美国西南航空公司的突出贡献；将员工的突出业绩刊登在公司的杂志上。美国西南航空公司通过这些具体的做法，让员工认为公司以拥有他们为荣。

飞机上每一个员工的名字、公司里随处可见的员工个人、家庭乃至宠物照片，随时在告诉员工公司注重"员工第一"的信念和对员工的认同。"不仅仅是一项工作，而是一项事业"则在提醒员工他们并不是在为了获取收入而被动地工作，而是在从事一项组织和个人发展的事业。

美国西南航空公司员工的战斗精神是其他公司无法模仿的。在美国西南航空公司，员工创造不同！该公司的员工充满了激情。消费者之所以选择美国西南航空公司，是因为该公司持之以恒地提供他们所希望的——低票价、可靠的服务、高频度和顺便的航班、舒适的客舱、了不起的旅行经历、一流的旅客项目、顺利的候机楼登机流程以及友善的客户服务。

美国西南航空公司强调组织内部以及在员工、供应商和顾客之间建立一种积极的信任关系。该公司里有85%的员工加入了不同的工会，但并没有出现其他航空公司中工会与管理层间的巨大冲突。90%的员工持有公司的股票，约占美国西南航空公司流通在外股数的10%。美国西南航空公司的班机从抵达目的地，开放登机门上下旅客，直至关上登机门再度起飞的作业时间，平均为15分钟。这得益于它的员工都具有良好的合作心态，以及各个部门团队之间天衣无缝的合作。

如果你要见总裁，只要他在办公室，你可以直接进去，不用通报。上层经理每季度必须有一天参加第一线实际工作，担任订票员、售票员或行李搬运工等。"行走一英里计划"安排员工们每年有一天去其他营业区工作，以了解不同营业区的情况。培养员工忠诚度是美国西南航空公司的另一制胜法宝。无论是在经济衰退的年份，还是在公司遇到困难之时，美国西南航空公司都尽量做到不裁员。即便在"9·11"事件后，美国西南航空公司一度每天亏损三四百万美元，但该公司仍然坚持不裁减员工。

美国西南航空公司连续36年盈利，可以成为世界民航企业的一个经营管理的标杆，这样的业绩得益于美国西南航空公司员工的高效率工作、相对于全行业较低的人力成本以及在飞行途中给乘客创造轻松愉快环境的服务方式。美国西南航空公司的薪酬并不高，甚至低于市场的平均水平，但美国西南航空公司的员工流失率非常低。

（资料来源：http://wenku.baidu.com/view/6691f84df7ec4afe04a1df52.html[2022-6-19]）

思考：
(1) 美国西南航空公司采取了哪些降低成本的措施？
(2) 美国西南航空公司采取了哪些调动员工积极性的措施？

新零售背景下的即时物流

新零售的发展和消费模式的转变给即时物流带来机遇的同时也带来不小的挑战，传统即时物流存在配送效率低下、业务模式单一、技术手段落后等问题。结合当前行业发展趋势，可通过增设前置仓，围绕社区进行运力整合来改变传统末端配送效率较低的问题；通过提供流通加工以及综合性物流方案等增值服务来拓展现有即时物流的业务范围；运用AI技术进行运筹优化，借助各类智能视听设备来改善当前信息化水平落后的问题。

1. 即时物流的提出背景

即时物流是指无中间仓储环节，直接实现门到门及时送达业务。此概念于2009年由点我达创始人赵剑锋提出，同年11月，美团和饿了么相继推出即时配送业务。即时物流的核心在于及时性，满足用户极速、准时的配送要求。其B端商户以餐饮、生鲜、商超等为主，C端产品包括蜂鸟即配、顺丰同城急送、美团跑腿等，主要从事物品递送、帮买、帮取、帮办等业务。2020年新冠肺炎疫情对即时物流行业产生了显著影响，推动"即时消费到即时物流"的产业链优化升级。新零售是通过大数据、人工智能等先进技术手段，对商品的生产、流通与销售过程进行升级改造，并对线上服务、线下体验以及现代物流进行深度融合的新零售模式。新零售不仅涉足餐饮、生鲜、快消、3C等大众消费场景，还服务于医药、鲜花、奢侈品、商务跑腿、服装等特殊消费场景。新零售更加看重企业的末端配送能力，而即时物流正好符合客户追求便利性及差异化体验的诉求，帮助实现人、货、场的重构。

2. 新零售背景下的即时物流发展趋势

1) 设置前置仓，采取拉动式补货

前置仓是新零售仓配模式的一种，采用仓店一体化模式。当消费者下单后，商品直接从附近的零售店发货，30分钟送达门店3公里范围内的用户。盒马鲜生、天天果园等都使用这种模式。前置仓是即时物流的重要战略布局，企业可选择在距消费者较近的地方增设前置仓，同时对每个门店进行数据化管理，分析出不同区域消费者的偏好，以此来配货。

2) 依托社区，实现线上线下协同运营

随着我国城市化的发展，社区将成为住户网格化管理的基本单元。目前我国2000户以上的社区有9万多个，1000户以上的社区数高达18余万个。考虑到即时物流对时效性的要求，今后零售商家可依托社区，解决消费者日常生活购物的"最后一公里"。线上平台可满足消费者随时购物的需求，线下门店则代替传统物流中心进行配送(同城到家)，或由消费者自提(同城到店)，节约消费者购物成本的同时提升配送效率。

3)"AI+即时物流"，推动业务数字化转型

居民对即时物流的需求不断增加，促进基于大数据与机器学习技术的智能调度系统的快速发展。今后人工智能可应用在即时配送领域的订单分配系统中，为平台系统提供订单数量预估、实时匹配、路径规划等支持。利用大数据平台收集骑手轨迹、配送业务、实时环境等内容，通过机器学习算法得到预计交付时间和路径耗时等数据，再利用运筹优化与算法进行系统派单、路径规划、自动改派等决策行为。通过订单分配系统合理匹配运力与需求，实现资源配置最优化。

(资料来源：庚娟，冯晓洁. 新零售背景下的即时物流发展研究[J]. 中国储运，2021(4)，99-101.)

思考：什么是即时物流？新零售背景下的即时物流发展趋势有哪些？

第7章 物流成本分析

【教学目标与要求】

理解物流成本分析的概念与内容。
掌握对比分析法、比率分析法、连环替代法。
了解财务比率分析的内容及杜邦财务分析法。
了解物流成本分析的原则。

啤酒行业物流成本分析

随着我国居民生活水平的不断提高，在日常休闲娱乐过程中，很多人都会选择啤酒作为消遣的饮品。但随着我国粮食价格水涨船高，啤酒行业的利润受到严重挤压。同时，由于啤酒作为一种运输成本较高的商品，其运输成本能否有效进行控制，成为啤酒企业在竞争中谋取发展、获得新的利润增长点的重要方面。目前，我国大多数啤酒企业都采用以物流外包为主、自助物流为辅的方式进行物流管理。

1. 当前我国啤酒行业物流成本的现状

1) 大多数啤酒企业对于物流成本的控制重视程度较低

我国大多数啤酒企业对于企业成本的控制管理还停留在对原材料成本管理把控方面，而忽视了作为成本中重要组成部分的物流成本管理控制。我国啤酒行业中除了几大巨头啤酒企业，其余的啤酒生产企业对于物流管理的随机性较高，没有科学地分析企业购进用于进行物流运输的货车或者租用的货车数目，主要根据管理人员的随机要求确定。这种粗放式的物流成本管理控制无疑导致企业很难有效估算物流成本并进行不必要成本开销的剔除。同时，由于啤酒企业管理人员大多并非专业的物流管理人员，因此不了解企业物流对于企业成本控制的重要性；即使啤酒企业的管理人员是专业的物流管理人员，但因为需要管理的事项较多，物流成本因其变动较小而很难受到重视。

2) 啤酒企业的啤酒包装物管理水平较低

啤酒为液体产品，因此如何对其进行包装将直接影响物流运输过程中的安全及成本等问题。我国啤酒行业在啤酒如何包装及包装物的选择方面过于单一，对于包装物的浪费现象较为多见。由于啤酒的包装物可以分为一次性计入产品成本的包装物和需要周转使用、重复利用的包装物。因此，如何对包装物的功能进行合理划分并且进行综合利用是啤酒企业需要重点管理的问题。目前我国很多啤酒企业出现了包装物浪费严重及包装物重量或者体积过大，造成运输成本急剧上升的情况，这就需要啤酒企业进行及时有效的管理。

2. 啤酒企业有效控制物流成本的举措

1) 啤酒企业需要不断提高对物流成本控制的重视程度

啤酒企业应该有效把控企业的物流成本。啤酒企业需要不断提高自身对物流成本控制的重视程度并进行积极改革。啤酒企业主要通过粗放型管理把控物流成本，这使得啤酒在运输过程中出现破损、空车运输、仓储占地面积过大等不良现象。啤酒企业可以学习其他行业在物流方面的先进经验，但切不可照搬其他行业进行物流管理的模式，这是因为不同行业有不同的特点，照搬经验可能会给企业正常物流运输带来较大伤害。优化物流成本控制流程也需要企业引进新型物流管理人才，对企业正常运输方式及运输过程进行严格要求和安排。同时，需要加强对企业内部从事物流运输员工的培训，提高其合理利用运输车辆及仓储空间的能力，当企业出现新的运输问题时及时进行汇报，以防小问题变成大问题并最终影响企业的正常运输发展。

2) 啤酒企业需要加强对啤酒包装物的控制管理

啤酒企业除了提高物流成本控制的水平，还可以通过加强啤酒包装物的控制管理来有效控制啤酒企业的物流成本。啤酒包装物事关啤酒的生产成本，还与企业运输成本有千丝万缕的联系。当包装物可以循环利用时，包装物的重量、体积及自身重量都直接影响运输成本及仓储成本。因此，啤酒企业可以选择保护性强、成本较低、体积较小且不易损坏的材料制造加工成啤酒的循环性包装物，这样可以减少啤酒在运输途中所占的体积和重量，也可以延长包装物的使用寿命。另外，啤酒企业还可以聘请设计师及专业的材料师进行一次性计入成本的包装物设计以降低包装物成本，并在不改变啤酒原规格的情况下减少运输成本及仓储成本。

(资料来源：谢建青.啤酒行业物流成本分析[J].当代经济，2015(9)：34-35.)

通过对我国啤酒行业物流成本管理的现状进行分析，可以发现大多数啤酒企业存在对物流成本的控制重视程度较低、对啤酒包装物的控制管理水平低的问题，以上问题需要啤酒企业采取提高对物流成本控制的重视程度、加强对啤酒包装物的控制管理等措施。物流成本分析是物流成本管理的重要组成部分，采取定量与定性相结合的成本分析方法，将有效控制企业的物流成本，提高企业的核心竞争力。

7.1 物流成本分析概述

7.1.1 物流成本分析的概念与作用

分析是人们认识客观事物本质特征及其发展规律的一种逻辑思维方法。物流成本分析就是利用物流成本核算结果及其他有关资料，分析物流成本水平与构成的变动情况，研究影响物流成本升降的各种因素及其变动原因，寻找降低物流成本的途径。物流成本分析具有以下几个作用。

1. 物流成本分析是物流成本管理的重要组成内容

企业物流成本是反映企业物流经营管理工作质量和劳动耗费水平的综合指标。企业在物流过程中各种资源耗用的多少、劳动生产率的高低、产品质量的优劣、物流技术的状况、设备和资金的利用效果及生产组织的管理水平等，都会直接或间接地反映到企业物流成本中，因而，加强物流成本分析，有利于揭示企业物流过程中存在的问题，改善企业的物流成本管理工作。

2. 物流成本分析可以准确评价企业的发展潜力

企业的潜力通常是指在现有技术水平条件下，企业在一定资源投入情况下的最大产出，即产出潜力，或在一定产出情况下资源的最小投入，即成本潜力。通过成本分析和评价可正确及时地挖掘企业各方面的潜力。例如，通过趋势分析方法可说明企业的总体发展潜力，通过因素分析方法和对比分析方法可找出物流企业成本管理中某个环节的潜力。企业经营者需要正确揭示企业的潜力，企业的投资者和政府相关部门也都十分关心企业发展潜力的大小。

3. 物流成本分析可以充分揭示物流企业风险

物流企业风险包括经营风险和财务风险等。风险是产生并存在于经济活动中的不确定因素。成本的效益分析(特别是对物流企业潜力的分析)与物流企业风险有密切联系。一般来说，成本效益越差，物流企业的经营风险越高；反之，物流企业的经营风险就越低。

财务风险的应对策略

4. 物流成本分析可以正确评价企业物流成本计划的执行状况

物流成本分析并不只是对成本管理工作的回顾、总结与评价，更重要的是通过对企业物流资金耗费活动规律的了解，正确评价企业物流成本计划的执行状况，揭示物流成本升降的原因，为编制物流成本预算和成本决策提供重要依据，实现物流成本管理的目标。

7.1.2 物流成本分析的内容

物流成本分析的内容可以概括为以下3个方面。

(1) 在核算资料的基础上，通过深入分析，明确企业物流成本计划的执行结果，提高物流成本计划的编制和执行水平。

(2) 揭示物流成本升降的原因，找出影响物流成本高低的各种因素及其原因，进一步提高企业管理水平。

(3) 寻求进一步降低物流成本的途径和方法。物流成本分析还可以结合企业物流经营条件的变化，确定适应新情况的最合适的物流成本水平。

实际上，无论是物流成本管理的哪个环节，最终的目的都是提高企业的经济效益。由于物流过程分为许多作业过程，很显然，除了通过成本管理来提高企业的效益，提高物流作业效率也是节约成本的有效途径。

7.1.3 物流成本分析的原则

1. 物流成本分析必须与其他技术经济指标的变动相结合

技术经济指标是反映企业物流技术的经济状况，与企业物流技术、工业特点密切相关的一系列指标。企业各项技术经济指标的完成情况，直接或间接地影响物流成本的高低。因此，只有结合技术经济指标的变动对物流成本进行分析，才能使物流成本分析深入技术领域，从根本上查明影响物流成本波动的具体原因，才能寻求降低物流成本的途径。通过对物流成本的技术经济进行分析，也可以促进企业各部门更好地完成各项技术经济指标，有利于从经济的角度改善与提高物流技术。

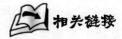

相关链接

为"一带一路"倡议和长江经济带国家战略服务，洋山港四期应运而生

2017年12月10日，上海洋山深水港四期(以下简称洋山港四期)自动化码头开港试生产，引起全世界的关注。它是目前世界上最先进、规模最大的全自动化集装箱码头。洋山

上海洋山港

港四期全自动码头的启用，不仅把上海洋山港推上了向世界级强港进发的"快车道"，更是我国走向交通强国的一个缩影。

洋山港四期码头是一座高科技新型码头，集装箱的装卸转运全部由智能设备完成。码头装卸作业采用"远程操控双小车集装箱桥吊+轨道吊+AGV"的生产方案，主要由码头装卸、水平运输、堆场装卸的自动化装卸设备及自动化码头生产管控系统构成。从运行过程看，洋山港四期可以做到高度智能化。从生产运营管理到设备管理，以及全流程的智能化都已经实现。在这个基础上，码头还实现了比较超前的绿色化，包括设备的充电以及码头船舶靠泊的时候，港口供应岸电都采用清洁能源。另外，码头还达到了高效化，对设备的调度非常便捷与高效。这些都是洋山港四期的优势，并且已经在一定程度上领先和超前了国际的发展趋势。

2019年，上海港集装箱吞吐量达到4 330.3万标准箱，连续10年位居世界第一。其中，上海洋山港集装箱吞吐量达到1 980.8万标准箱，同比增长7.59%，在上海港吞吐量中的占比达到45.7%，攀升至历史新高。两年多来，洋山港四期码头为中国港口行业在运营模式、技术应用和装备制造上实现了里程碑式的跨越和升级，更为上海港进一步巩固港口集装箱货物吞吐能力世界第一的地位，加速跻身世界航运中心前列提供了全新动力。

(资料来源：根据网站资料整理)

2. 物流成本分析必须与绩效考核评价相结合

把物流成本分析工作与物流各部门经济效益和工作质量的考核、评比及奖惩结合起来，是物流成本分析工作深入持久进行的必要保证。在完善的绩效考核制度下，企业应根据物流部门的特点和责任范围开展功能成本分析、成本构成分析和总成本分析，把物流成本分析植根于广泛深入的数据调研之中。尤其是物流过程的成本分析，应根据企业的物流情况，适当选择一定的专题作为物流成本分析的主要内容，缩短物流成本分析的时间。

全面质量管理

3. 全面性原则

物流成本内涵丰富、涉及面广，物流成本分析及控制工作，需要全体员工、各个部门的积极参与，才能达到控制物流成本的目标。这里的全体员工既包括一线工作人员，又包括管理人员；这里的各个部门既包括财务部门，又包括运营等费用发生的部门。

7.2 物流成本分析的方法

企业物流成本状况及其变动，既有质的特征又有量的界限，企业物流成本分析也包括定性与定量两个方面。对物流成本变动性质的分析称为定性分析，目的是揭示影响资金耗费各因素的性质、内在联系及其变动趋势。对物流成本变动数量的分析称为定量分析，目的是确定物流成本指标的变动幅度及各因素对其的影响程度。

定性分析是定量分析的基础，定量分析是定性分析的深化。仅有定量分析结果而无定性分析说明，或者仅有定性分析说明而无定量分析资料作为依据，都不可能发挥成本分析应有的作用。因此，定性分析与定量分析是相辅相成的。

物流成本分析有定性分析和定量分析两种方法。物流成本定量分析方法主要有对比分析法、比率分析法和连环替代法。

7.2.1 对比分析法

对比分析法是通过某项财务指标与性质相同的指标评价标准进行对比，揭示企业财务状况、经营情况的一种分析方法。对比分析法是最基本的分析方法，通常是把两个相互联系的指标数据进行比较，从数量上展示和说明研究对象规模的大小、水平的高低、速度的快慢以及各种关系是否协调。在对比分析中，选择恰当的对比标准，才能作出客观的评价，否则将会得出错误的结论，这是十分关键的步骤。

对比分析法根据分析的目的不同，又分为绝对数比较和相对数比较两种。

1. 绝对数比较

绝对数比较是利用成本总额、收入总额等绝对数进行对比，从而寻找差异的一种方法。例如，上一年物流成本数额与本年物流成本数额的比较，今年同期与去年同期运输成本的比较等。

2. 相对数比较

相对数比较是由两个有联系的指标对比计算，用以反映客观现象之间数量联系程度的综合指标，其数值表现为相对数。由于研究目的和对比基础不同，相对数比较可以分为结构相对数、计划完成程度相对数、动态相对数等形式。

(1) 结构相对数：将同一总体内的部分数值与全部数值对比，用以说明物流成本的结构。例如，运输成本额占物流成本总额的比重等。

(2) 计划完成程度相对数：某一时期实际完成数与计划数对比，用以说明计划完成程度。例如，某物流企业实际广告费用为计划费用的90%。

(3) 动态相对数：将同一现象在不同时期的指标数值对比，用以说明发展方向和变化的速度。例如，今年的物流成本与去年相比增加了15%等。

7.2.2 比率分析法

比率分析法是通过计算有关指标之间的相对数进行分析评价的一种方法，主要有相关比率分析法、构成比率分析法。

(1) 相关比率分析法是通过计算两个性质完全不同而又相关的指标的比率进行分析的一种方法。例如，物流成本占营业收入的比率，可以反映出单位营业收入的物流成本水平，便于不同企业之间进行比较。

(2) 构成比率分析法是通过计算某项指标的各个组成部分占总体的比重，即部分与总体的比率，进行数量分析的一种方法。例如，物流成本占企业总成本的比重，有利于发现企业物流成本中存在的问题，提出改进措施。

7.2.3 连环替代法

连环替代法也称因素分析法，是确定引起某经济指标变动的各个因素影响程度的一种计算方法。

1. 适用范围

在几个互相联系的因素共同影响某一指标的情况下,可应用连环替代法来计算各个因素使经济指标发生变动的影响程度。

2. 计算分析思路

(1) 在计算一个因素对一个经济指标的影响时,假定只有这个因素变动而其他因素不变。

(2) 确定各个因素的替代顺序,然后按照这一顺序替代计算。

(3) 把这个指标与该因素替代前的指标相比较,确定该因素变动所造成的影响。

3. 计算原理

设物流成本指标 N 是由 A、B、C 三个因素乘积所组成的,其计划成本指标与实际成本指标分别列示如下。

计划成本:$N_1=A_1\times B_1\times C_1$

实际成本:$N_2=A_2\times B_2\times C_2$

差异额:$G=N_2-N_1$

计划指标:$A_1\times B_1\times C_1=N_1$

第一次替换:$A_2\times B_1\times C_1=N_3$,$N_3-N_1=A$ 变动的影响

第二次替换:$A_2\times B_2\times C_1=N_4$,$N_4-N_3=B$ 变动的影响

第三次替换:$A_2\times B_2\times C_2=N_2$,$N_2-N_4=C$ 变动的影响

以上三个因素变动影响的总和为

$$(N_3-N_1)+(N_4-N_3)+(N_2-N_4)=G$$

从上式可知,三个因素变动的差异额之和与前面计算的实际物流成本与计划成本的总差异额是相等的。

【例 7-1】某企业原材料耗用情况如表 7-1 所示,运用连环替代法分析各因素变动对材料费用总额的影响程度。

表 7-1　原材料耗用情况表　　　　　　　　　　　　　　单位:元

项目	计划	实际	差异
产品产量	100	115	+15
单位材料耗用量	200	190	−10
单价	10	11	+1
材料费用总额	200 000	240 350	+40 350

解析如下。

(1) 分析对象:材料费用实际超计划 40 350 元的原因。

(2) 具体指标:材料费用总额 = 产量 × 单耗 × 单价。

(3) 计划数:

$$N_1=100\times 200\times 10=200\ 000(元)$$

(4) 实际数：
$$N_2=115×190×11=240\ 350(元)$$
(5) 差异额：
$$G=N_2-N_1=40\ 350(元)$$
(6) 第一次替换：
$$115×200×10=230\ 000(元)$$
(7) 产量变动的影响：
$$230\ 000-200\ 000=+30\ 000(元)$$
(8) 第二次替换：
$$115×190×10=218\ 500(元)$$
(9) 单耗变动的影响：
$$218\ 500-230\ 000=-11\ 500(元)$$
(10) 第三次替换：
$$115×190×11=240\ 350(元)$$
(11) 单价变动的影响：
$$240\ 350-218\ 500=+21\ 850(元)$$
(12) 合计：+40 350(30 000−11 500+21 850)元。

4．差额分析法

差额分析法是连环替代法的简化形式。这种方法是利用各个因素的实际值与计划值之间的差额，来计算各个因素对分析指标的影响。

【例 7-2】沿用例 7-1 资料，运用差额分析法进行分析如下。

产品产量的影响额 =(115−100)×200×10=+30 000(元)
单位材料耗用量的影响额 =115×(190−200)×10=−11 500(元)
单价的影响额 =115×190×(11−10)=+21 850(元)
合计额 =+30 000−11 500+21 850=+40 350(元)

5．采用连环替代法的注意事项

(1) 因素分解的关联性。构成经济指标的因素，必须客观上存在着因果关系，能够反映形成该项指标差异的内在构成原因；否则，就失去了其存在的价值。

(2) 因素替代的顺序性。在替代因素时，必须按照各个因素的依存关系，排列成一定的顺序依次替代，不可随意改变；否则，就会得出不同的计算结果。一般而言，确定正确排列因素替代顺序的原则是按分析对象的性质，从诸因素相互依存关系出发，并使分析结果有助于分清责任。

(3) 顺序替代的连环性。采用因素分析法计算每个因素变动的影响时，都是在前一次计算的基础上进行的，并采用连环比较的方法确定因素变化的影响结果。因为只有保持计算程序上的连环性，才能使各个因素影响之和等于分析指标变动的差异，以全面说明分析指标变动的原因。

(4) 计算结果的假定性。由于因素分析法计算的各个因素变动的影响额会因替代计算顺序的不同而有差别，因此计算结果不免带有假定性，即它不可能使每个因素计算的结果都达到绝对的准确。它只是在某种假定前提下的影响结果,离开了这种假定前提条件,也就不会是这种影响结果了。为此,在分析时应力求使这种假定是合乎逻辑的,具有实际经济意义。只有这样,计算结果的假定性才不至于损害分析的有效性。

7.3 财务比率分析

财务比率包括偿债能力比率、营运能力比率和获利能力比率等,每类比率分别从不同的角度反映了企业经营管理的各个层面和状况。

7.3.1 偿债能力比率

企业的偿债能力指标分为两类:一类是反映企业短期偿债能力的指标,主要有流动比率和速动比率;另一类是反映企业长期偿债能力的指标,主要是资产负债率和已获利息倍数。

1. 流动比率

流动比率是企业流动资产与流动负债的比值。其计算公式为

$$流动比率 = \frac{流动资产}{流动负债} \qquad (7\text{-}1)$$

流动比率可以反映企业短期偿债的能力。企业能否偿还短期债务,要看有多少短期债务,以及有多少可变现偿债的流动资产。流动资产越多,短期债务越少,则偿还能力越强。流动比率是流动资产和流动负债的比值,是个相对数,排除了企业规模不同的影响,更适合企业之间以及本企业不同历史时期的比较。

一般认为,较为合理的流动比率为 2,但不能作为一个统一标准。计算出来的流动比率,只有和同行业平均流动比率、本企业历史的流动比率进行比较,才能知道是高还是低。一般情况下,营业周期、流动资产中的应收账款数额和存货的周转速度是影响流动比率的主要因素。

2. 速动比率

速动比率是从流动资产中扣除存货部分,再除以流动负债的值,又称酸性测验比率,它反映企业可变现资产偿还短期内到期债务的能力。速动比率是对流动比率的补充。其计算公式为

$$速动比率 = \frac{流动资产 - 存货}{流动负债} \qquad (7\text{-}2)$$

速动资产是企业在短期内可变现的资产,等于流动资产减去存货后的金额,包括货币资金、短期投资和应收账款。通常认为正常的速动比率为 1,若速动比率低于 1,则被认为是短期偿债能力偏低。当然,这仅是一般的看法,因为行业不同,速动比率会有很大差别,没有统一标准的速动比率。

3. 资产负债率

资产负债率是指负债总额与资产总额的比率。资产负债率反映在总资产中有多少资产是通过借债来筹资的，也可以衡量企业在清算时保护债权人利益的程度。其计算公式为

$$资产负债率 = \frac{负债总额}{资产总额} \times 100\% \tag{7-3}$$

不同的投资者对资产负债率的期望截然不同。

(1) 从债权人的立场看，他们最关心的是贷给企业款项的安全程度，也就是能否按期收回本金和利息。因此，他们希望债务比例越低越好，企业偿债有保证，贷款不会有太大的风险。

(2) 从股东的角度看，股东所关心的是全部资本利润率是否超过借入款项的利息率，在企业的全部资本利润率超过因借款而支付的利息率时，股东所得到的利润就会加大。因此，当全部资本利润率高于借款利息率时，负债比例大一些好；否则反之。

(3) 从经营者的立场看，企业应当审时度势，全面考虑，当利用资产负债率制定借入资本决策时，必须充分估计预期的利润和存在的风险，在二者之间权衡利害得失，作出正确决策。

4. 已获利息倍数

已获利息倍数又称利息保障倍数，是指企业息税前利润与利息费用的比值，是衡量企业长期偿债能力的指标之一。其计算公式为

$$已获利息倍数 = \frac{息税前利润}{利息费用} \tag{7-4}$$

式中，利息费用是支付给债权人的全部利息，包括财务费用的利息和计入固定资产的利息。已获利息倍数反映企业用经营所得支付债务利息的能力，倍数足够大，企业就有充足的能力偿付利息。

7.3.2 营运能力比率

营运能力是企业的经营运行能力，反映企业经济资源的开发、使用以及资本的有效利用程度。它是通过企业的资金周转状况表现出来的。资金周转状况良好，说明企业经营管理水平高，资金利用率高。营运能力比率又称资产管理比率，包括应收账款周转率、流动资产周转率和总资产周转率等。

1. 应收账款周转率

应收账款在流动资产中有着举足轻重的地位。及时收回应收账款，不仅可以增强企业的短期偿债能力，也可以反映出年度内应收账款转为现金的平均次数，它说明了应收账款流动的速度。用时间表示的周期速度是应收账款周转天数，也称应收账款回收期或平均收现期，它表示企业从取得应收账款的权利到收回款项、转换为现金所需要的时间。其计算公式为

$$应收账款周转率 = \frac{营业收入}{应收平均账款余额} \tag{7-5}$$

$$应收账款周转天数 = \frac{360}{应收账款周转率} = 平均应收账款 \times \frac{360}{营业收入} \qquad (7-6)$$

应收账款周转率是分析企业资产流动情况的一项指标。应收账款周转次数多，周转天数少，表明应收账款周转快，企业信用销售严格；反之，表明应收账款周转慢，企业信用销售放宽。信用销售严格，有利于加速应收账款周转，减少坏账损失，但可能丧失销售商品的机会，减少销售收入。

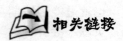相关链接

快递公司应收账款管理分析——以 M 公司为例

1. M 公司简介

M 公司作为一家外资快递企业，在应收账款管理方面的理念比较先进，设有专门的信控和收账管理部门。M 公司设置专门的独立的部门来管理应收账款。该部门隶属于财务部门，但有独立的架构，其独立于财务核算部门及业务部门。该机构名称为财务结算部，主要负责应收账款的催收和客户信用的管理。销售人员在收款方面并无主要责任，只是协助结算部门催收一些有困难回收的账款。

2. M 公司应收账款管理现状

随着业务的扩张，应收账款的数额也在逐月增长，月结结算方式的存在，导致 M 公司产生了大量的应收账款。虽然 M 公司与客户双方有协议在先，约定了包括支付运费等在内的权利和义务，但拖欠账款的客户始终存在，M 公司不仅想要通过月结的结算方式吸引更多的客户，而且需要在尽可能短的时间内收回账款，以最大限度地减少因应收账款产生的损失。受快递行业业务频繁、重复发生的性质，以及市场竞争的激烈性的影响，使得 M 公司更多地采用信用销售带给客户更好的服务，因此 M 公司的收入很大比例是以应收账款的形式存在的，应收账款的管理工作也显得尤为重要。

3. M 公司应收账款管理存在的问题及原因

1) 账单管理问题

账单是客户付款的必要条件，不管是业务部门的对账还是财务、行政等部门的审批都必须以账单为依据，因此，它是客户按时付款的一个重要因素。M 公司的账单是以周为时间单位出单的，即每周固定的时间给客户一次账单，表面上看出单非常及时，似乎很利于回款时间的缩短，但也存在以下弊端。第一，发件日期与出单日期间隔较长且无规律。虽然每周都会出账单，但是往往当客户发完件后 10 天左右才能收到账单，即客户的发件日期与账单日期间隔较长，而且间隔时间并不固定。第二，账单信息错误多，导致客户付款推后。M 公司的账单都是系统根据快件的重量、包装、业务类型等信息自动计价的，而作为快件运费计价的信息在导入系统时会出现差错，从而导致价格的错误。很多情况下都是客户因账单问题而推迟付款，因为需要确认并调整账单，这中间需要经过相关部门的核查以及必需的审批流程，一旦核实账单有误，还需要给客户更换发票，这些流程都需要时间，在很大程度上影响了应收账款的回收日期。

2) 发票管理问题

发票是客户付款的前提，几乎所有客户的财务部门都必须见到发票才能付款。及时给

客户出发票也是能尽早收到客户付款的一个重要条件。M 公司出具的发票是由结算部门来管理的，每月初，结算部门会按照账单给每位客户打印发票。发票的递送工作由递送人员来完成，但是递送人员本身的工作是取派快件，在取派件任务很重的情况下他们自然会先完成主要工作任务，往往发票都是在其取派件任务完成后再派送，或者在取派件过程中刚好有某客人的发票顺便派送。一些客户是在信用付款期快到期时才收到发票，自然就不能按期付款。对于递送人员的发票派送，公司虽然有 3 个工作日的时限要求，但由于没有相应的惩罚机制，这一要求往往得不到有效执行。

4. M 公司应收账款管理的对策

1) 事前客户信用管理

根据国际快递行业的业务特点，应该从以下几个方面来控制。第一，授信条件。授信标准解决的是是否给予客户信用优惠的问题。对于一般中小客户要使用便于操作、快捷且有效的关键性标准，对于较少数量的大客户则可根据情况特殊对待，制订灵活的方案，并非制定较低的信用审核标准。第二，信用结算合同管理。由于国际快递企业业务基本都是单一的快递，且一般国际航空运单上都会有国际运输契约来约定双方的运输权利和义务，因此在合同管理这个环节应该将重点放在快递服务结算协议上。

2) 事中应收账款催收流程管理

在国际快递行业的应收账款管理中，催收是非常重要和关键的一个环节，据统计，有近 80%的应收账款是通过催收来收回的。M 公司应根据国际快递行业的特点，制订一个完整的催收流程方案。

(资料来源：沈艳丽，马艳红，周亚萍.快递公司应收账款管理分析：以 M 公司为例[J].现代商业，2014(35):231-232.)

2. 流动资产周转率

流动资产周转率是销售收入与全部流动资产的平均余额的比值。其计算公式为

$$\text{流动资产周转率} = \frac{\text{销售收入}}{\text{平均流动资产}} \tag{7-7}$$

其中：

$$\text{平均流动资产} = \frac{\text{年初流动资产} + \text{年末流动资产}}{2}$$

流动资产周转率反映了流动资产的周转速度。周转速度快，会相对节约流动资产，增强企业盈利能力；周转速度慢，需要补充流动资产参加周转，形成资金浪费，降低企业盈利能力。

3. 总资产周转率

总资产周转率是销售收入与平均资产总额的比值。其计算公式为

$$\text{总资产周转率} = \frac{\text{销售收入}}{\text{平均资产总额}} \tag{7-8}$$

$$\text{平均资产总额} = \frac{\text{年初资产总额} + \text{年末资产总额}}{2} \tag{7-9}$$

总资产周转率反映总资产的周转速度。周转速度越快，销售能力越强。企业可以通过薄利多销的办法，加速资产的周转速度，带来利润绝对额的增加。

7.3.3 获利能力比率

一个企业不但应有较好的财务结构和较高的营运能力,更重要的是要有较强的获利能力。通常,反映获利能力的指标有营业净利率、资本净利润率、所有者权益报酬率、资产净利率和成本费用利润率等。

1. 营业净利率

营业净利率是企业净利润与营业收入净额的比率,这项指标越高,说明企业从营业收入中获取利润的能力越强。其计算公式为

$$营业净利率 = \frac{净利润}{营业收入净额} \times 100\% \tag{7-10}$$

2. 资本净利润率

资本净利润率是企业净利润与实收资本的比率。其计算公式为

$$资本净利润率 = \frac{净利润}{实收资本} \times 100\% \tag{7-11}$$

3. 所有者权益报酬率

所有者权益报酬率反映了所有者对企业投资部分的获利能力,也称净资产收益率或净值报酬率。其计算公式为

$$所有者权益报酬率 = \frac{净利润}{所有者权益平均余额} \times 100\% \tag{7-12}$$

$$所有者权益平均余额 = \frac{期初所有者权益 + 期末所有者权益}{2} \tag{7-13}$$

所有者权益报酬率越高,说明企业所有者权益的获利能力越强。影响该指标的因素,除了企业的获利水平,还有企业所有者权益。对所有者来说,这个比率很重要。该比率越大,投资者投入资本的获利能力越强。

4. 资产净利率

资产净利率是企业净利润与资产平均总额的比率。其计算公式为

$$资产净利率 = \frac{净利润}{资产平均总额} \times 100\% \tag{7-14}$$

5. 成本费用利润率

成本费用利润率是企业利润总额与成本费用总额的比率。可以用公式表示为

$$成本费用利润率 = \frac{利润总额}{成本费用总额} \times 100\% \tag{7-15}$$

式中,成本费用总额包括企业在生产经营过程中投入的各项营业成本和期间费用。成本费用利润率也可以看作投入产出的比率,反映了企业每投入单位成本费用所获取的利润额。

7.4 杜邦财务分析法

单个的财务指标不能全面系统地对整个企业的财务状况和经营成果作出评估。所谓财务综合评估就是将企业的营运能力、偿债能力和获利能力诸方面的分析纳入一个有机体中,认真分析它们的相互关系,全方位评估企业财务状况和经营成果的经济活动,这对判断企业的综合财务情况具有重要作用。

综合财务分析的方法很多,其中杜邦财务分析法的应用比较广泛。杜邦财务分析法抓住了企业各主要财务指标之间的紧密联系,综合分析企业的财务状况和经营成果。因其最早是由美国杜邦公司首创并成功运用的,所以称为杜邦财务分析法。利用该方法可把各种财务指标间的关系,绘制成简洁明了的杜邦财务分析图,如图7.1所示。

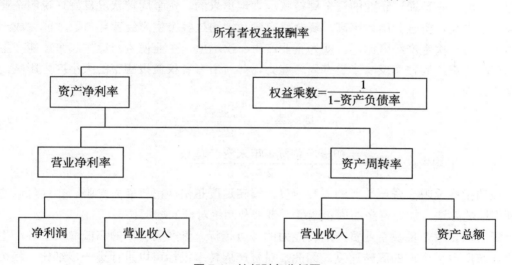

图 7.1 杜邦财务分析图

由图 7.1 可知,在这个系统中,可以提供以下几种主要的财务比率关系:

$$\text{所有者权益报酬率} = \text{营业净利率} \times \text{资产周转率} \times \text{权益乘数} \tag{7-16}$$

$$\text{权益乘数} = \frac{\text{资产总额}}{\text{所有者权益}} = \frac{\text{资产总额}}{\text{资产总额}-\text{负债总额}} = \frac{1}{1-\text{资产负债率}} \tag{7-17}$$

式(7-16)中,所有者权益报酬率是一个综合性最强的财务比率,也是杜邦财务分析系统的核心指标。所有者权益报酬率反映了所有者投入资金的获利能力,以及企业筹资、投资、资产运营等活动的效率。提高所有者权益报酬率是所有者利润最大化的基本保证。

从公式上看,决定所有者权益报酬率高低的因素有三个:营业净利率、资产周转率和权益乘数,而这三个因素恰恰反映了物流企业在运营获利能力、资产周转能力和资产负债结构方面的运作情况。

1. 运营获利能力对企业经济效益的影响

如前所述,企业的营业净利率是指净利润与营业收入净额之间的比率,企业的营业净利率越高，能够获取的经济效益就越高。营业净利率的高低受收入和利润的影响，实际上是由收入和成本的大小来决定的。通过分析这两个因素，可得出营业净利率的变化情况，进而分析其对所有者权益报酬率的影响。抛开企业本身成本控制的因素不考虑，营业净利率的高低取决于企业所从事的行业与提供服务的功能。对于物流企业来说，提供物流服务的附加值越高，营业净利率就会越高。如果企业仅仅能够提供一般的竞争比较激烈的运输或仓储服务，其营业净利率就会相对较低；如果物流企业能够提升自身的物流运营能力，为高附加值货物提供物流一体化服务，并提供各种增值物流服务，就可以提高企业的营业净利率，为企业的所有者权益报酬率和整体经济效益的提高创造条件。当然，物流成本的控制也是提高营业净利率和所有者权益报酬率的有效途径。

2. 资产周转能力对企业经济效益的影响

资产周转能力是企业的经营运行能力，反映了企业经济资源的开发、使用及资本的有效利用程度。它是通过企业的资金周转状况表现出来的。资金周转状况良好，说明企业经营管理水平高，资金利用效率高。资金只有顺利地通过各个生产经营环节，才能完成一次循环；完成一次生产经营循环，就为企业产生一次增值。企业使资产运作起来才能产生收入和利润，资产周转率反映了资产周转能力，并对所有者权益报酬率的大小产生影响。其计算公式为

$$资产周转率 = \frac{营业收入}{平均资产总额} \tag{7-18}$$

其中：$平均资产总额 = \frac{年初资产总额 + 年末资产总额}{2}$

该项指标反映了资产总额的周转速度。周转速度越快，销售能力越强。企业可以通过薄利多销的办法，加速资产的周转速度，带来利润绝对额的增加。

资产周转率是反映企业资产周转能力的综合指标。资产周转率的高低取决于各个生产经营环节所占用资产的周转速度。因此，对资产周转率指标可以进行进一步细化，相关的比率指标包括应收账款周转、存货周转、流动资产周转率等。资产周转能力比率又称资产管理比率。通过对流动资产周转、存货周转、应收账款周转、总资产周转等影响资产周转的各个因素进行分析，能够判定哪些因素使得资产周转率发生变化，找出"症结"所在，为企业的所有者权益报酬率和整体经济效益分析提供依据。

流动资产与非流动资产

企业资产按流动性分为流动资产与非流动资产。

1. 流动资产

流动资产是指可以在一年或者超过一年的一个营业周期内变现或者耗用的资产，它由现金、应收及预付款项、存货等项组成。

2. 非流动资产

非流动资产包括固定资产与无形资产两部分。

固定资产是指企业为生产产品、提供劳务、出租或者经营管理而持有的、使用时间超过12个月的、价值达到一定标准的非货币性资产，包括房屋、建筑物、机器、机械、运输工具，以及其他与生产经营活动有关的设备、器具、工具等。固定资产是企业的劳动手段，也是企业赖以生产经营的主要资产。从会计的角度划分，固定资产一般被分为生产用固定资产、非生产用固定资产、租出固定资产、未使用固定资产、不需用固定资产、融资租赁固定资产、接受捐赠固定资产等。

无形资产是指企业拥有或者控制的没有实物形态的可辨认非货币性资产。无形资产具有广义和狭义之分，广义的无形资产包括货币资金、应收账款、金融资产、长期股权投资、专利权、商标权等，因为它们没有物质实体，而是表现为某种法定权利或技术，但是会计上通常将无形资产作狭义的理解，即将专利权、商标权等称为无形资产。

(资料来源：根据网站资料整理)

专利权

商标权

红罐之争

3. 资产负债结构对企业经济效益的影响

资产负债比率是企业资本运营过程中需要考虑的一个重要问题。企业通过各种途径筹措其生存和发展所必需的资金。企业筹集的资金按其性质不同，可分为权益资金和债务资金。权益资金又称权益资本或自有资本，是指企业依法筹集并可长期占有、自由支配的资金，其所有权属于企业的投资者，它包括企业的资本金、资本公积金、盈余公积金和未分配利润。权益资金是企业最基本的资金来源，它体现了企业的经济实力和抵御经营风险的能力，它也是企业举债的基础。债务资金又称借入资金，是指企业依法筹措、须按期偿还的资金，其所有权属于企业的债权人。债务资金主要包括各种借款、应付债券、应付票据等，它也是企业资金的主要来源。

不同的资产负债比率对企业风险程度和所有者权益报酬率的影响是不同的。有效地利用负债经营，能使企业的所有者享受到一定的利益，但负债过多，必然会使企业的偿债负担加重，财务风险增大。因此，企业在筹资过程中，应合理安排筹资结构，寻求筹资方式的最优组合，以便在负债经营过程中，实现风险与收益的最佳平衡。

权益乘数也是反映企业资产负债比率的一个重要指标，对企业的所有者权益报酬率有重要的影响。负债比例大，权益乘数就高，说明企业有较高的负债程度，既可能给企业带来较多的杠杆利益，又可能带来较大的财务风险。因此，对于经营状况良好的企业，运用较高的负债比率可以给企业带来较多的经济利益，但同时也会承受较大的财务风险。一般来讲，当企业的投资报酬率大于债务利息率时，借债会产生正的财务杠杆作用，使所有者有可能享受到一定的好处；反之，当企业的投资报酬率低于债务利息率时，借债会产生负的财务杠杆作用，有损股东利益。无论哪种情况，借债都会使财务杠杆系数升高，财务风险增大，且债务利息越多，财务杠杆系数越大，财务风险也越大。

财务杠杆

企业的资本结构应如何安排，这是一个极其复杂的问题。一般来说，企业的资本结构除了受资金成本和财务风险的影响，还受到其他因素的制约和影响，包括企业资产的构成情况、企业的增长速度、企业的获利能力、管理人员的态度、贷款人和信用评级机构的态度等。企业在设计资本结构时，应充分考虑各种因素的影响，定性分析与定量分析相结合，在此基础上作出正确的决策。

从杜邦财务分析法中可以看出，所有者权益报酬率与企业的销售规模、成本水平、资产运营、资本结构有密切的关系，这些因素构成一个相互依存的系统。只有把这个系统内的各个因素协调好，才能保证所有者权益报酬率最大，进而实现企业的整体经济效益目标。

本 章 小 结

物流成本分析就是利用物流成本核算结果及其他有关资料，分析物流成本水平与构成的变动情况，研究影响物流成本升降的各种因素及其变动原因，寻找降低物流成本的途径。物流成本分析主要具有以下作用：物流成本管理的重要组成内容，可以准确评价企业的发展潜力，可以充分揭示物流企业风险，可以正确评价企业物流成本计划的执行状况。

物流成本定量分析方法主要有对比分析法、比率分析法、连环替代法。对比分析法是通过某项财务指标与性质相同的指标评价标准进行对比，揭示企业财务状况、经营情况的一种分析方法。比率分析法是通过计算有关指标之间的相对数进行分析评价的一种方法。连环替代法也称因素分析法，是确定引起某经济指标变动的各个因素影响程度的一种计算方法。

采用连环替代法应注意以下事项：因素分解的关联性，因素替代的顺序性，顺序替代的连环性，计算结果的假定性。

财务比率包括偿债能力比率、营运能力比率、获利能力比率等，每类比率分别从不同的角度反映了企业经营管理的各个层面和状况。

物流成本分析　对比分析法　比率分析法　连环替代法　杜邦分析法　流动比率　速动比率　资产负债率

习　题

一、单项选择题

1. 因素分析法又称(　　)。
   A. 比较分析法　　　　　　　　B. 比率分析法
   C. 连环替代法　　　　　　　　D. 趋势分析法
2. 在运用因素分析法进行分析时，应注意的问题不包括(　　)。
   A. 因素分解的关联性　　　　　B. 因素替代的顺序性
   C. 顺序替代的连环性　　　　　D. 计算结果的准确性

3. 通过相关经济指标的对比分析以确定指标之间差异或指标发展趋势的方法是(　　)。
   A. 对比分析法　　　　　　　　B. 比率分析法
   C. 连环替代法　　　　　　　　D. 平衡分析法
4. 流动比率是一项反映企业短期偿债能力的指标，其计算公式为(　　)。
   A. 流动比率 = $\dfrac{流动资产}{流动负债}$　　　　B. 流动比率 = $\dfrac{息税前利润}{流动负债}$
   C. 流动比率 = $\dfrac{流动资产-存货}{流动负债}$　　D. 流动比率 = $\dfrac{流动资产}{负债总额}$
5. 速动比率是一项反映企业可变现资产偿还短期内到期债务能力的指标，其计算公式为(　　)。
   A. 速动比率 = $\dfrac{流动资产}{流动负债}$　　　　B. 速动比率 = $\dfrac{息税前利润}{流动负债}$
   C. 速动比率 = $\dfrac{流动资产-存货}{流动负债}$　　D. 速动比率 = $\dfrac{流动资产}{负债总额}$

二、简答题

1. 什么是物流成本分析？物流成本分析的作用有哪些？
2. 对比分析法与比率分析法的主要区别是什么？
3. 采用因素分析法应注意哪些问题？
4. 什么是杜邦财务分析法？财务权益报酬率如何计算？

案例分析

推动绿色环保发展，德邦快递多措并举打造"绿色快递"

作为国内大件快递的领头羊，德邦快递一直以来积极践行社会责任，在振兴乡村、绿色环保上积极行动，并取得了十分出色的成果。在日渐发展的快递行业中，绿色发展需要从多个角度出发，德邦快递便一直坚持完善绿色物流体系，践行可持续发展理念。

为了提高资源利用率，实现更高的环保效益，德邦快递推出了大量的环保产品，包括循环袋、循环包装箱、智能循环箱、无胶带纸箱等。据悉，目前德邦快递已投放循环中转袋 116 259 个，累计使用 570 万次，平均循环次数 49 次，最高循环次数 155 次。同时，针对快递包装中难免会使用到的塑料袋，德邦快递更是借助科技力量，将一般塑料袋厚度从 7mm 降到 5mm，截至 2020 年年底，已累计投入使用 19 860 万个，直接减少塑料消耗 1 324 吨。

在运输过程中，德邦快递也坚持绿色运输战略，通过定制化的新能源汽车达到节能减排的效果，创造更好的环境效益。德邦快递还积极响应国家号召，在北京市邮政管理局的帮助下部署绿色物流计划，用定制化的新能源汽车来加强绿色运输。2020 年，德邦快递采购了100辆福田智蓝新能源M4轻卡，主要用于北京市五环内快件的转运，逐步替换现有的柴油车辆，强化新能源汽车在运输环节的布局。

(资料来源：http://news.ynet.com/2021/03/08/3174838t70.html[2020-6-21])

思考：德邦快递采取了哪些措施打造"绿色快递"？

鲜花冷链物流成本分析与控制

随着我国花卉产业的不断发展，我国已在世界花卉生产中占据重要席位，逐渐成为花卉消费大国。数据显示，我国花卉的年销售额已经超过1500亿元。鲜花作为花卉销售的一种形式，因其具有极佳的观赏性和礼品性，在日常生活中和特殊节日里会受到消费者更多的青睐。值得注意的是，鲜花本身具有易腐烂、不耐挤压等特点，对贮存、运输等条件要求较高，加上现在的鲜花冷链物流不够完善，物流运作水平较低，花材损耗严重，导致物流成本居高不下，鲜花市场交易价格也随之升高。因此，对鲜花冷链物流成本的分析研究及控制显得尤为重要。

1. 我国鲜花冷链物流现状

目前，我国鲜花冷链物流正处于不断探索的阶段，虽然参与鲜花冷链物流的企业逐渐增多，但整体上来看，大多数为第三方物流公司或者花卉企业的自营物流模式，鲜花冷链物流技术仍然不完善，专业化程度较低，缺乏专业的鲜花产品运输公司。此外，第三方物流公司一般只能提供单一的运输服务，对于鲜花冷链物流需要的保鲜、低温贮藏、分拣、包装、运输仓储、配送等综合性物流服务尚未得到开发，限制了鲜花冷链物流的发展。同时，我国鲜花冷链运输主要采用常规空运、公路和铁路运输三种方式，在其流通的各个环节中，与发达国家鲜花物流2%的损耗率相比，我国鲜花物流损耗率高达30%，两者差距非常明显。另外，近几年来我国鲜花电商的消费模式不断进入消费者的视野，但是对于平台供应链以及冷链配送环节的高要求，电商的发展也受到阻碍。

2. 鲜花冷链物流成本分析

鲜花冷链物流是指鲜花被采摘后，在适合的低温条件下，经过预处理、分拣、包装、仓储、运输、配送一系列环节送至消费者手中，从而形成一条特殊的降低产品损耗的低温供应链系统。物流成本是企业物流活动中所消耗的物化劳动和活劳动的货币表现。对鲜花冷链物流成本进行分析，必然要弄清楚整个鲜花冷链物流的流程。

鲜花冷链物流流程大致可以分为三个阶段，分别为前端物流、中端物流和后端物流，主要是将鲜花产品先"集"后"散"。前端物流是从花卉种植地采摘之后，对其进行预处理，分级包装后运输到花卉批发市场或者拍卖中心，运输方式大多数是自有车辆或租用车辆，少部分通过第三方物流公司，这段路程基本上较少使用冷链运输，导致鲜花损耗率较高，前端物流成本难以控制。中端物流通过航空运输、公路运输和铁路运输三种方式完成，为了保证产品的保鲜度和时效，远距离运输通常使用空运，由于此段距离较长，中间运输进行了低温保存。后端物流是到达目的地城市花卉集散中心后，运输至各级批发商，接着配送至花店，被消费者购买，由于是市内运输，距离较短，鲜花冷链物流易被忽略，缺乏专业化运输，"最后一公里"的鲜花品质得不到保障，物流成本也随之升高。

(1) 鲜花冷链物流成本构成。

根据鲜花冷链物流运输流程，其中涉及的物流成本包括以下几个。

① 采购成本。在花卉的采摘过程中会发生不可避免的损坏，由此承担的成本较高；除此之外，采摘员工的薪资也属于采购成本，根据采摘员工的采摘速度和专业化程度，承担的成本也会有所不同。

② 仓储成本。鲜花冷链物流中三个阶段都对仓储要求比较高，需要严格的温度控制以保证鲜花的质量，这就说明鲜花冷藏点的资金投入比普通冷藏点的资金投入要高。因此，鲜花冷链的仓储成本偏高，成为成本控制的重要因素。

③ 包装成本。在鲜花冷链运输过程中使用最多的包装材料是纸箱，由于纸箱的承压能力较低，多层堆叠易造成纸箱损坏，加上纸箱的密闭性强，从而影响到内部鲜花产品，造成鲜花部分损耗。同时，损坏的纸箱不能再次循环利用，无形之中又增加了一笔费用。

④ 装卸成本。鲜花冷链物流中的装卸大部分是由人工完成的，人工装卸成本较高。另外，装卸人员在搬运过程中力度控制不到位也很可能对鲜花造成损耗，增加了成本。

⑤ 运输成本。鲜花冷链物流中的运输成本包括运载工具的温控设备费用和燃油费用等，这些费用在鲜花冷链物流中占了很大一部分。由于冷链运输成本高于普通常温运输成本，单位距离的运输成本差异使得冷链运输路径的优化尤为重要。

⑥ 配送成本。鲜花冷链物流的配送成本主要是在后端物流——从花店到消费者线下即时配送过程中体现的，配送方式主要是和第三方快递合作，由第三方快递负责配送至消费者手中。然而第三方快递大多数不具备鲜花冷链运输的条件，通常在常温下配送，使得鲜花在配送过程中有一定程度的损耗。

⑦ 信息成本与惩罚成本。信息成本是指鲜花冷链物流的上游和下游因信息不对称而承担的损失；惩罚成本是指鲜花冷链运输过程中的时间成本，鲜花在采摘后的那一刻起，其品质就随着时间的流逝而逐渐降低，运输时间越长，对鲜花产品的销售影响越大。

(2) 鲜花冷链物流成本居高不下的原因。

根据业内估算，在鲜花冷链物流过程中，所发生的仓储成本占销售比例为 3%~5%，干线冷链运输成本占销售比例为 11%~13%，落地配送成本占销售比例为 11%~13%，再加上鲜花冷链物流运输中约 30%的鲜花耗损，鲜花冷链物流成本已达 55%~61%。鲜花冷链物流成本如此之高，除了鲜花本身具有易腐耗的特征，还有以下原因。

① 前期包装水平低。在鲜花冷链物流过程中多采用传统纸箱包装后运输至目的地，然而过多的堆积导致纸箱无法保障鲜花的安全，鲜花损耗增加，物流成本增加；同时纸箱损坏后无法再次使用，每次冷链物流运输都需要一批新的纸箱包装，包装成本升高。

② 采摘、装卸等活动专业性不强。鲜花的特殊性对采摘、装卸等活动有着较高的要求和标准，然而负责这些活动的员工大多数并未经过专门的培训，会产生一些不必要的损失，增加了采购成本和装卸成本。

③ 在鲜花冷链物流过程中缺乏冷链运输设备。前端物流多属于短距离运输，种植商户和一些花卉企业选择自己用车辆运输鲜花，未做到采摘后的低温保存，对鲜花损害较大；在中端物流中，虽然长途运输环节使用了低温保存，但转运成本增加。

④ 中间流通环节烦琐，导致物流成本增加。除了流通环节的烦琐带来的产品损耗成本

增加，还有中间流程经历多级批发商，每级批发商加价为15%~20%，到了末端花店保持盈亏平衡的状态下，又至少加价60%，最终成本由消费者承担。

⑤ 缺乏专业的花卉冷链物流公司。我国生鲜类冷链物流正蓬勃发展，专业性生鲜冷链物流企业增多，但是鲜花又不同于普通的生鲜农产品，无法通过现有的生鲜冷链物流实现鲜花的最优储存运输配送，物流成本无法得到控制。

3. 降低企业鲜花冷链物流成本的建议

① 从政府角度：政府应与花卉企业相关组织加强合作，制定相关花卉流通标准，完善鲜花冷链物流行业的运输标准、保鲜标准、包装标准以及冷链标准，让花卉相关行业按一定的标准提高专业化程度。除此之外，政府应在技术和资金上支持鲜花冷链物流第三方合作物流企业和第四方专业鲜花冷链物流企业的建设，加快鲜花冷链物流发展的进度。

② 从花卉企业角度：首先，要做到鲜花冷链物流流通环节的最简化，创建鲜花信息共享平台，加强花卉企业信息化管理，创建公司网络共享平台，使得供应链上中下端都能实时掌握鲜花的最新动态；其次，加强技术的创新，比如包装技术的改革，花卉企业也可以从其他方面进行创新，如仓储技术、装卸技术等，在提升花卉企业核心竞争力的同时，也能控制鲜花冷链物流的相关物流成本；最后，对企业内部人员进行专业培训，提升工作人员的专业化素质，减少因工作人员的失误或低效率而带来的损失，必要时可以建立相应的奖惩制度。另外，花卉企业需要建立健全公司的成本控制绩效考核制度，实施与发展战略相匹配的成本控制措施。

③ 从物流公司角度：提高鲜花冷链物流第三方合作物流企业的专业化水平，做到鲜花全程冷链运输，并使运输路径达到最优，以期降低鲜花冷链物流的运输成本；发展第四方专业鲜花冷链物流企业，对鲜花进行专业化、精细化、科学化运输。

(资料来源：胡秀英，陆萍. 鲜花冷链物流成本分析与控制[J]. 物流工程与管理，2020,42(6): 49-51.)

思考：1. 鲜花冷链物流成本由哪几部分构成？
2. 如何降低鲜花冷链物流成本？

第8章　物流成本控制

【教学目标与要求】

理解物流成本控制的含义。
掌握运输成本、仓储成本的控制措施。
掌握物流成本控制的基本工作程序。
了解物流成本控制的原则。

基于低碳经济的物流公司成本控制优化对策

物流行业是我国的基础性行业，近年来随着互联网的高速发展，市场不断扩大，国家越来越重视和支持其发展。2020年11月，我国和15个国家签订了《区域全面经济伙伴关系协议》(Regional Comprehensive Economic Partnership，RCEP)，构建互惠互利的综合货物贸易、服务贸易的国际自由贸易区。这对我国的物流行业，尤其是快递行业的发展有着巨大的推动作用，新一轮的行业经济增长点已然出现。国家邮政局在"十四五"规划中明确了2021—2025年快递行业的绿色包装治理目标，规定了我国物流行业未来发展的低碳经济路线。因此，发展物流低碳经济已经刻不容缓，研究低碳经济背景下的物流公司的成本构成与控制，以促进我国物流企业高质量发展，有着重要的现实意义。物流公司普遍存在实际运输成本控制手段不合理、能源消耗大、仓储成本控制不到位造成资源浪费、包装成本管控不严、回收效率低、成本控制体系不全面等问题。针对这些问题提出以下优化措施。

1. 改变传统运输方式

(1) 加大新能源车的投入，降低碳排放。大量投入新能源汽车短时间内可能会增加公司的固定成本，但会降低占比较大的变动运输成本，可以降低公司的整体成本，所以要着眼于长期收益。逐步取消传统燃油车减轻大气污染已经是不可阻挡的趋势。随着政策的完善，相关污染企业还会增收污染税，会产生巨大的成本。而且，燃油车最贵的部分是发动机，电动车不涉及发动机，汽车的维修保养成本更低。虽然我国电池行业发展中规中矩，但是在政策的支持下车辆供应商承诺会提供5年或20万公里的质保。当前我国设有7家碳交易所，物流公司降低碳排放后，可利用相关补贴政策，售出剩余的碳排放配额，不仅可以降低成本，还可以减少对环境的污染，提高社会声誉。

(2) 采用甩挂模式降低污染排放。目前，美国90%的机动车都采取甩挂模式完成全国干线运输的货运量，并且成效显著。首先，可以减少10%~20%的资金投入量，只需要将现有车辆进行改装，无须增购牵引车，可用较小的成本投入取得高的回报收益。其次，在甩挂过程中，牵引车和挂车可以同时工作，大大提高了货物的装卸效率。甩挂运输可以提高单位的载能量，可以实现一车多挂，不固定搭配随机组合。目前我国正在大力支持多联运比重，并给予一定的交通补贴。所以当物流公司的运输网络建设完成后，便可以实现多种类型车辆的无缝衔接。

2. 加强仓储成本的管控

(1) 科学规划选址，减少能源消耗。只有结合公司自身的经济条件和外部的客观环境因素、科学规划仓储选址，才可以达到降低公司的租金成本、提高货物运输效率、减少物资材料消耗的目的。仓库的选址要结合周围的交通以及人力资源情况，选择易进易出以及劳动力丰富的地点，可以节省仓储部分的能源消耗；尽可能多地覆盖周围地点才能提高仓储的辐射范围，降低无效、空驶运输的概率。若选址在资源充足的地方可以保证仓储设备的顺利运行，可以有效防止能源供应中断等意外情况的发生，减少公司不必要的经济损失，所以科学规划选址，可以达到降低成本能耗的目的。

(2) 强化智能仓储能力，提高使用效率。只有加大对智能仓储的科研投入，才能发挥物联云仓技术的优势，提高快递仓储环节的效率，避免资源重复浪费。仓储环节不单指存储商品，从装卸到分拣、再到出库每个环节都对仓储成本有很大的影响，所以根据资源优化配置理论，若想控制仓储成本，就要将各个环节都衔接起来，进行整体把控，要加强持仓系统信息智能一体化建设。同时要加快陆路和航空运输这两个方面的网络布局，与相关部门建立合作关系，使仓储信息系统有更多资源配置，才能真正实现降低仓储成本的目标。

3. 引入循环包装模式

(1) 加大循环容器投入力度。首先，可以利用政策优势对产业升级，研发可循环、易降解的快递包装物，降低未来包装物成本和碳排放。绿色循环容器的引进可以节省原材料，有效降低碳排放量。若是加大投入力度，可以形成规模优势，降低包装成本。同时，研究出的新材料技术也可以出租给其他公司，提高公司的经济效益。虽然短期成本会提高，但从长远利益看，保护环境，推动行业绿色经济是未来社会发展的趋势，也是物流公司应该承担的社会责任。其次，物流公司可以利用包装物建立统一标准的快递包装物回收站，便于以后统一管理。物流公司还可以选择申请相关基金，利用国家大力发展低碳产业的机遇，寻找货源稳定的公司批量购买环保包装物，降低包装总成本。

(2) 设立回收站促进包装物循环。合理地选择回收站，将回收站分包出去，既可以提高产品的循环次数，降低碳排放，又可以节约不必要的人力成本，达到低碳经济发展的目的。设计分类回收模块，消费者通过填写回收的数量与规格，站点以红包返现、累计积分的形式发放回收奖励。针对已投入使用的循环包装，要根据大数据分析业务分布点以及业务包装物的主要类型并加以改进。收发件密集地区多设立回收站，在文件收发业务多的地区加大文件循环包装物的投放，大件物品收发频繁地区则加大包装盒的投放，这样才能增加循环次数，提高循环容器的利用效率，达到降低包装成本的目的。

4. 培养高端人才的低碳意识

人才问题是企业发展的基础性和根本性问题。应大力培养和引进物流领域的专业性知识人才，并通过建立良性的发展制度和人才培养渠道，为公司的健康长效发展打好基础。物流公司在日常管理中，应加强对管理层以及基层员工的培训力度，通过组织专家讲座以及开展知识竞赛的方式，提高员工的低碳物流意识，使其在日常工作中积极履行绿色环保的行为观念，不断提升自身在低碳物流管理方面的能力。此外，物流公司还可以通过建立完善的员工选拔机制，将低碳物流管理能力作为员工晋升的标准之一，从而促进员工积极学习绿色物流方面的相关知识，有序地提升自身低碳物流管理水平。最后，为了保障人才的可持续性发展，物流公司可以与高校构建物流人才培养目标链。在培养课程中加入新时代所需求的绿色物流相关课程，使培养出的毕业生可以和物流公司的实际需求无缝对接，与定点高校建立物流人才培养链接。

(资料来源：罗颖琳. 低碳经济背景下 Z 物流公司成本分析与控制研究[D]. 长沙：中南林业科技大学，2021.)

发展物流低碳经济已经刻不容缓，采用改变运输方式、降低碳排放、强化智能仓储、提高总体效率和包装循环率、助力低碳环保等措施，将有力促进物流公司加快转型、控制成本、提升利润空间。物流成本控制是企业增加盈利的必然要求，是企业获得竞争优势的重要途径。

8.1 物流成本控制概述

8.1.1 物流成本控制的含义

控制一词源于希腊语"掌舵术",意指领航者把偏离航线的船拉回到正常的航线上,从最传统的意义上来讲控制就是纠正偏差。

物流成本控制是指根据预定的物流成本目标,对企业物流活动中形成的各种耗费进行约束与调节,发现并纠正偏差,从而不断降低物流成本。物流成本控制有广义和狭义之分。广义的物流成本控制包括事前、事中和事后控制,狭义的物流成本控制只包括事中和事后控制。现代物流成本控制是广义的物流成本控制,企业要站在整体战略的高度进行全员控制、全过程控制和全环节控制。物流成本控制是企业增加盈利的必然要求,也是企业取得竞争优势的重要途径。

8.1.2 物流成本控制的基本工作程序

1. 制定成本标准

物流成本标准是物流成本控制的准绳,它包括物流成本预算中规定的各项指标。但成本预算中的一些指标是综合指标,不能满足具体的要求,这就需要制定一系列具体的标准。确定这些标准的方法,大致有以下两种。

(1) 预算指标分解法,就是将大指标分解为小指标,可以按部门、单位进行分解,也可以按不同产品或各种产品的工艺阶段或零部件进行分解,若更细致一点儿,还可以按工序进行分解。

(2) 定额法,就是建立定额和费用开支限额,并将这些定额和限额作为控制标准来进行控制。在企业里,凡是能建立定额的项目,都应建立定额,如材料消耗定额、工时定额等。实行定额控制的办法有利于物流成本控制的具体化和经常化。

在采用上述方法确定物流成本控制标准时,一定要进行充分的调查研究和科学计算,同时还要正确处理物流成本指标与其他技术经济指标(如质量、生产效率等)的关系,从完成企业的总体目标出发,需要综合平衡,防止片面性。必要时,还应制订多种方案,从中择优选用。

推进绿色物流包装及回收利用

物流标准化体系

物流标准化是指以物流为一个大系统,制定系统内部实施、机械装备、专用工具等各个分系统的技术标准;制定系统内各分领域(如包装、装卸、运输等)的工作标准;以系统为出发点,研究各分系统与分领域中技术标准与工作标准的配合性,并按配合性要求,统一整个物流系统的标准;研究物流系统与相关其他系统的配合性，进一步谋求物流大系统的标准统一。物流标准化主要具有以下几个特点：

(1) 与一般标准化系统不同，物流标准化系统涉及面更为广泛，其对象也不像一般标准化系统那样单一，而是包括了机电、建筑、工具、工作方法等种类。虽然这些种类处于一个大系统中，但缺乏共性，从而造成标准种类繁多、标准内容复杂，这也给标准的统一性及配合性带来很大的困难。

(2) 物流标准化系统属于二次系统，这是由于物流及物流管理思想诞生较晚，组成物流大系统的各个分系统没有归入物流系统之前，早已分别实现了各自的标准化且经多年的应用、发展和巩固，已很难改变。在推行物流标准化时，个别情况下可以将有关的旧标准化体系推翻，按物流系统提出的要求重建新的标准化体系，但通常是在各个分系统标准化基础上建立物流标准化系统。这只是从适应及协调角度建立新的物流标准化系统，而不可能全部创新。

(3) 物流标准化要求体现科学性、民主性和经济性。科学性、民主性和经济性是标准的"三性"，由于物流标准化具有特殊性，因此必须非常突出地体现这"三性"，才能搞好这一标准化。

① 科学性要求体现现代科技成果，以科学试验为基础，在物流中，还要求与物流的现代化(包括现代技术及管理)相适应，要求能将现代科技成果联结成物流大系统。这种科学性不但反映了本身的科学技术水平，还表现为在协调与适应的能力方面使综合的科技水平最优。

② 民主性是指标准的制定要采用协商一致的办法，广泛考虑各种现实条件，广泛听取意见，而不能过分偏重某一个国家，要使标准更权威，易于贯彻执行。

③ 经济性是标准化的主要目的之一，也是标准化生命力强弱的决定因素，物流过程不像深加工那样会引起产品的大幅度增值，即使通过流通加工等方式，增值也是有限的。如不注重标准的经济性，片面地强调反映现代科学水平，片面地顺从物流习惯及现状，引起物流成本的增加，自然会使标准失去生命力。

(4) 物流标准化有非常强的国际性。由于经济全球化的趋势所带来的国际交往大幅度增加，因此所有的国际贸易最终要靠国际物流来完成。各个国家都很重视本国物流与国际物流的衔接，在本国物流管理发展初期就力求使本国物流标准与国际物流标准化体系一致，若不如此，外贸成本将会增加。因此，物流标准化的国际性也是其不同于一般产品标准的重要特点。

(5) 贯彻安全与保险的原则。物流安全问题也是近些年非常突出的问题，一个安全事故往往会使一家公司损失惨重，几十万吨的超级油轮、货轮遭受灭顶之灾的事例也并不少见。当然，除了经济方面的损失，人身伤害也是物流中经常出现的，如交通事故的伤害，物品对人的碰撞伤害，危险品的爆炸、腐蚀、毒害的伤害等。所以，物流标准化的另一个特点是在物流标准中对物流安全性、可靠性进行规定和为安全性、可靠性统一技术标准、工作标准。

杜邦公司安全理念

(资料来源：https://baike.baidu.com/item/物流标准化/10641005?fr=aladdin[2022-6-21])

危险品运输
非法改装
要不得

2. 监督成本形成

根据物流成本控制标准,对成本形成的各个项目进行经常性的检查、评比和监督。不仅要检查指标本身的执行情况,而且要检查和监督影响指标的各项条件,如设备、工人技术水平、工作环境等。所以,成本的日常控制要与生产作业控制等结合起来进行。成本的日常控制主要包括材料费用的日常控制、工资费用的日常控制、设备相关费用的日常控制等。上述各费用的日常控制,不仅要有专人负责和监督,而且要使费用发生的执行者实行自我控制,还应当在责任制中加以规定。这样才能调动全体员工的积极性,使成本的日常控制有群众基础。

3. 及时纠正偏差

针对成本差异发生的原因,查明责任者,分析情况,按轻重缓急提出改进措施,加以贯彻执行。对于重大差异项目的纠正,一般采用下列程序。

(1) 提出项目。从各种成本超支的原因中提出降低成本的项目。这些项目应当是那些成本降低潜力大、可能实行的项目。提出项目的要求包括项目的目的、内容和预期达到的经济效益。

(2) 讨论和决策。项目选定以后,应发动有关部门和人员进行广泛的研究和讨论。对于重大项目,要提出多种解决方案,并进行各种方案的对比分析,从中选出最优方案。

(3) 确定方案实施的方法、步骤及负责执行的部门和人员。

(4) 贯彻执行已确定的方案。在执行过程中要及时加以监督检查。方案实施以后,还要检查方案实施后的经济效益,衡量是否达到了预期的目标。

8.1.3 物流成本控制的原则

为了有效地进行物流成本控制,必须遵循以下原则。

1. 经济原则

这里所说的"经济"是指节约,即对人力、物力、财力的节省。它是提高经济效益的核心。因此,经济原则是物流成本控制的基本原则。

2. 全面原则

物流成本控制中的全面原则有以下几个方面的含义。

(1) 全过程控制。物流成本控制不限于生产过程,要从生产向前延伸到投资、设计,向后延伸到用户服务成本的全过程。

(2) 全方位控制。物流成本控制不仅要对各项费用发生的数额进行控制,而且还要对费用发生的时间和用途加以控制,要讲究物流成本开支的经济性、合理性和合法性。

(3) 全员控制。物流成本控制不仅要有专职物流成本管理机构和人员参与,而且要发挥全体员工在物流成本控制中的重要作用,使物流成本控制更加深入和有效。

3. 责、权、利相结合原则

只有切实贯彻责、权、利相结合的原则,物流成本控制才能真正发挥其效用。显然,企业管理者在要求企业内部各部门和单位完成物流成本控制职责的同时，必须赋予其在规定的范围内有决定某项费用是否可以开支的权利。如果没有这种权利，也就无法进行物流成本控制。此外，还必须定期对物流成本业绩进行评价，据此进行奖惩，以充分调动各部门和员工进行物流成本控制的积极性和主动性。

4. 目标控制原则

目标控制原则是指企业管理者以既定的目标作为管理人力、物力、财力和完成各项重要经济指标的基础，即以目标物流成本为依据，对企业经济活动进行约束和指导，力求以最小的物流成本，获取最大的盈利。

5. 重点控制原则

重点控制原则是指对超出常规的关键性差异进行控制，旨在保证管理人员将精力集中于偏离标准的一些重要事项上。企业常规出现的物流成本差异非常繁杂，管理人员对异常差异进行重点控制，有利于提高物流成本控制的工作效率。重点控制是企业进行日常控制所采用的一种专门方法，广泛应用于物流成本指标的日常控制方面。

8.1.4 物流成本控制的内容

物流成本控制按控制的时间不同可划分为物流成本事前控制、物流成本事中控制和物流成本事后控制3个环节。

1. 物流成本事前控制

物流成本事前控制是指在物流活动或提供物流作业前对影响物流成本的经济活动进行事前规划、审核，确定目标物流成本。它是物流成本的前馈控制。

2. 物流成本事中控制

物流成本事中控制是指在物流成本形成过程中，随时对实际发生的物流成本与目标物流成本进行对比，及时发现差异并采取相应的措施予以纠正，以保证物流成本目标的实现，它是物流成本的过程控制。物流成本事中控制应在物流成本目标分级管理的基础上进行，应严格按照物流成本目标对一切生产经营耗费进行随时随地的检查审核，把可能产生损失浪费的苗头消灭在萌芽状态，并且把各种成本偏差的信息及时反馈给有关责任单位，以便于及时采取纠正措施。

走动管理

3. 物流成本事后控制

物流成本事后控制是指在物流成本形成之后，对实际物流成本进行核算、分析和考核，并提出改进措施，它是物流成本的反馈控制。物流成本事后控制通过将实际物流成本和一定标准进行比较，确定物流成本的节约和浪费额度，并进行深入的分析。查明物流成本节约或超支的主客观原因，确定其责任归属，对物流成本责任单位进行相应的考核和奖惩。通过物流成本分析，为日后的物流成本控制提出改进意见和措施，进一步修订物流成本控制标准，改进各项物流成本控制制度，以达到降低物流成本的目的。

事后学习法

物流成本的事中控制主要是针对各项具体的物流成本费用项目进行实地实时的分散控制。物流成本的综合性分析控制一般只能在事后进行。物流成本事后控制的意义并非消极的，大量的物流成本控制工作要依赖物流成本事后控制来实现。从某种意义上讲，控制的事前与事后是相对而言的，本期的事后控制也就是下期的事前控制。

8.2 以物流功能为对象的物流成本控制

以物流功能为对象的物流成本控制的基本内容包括运输成本的控制、仓储成本的控制、配送成本的控制、装卸搬运成本的控制、包装成本的控制、流通加工成本的控制。

物流系统是一个综合性的大系统，是由运输、仓储、流通加工、装卸搬运等各个子系统构成的。如果企业不从物流系统的整体全面考虑，物流成本的控制效果就很难令人满意。只有按照物流系统化的思想，规划和实施物流各环节的成本控制策略，方可避免企业仅满足于降低局部成本而忽视物流整体成本给企业带来的不利影响。因此，企业物流管理者必须协调各个物流子系统，在符合经济性原则和因地制宜原则的前提下努力实现企业物流过程的综合控制。

8.2.1 运输成本的控制

运输是指使用专用运输设备将物品从一个地点向另一个地点运送，其中包括集货、分配、搬运、中转、装入、卸下、分散等一系列操作。运输是物流系统中的核心功能，运输成本占物流成本的35%～50%，占商品价格的4%～10%。运输成本的降低，也就意味着整个物流成本支出的降低，能直接给物流企业的盈利创造更大的空间，使企业在行业中将更有竞争力，也为企业未来的发展提供了重要保证。影响运输成本的因素有很多，主要是运输时间、运输距离、运输费用、运输工具和运输环节，运输成本的控制措施也应从这几方面入手。

1. 加快推进综合交通运输体系建设

综合交通运输体系是指各种运输方式在社会化的运输范围内和统一的运输过程中，按其技术经济特点组成分工协作、有机结合、连续贯通、布局合理的交通运输综合体。发展综合交通运输体系是当代运输发展的新趋势、新方向，也是我国运输发展的新模式，按照各种交通运输方式的技术特点建立合理的运输结构，可以使各种运输方式扬长避短，既可扩大运输能力，又可提高经济效益。

(1) 充分发挥各种运输方式的优势，宜水则水、宜陆则陆、宜空则空。

各种运输方式均有自身的优点与不足。一般来说，水路运输具有运量大、成本低的优点，但也具有运输速度慢的缺点；公路运输具有机动灵活，便于实现货物门到门运输的优点，但也有运输成本较高的缺点；铁路运输的主要优点是不受气候影响，可深入内陆和横贯内陆实现货物长距离的准时运输，其主要缺点是灵活性差，只能在固定线路上实现运输，需要与其他运输方式配合和衔接；航空运输的主要优点是可实现货物的快速运输，其主要缺点是成本高。因此，应根据货物的特性和客户对时间的要求，选择相应的运输方式，降低运输成本。

各种运输方式的经济特征如表 8.1 所示。

表 8.1　各种运输方式的经济特征

运输方式	运输适用性	经济距离	运输成本比较
水路	适于长距离、大宗、运输时间相对较长的货物	800 千米以上	4
铁路	适于长距离、大宗、运输时间相对较长的货物	500～800 千米	3
公路	适于短距离、小宗的货物，可实现门到门运输	300～500 千米	2
航空	适于长距离、小宗、运输时间要求紧的高附加值货物	800 千米以上	1

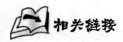 相关链接

新零售时代来临　顺丰同城科技即时物流系统用科技助力同城配送降本增效

随着新零售的快速崛起，同城快递一直保持着高位增长的态势，国家邮政局的预测数据显示，2020 年同城快递行业的整体规模将达到 2000 亿元。在行业规模如此之大的情况下，商家也面临着更大的压力，如行业竞争不断加剧，利润降低、平台抽佣增加，用户对商家服务品质及时效要求不断提升。在这些压力之下，商家对即时物流配送系统的要求也随之增加，除了满足用户的基本诉求，如何帮助商家合理地考核骑手、如何提升配送效率以及如何降低每单配送成本也成了系统提供方需要解决的问题。

顺丰同城科技通过其构建的铀猴 ILS(Instrument Landing System，仪表着陆系统)智慧即时物流解决方案，为餐饮零售品牌提供技术支持，在助力行业健康持续发展方面扮演了重要角色。据了解，这一解决方案的核心手段是采用 AI、大数据等技术，实现订单的优化分配，对骑手进行智能指引，同时辅助配送方对运力进行优化，最终达到降低配送成本、提升配送时效的目的。

"以动态拼单派单系统为例，后台会基于云端待分配的订单情况以及骑手的位置信息，结合拼单收益和送达的准时性等因素，直接将订单派给合适的骑手，相对于传统的派单模式，通过 AI 派单显著提升了订单的顺路程度和拼单率，将配送成本降低 10%～30%。对于配送成本相对较高的即时配送，收益更为可观！"顺丰同城科技的一位工作人员说，"此外，针对人等单和单等人的现象，系统会结合历史大数据对配送员的配送情况进行预估，对等待时间进行权衡，改善了因等单时间过长而带来的效率低下的问题。"

新零售时代即时物流产业的技术水平将不断更新迭代，从而提升配送效率，满足客户的多种需求，推动业务发展，构建行业健康生态。

(资料来源：http://ex.chinadaily.com.cn/exchange/partners/82/rss/channel/cn/columns/vyuatu/stories/WS5f9a28f1a3101e7ce972c066.html[2022-6-21])

思考：如何结合绿色环保措施降低物流成本？

(2) 实行专业分工，构建社会化的运输体系。

运输社会化的含义是发展运输大生产的规模效益优势，实行专业分工，打破一家一户

自成运输体系的状况。在社会化运输体系构建中,应大力发展多式联运。多式联运是指联运经营者为委托人实现两种或两种以上运输方式的全程运输,以及提供相关物流辅助服务活动的过程。多式联运充分利用面向社会的各种运输系统,通过协议进行一票到底的运输,受到了普遍欢迎。

2. 提高运输工具的实载率

实载率有两个含义:一是单车实际载重与运距的乘积和标定载重与行驶里程的乘积的比率,这是采用单车、单船运输时判断装载合理与否的重要指标;二是车船的统计指标,即一定时期内车船实际完成的货物周转量(以吨计)占车船载重吨位与行驶公里的乘积的百分比。在计算车船行驶的公里数时,不仅包括载货行驶的公里数,也包括空驶的公里数。提高运输工具实载率的意义:充分利用运输工具的额定能力,减少车船空驶和不满载行驶的时间,减少浪费,从而求得运输的合理化。

3. 直达运输与中转运输的合理选择

直达运输是追求运输合理化的重要形式,是通过减少中转换载,提高运输速度,省去装卸费用,降低中转货损。直达运输的优势在一次运输批量和用户一次需求量达到一整车时表现最为突出。此外,在生产资料、生活资料运输中,通过直达运输,建立稳定的产销关系和运输系统,也有利于提高运输的计划水平。从用户需求量来看,如果批量大到一定程度,直达运输是合理的;批量较小时,可选择中转运输。

4. 发展先进的运输技术和运输工具

甩挂运输基本运营模式

依靠科技进步是运输合理化的重要途径。例如,专用散装车及罐车,解决了粉状物、液状物运输损耗大、安全性差等问题;滚装船解决了车载的运输问题,集装箱船比一般船能容纳更多的箱体,集装箱高速直达车船加快了运输速度等,这些都是通过采用先进的科学技术实现运输合理化的。配载运输是充分利用运输工具的载重量和容积,合理安排装载的货物及载运方法以实现运输合理化的一种运输方式。配载运输也是提高运输工具实载率的一种有效形式。积极开展甩挂运输,可以提高运输效率。全面实行甩挂运输,企业可减少50%以上的牵引车购置成本或租赁费用,车辆平均运输生产力将提高30%~50%,运输成本降低30%~40%,油耗下降20%~30%。也就是说,与传统的定挂运输相比,甩挂运输具备单位成本低、运行效率高、周转快等优势,经济和环境效益明显,有利于降低运输成本。

甩挂运输

甩挂运输是带有动力的机动车将随车拖带的承载装置包括半挂车、全挂车甚至货车底盘上的货箱,甩留(卸交)在目的地后,再拖带其他装满货物的承载装置返回原地,或者驶向新的地点。这种一辆带有动力的主车,连续拖带两个以上承载装置的运输方式被称为甩挂运输。在美国、加拿大、英国和法国等发达国家，甩挂运输方式占社会运输总量的70%~80%，最高时速达120千米；在新加坡、韩国和巴西等国家，甩挂运输也得到了广泛的应用。在澳大利亚，一车三挂屡见不鲜，列车总长为30~40米，核载质量为70~80吨。

（资料来源：根据网站资料整理）

5. 通过流通加工，实现运输合理化

有些产品由于本身形态及特性问题，很难实现运输的合理化，如果进行适当加工，就能够有效地解决合理运输的问题。例如，一些材料通过加工成更小体积的半成品，或预先包装成规定尺寸，就可以提高装车效率和装载量，降低运输损耗。

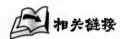

北斗+5G—科技助力交通强国

目前，我国北斗系统应用的范围和规模在进一步扩大。据统计，约有698.61万辆道路营运车辆安装使用北斗系统，占运营车辆的96%；在邮政快递车辆中，3.14万辆车安装了北斗导航系统，占运营车辆的88%；1 369艘公务船舶安装了北斗系统，占船舶的75%；约300架通用飞行器使用了北斗导航系统，占飞行器的11%。

通过加大5G通信网络、大数据、区块链、物联网等新型基础设施建设应用，可以优化和提升高速铁路通信网络功能、全面构建现代高效的高速铁路网、形成覆盖广泛的普速铁路网、发展快捷融合的城际和市域铁路网、构筑一体衔接顺畅的现代综合枢纽、精准定位中欧班列、全天候发布预警信息、及时掌控机车状态，这些看着高大上的"黑科技"均与北斗有关。

车联网是"5G+新基建"中单体规模最大的垂直应用之一。未来实现智能网联、车路协同乃至更高级别的全自动驾驶，都离不开北斗高精度定位技术的广泛应用。随着5G建设步伐的加快，"交通强国""汽车强国"等目标的推进，北斗导航技术与新一代通信技术、车路协同技术等的进一步融合并大规模推广应用成为现实需求。

5G赋能车联网

（资料来源：http://www.qianjia.com/zhike/html/2020-11/25_30740.html[2022-6-21]）

8.2.2 仓储成本的控制

仓储是指利用仓库及相关设施设备进行物品的入库、存储、出库的活动。仓储成本是指一定时期内，企业为完成货物存储业务而发生的全部费用，主要包括人工费用、设备相关费用和其他费用三部分。仓储成本控制的目标，就是要实现货物的合理存储，不断提高保管质量，加快货物周转，实现物流系统的整体功能。

1. 从实际出发选择租赁或自建仓库，控制仓储成本

从财务的角度看，租赁仓库可以使企业避免仓库的资本投资和财务风险。租赁仓库不要求企业对其设施和设备做任何投资，企业只需支付相对较少的租金即可得到仓储空间。

但是在一定租赁期内，租赁的仓储面积是固定的，不会随企业库存量的改变而改变。

自建仓库可以使企业更大程度地控制仓储。由于企业对仓库拥有所有权，因此企业作为货主能够对仓储实施更大程度的控制，有助于仓储系统与其他系统进行协调，而且储位管理更具灵活性。由于企业是仓库的所有者，因此可以按照企业要求和产品的特点对仓库进行设计和布局。企业将产品储存在自建仓库中，会给客户一种企业长期持续经营的良好印象，客户会认为企业实力强、经营稳定、可靠，但是自建仓库初期投资较多。

企业在决定使用哪一类仓库时，需考虑货物周转量、需求的稳定性、市场密度等因素，可采用净现值法、现值指数法等选择方案。

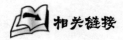

苏宁云仓

亚洲最大的智慧物流基地——苏宁云仓，这个建筑面积达20多万平方米的物流基地，从入库、补货、拣选、分拨到出库，实现了全流程的智能化。苏宁COO侯恩龙介绍："无论是面积、坪效还是订单处理能力都秒杀友商，全球最先进不敢说，但是在亚洲，绝对是最先进的。"苏宁云仓在仓储规模、日出货量、自动化水平等整体科技能力和智能化水平方面，都打破了亚洲物流行业的纪录。

全新的苏宁云仓，就像科幻电影中演的一样，大中小件的商品在各种机器间繁忙地自动流转，以"黑科技"一词来形容，毫不为过。作为国内电商行业第一家规模化应用的"货到人系统"，苏宁云仓日处理包裹181万件，处理能力是行业同类仓库的4.5倍以上；拣选效率每人每小时1 200件，是传统拣选方式的10倍以上，超行业同类仓库的5倍以上；订单最快30分钟内出库，是行业同类仓库最快处理速度的5倍以上，重新定义了电商物流的速度；仓库作业人员工作效率大幅提高，同等订单量作业人员减少60%。

当然，此次启用的苏宁云仓并不是唯一的"黑科技仓库"，2016年10月，上海苏宁奉贤物流基地和北京苏宁通州物流基地相继进行了全流程自动化升级的第一步。未来，苏宁将构建一张覆盖全国的智能云仓体系，以南京为范本，将北京、上海、广州、成都、沈阳、武汉、西安、深圳、杭州、重庆、天津等中心城市的全国级大仓，都升级为"智慧物流"。

（资料来源：https://finance.cnr.cn/txcj/20161108/t20161108_523250636.shtml[2022-06-29]）

2. 控制流动资金占用成本

1）采用现代化库存计划技术来控制库存量

例如，采用物料需求计划、制造资源计划以及准时制生产和供应系统等，来合理地确定原材料、在产品、半成品和产成品等每个物流环节的最佳库存量，在现代物流理念下指导物流系统的运行，使存货水平最低、浪费最小、空间占用最小。

2）选择恰当的订货方式控制库存成本

企业应根据实际需要，选择恰当的订货方式。因为订货方式的不同将直接影响企业库存成本的高低。订货方式主要有定量订货方式、定期订货方式及定期定量混合订货方式。

定量、定期及混合订货方式

定期订货方式是指事先确定订货时间，如每月、每季、每旬订购一次，到了订货时间就组织订货。至于订货数量，则根据下次到货前所需数量，减去现有库存量加以确定。定期订货方式的特点是订货时间固定，订货数量不固定。定期订货方式适用于企业消耗量大或比较贵重的物资。采用定期订货方式，要求按时检查实际库存，库存量决定订货数量。因此，定期订货方式既能保证正常生产需要，又能避免物资超储，从而节省流动资金。

定量订货方式是指当库存量下降到预定的最低库存量(订货点)时，按规定数量(一般以经济批量为标准)进行订货补充的一种库存控制方法，如图 8.1 所示。在图 8.1 中，R 为订货点，Q 为预先确定的订货量，LT 为交货周期(订货至到货间隔时间)，S 为安全库存量。

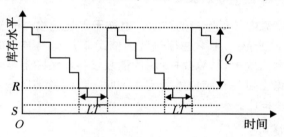

图 8.1　定量订货方式

定期定量混合订货方式具有定量订货和定期订货两种方式的特点。它规定了一个最高库存量和一个最低库存量，定期检查，当实际盘点库存量等于或低于订购点时，应及时订购；当实际盘点库存量高于订购点时，就不订购。

(资料来源：根据网站资料整理)

3. 在库存管理中采用 ABC 法

ABC 法符合"抓住关键少数""突出重点"的原则，是库存成本控制中一种常用的比较经济合理的方法。对于品种少但占用资金额高的 A 类货物，应作为重点控制对象，必须严格逐项控制；B 类货物作为一般控制对象，可分不同情况采取不同的措施；对于 C 类货物，则不作为主要的控制对象，一般只需要采取一些简单的控制方法即可。

帕累托原则

8.2.3　包装成本的控制

包装是指在流通过程中为保护产品、方便储运、促进销售，按一定技术方法而采用的容器、材料及辅助物等的总体名称；也指为了达到上述目的，而在使用容器、材料和辅助物的过程中施加一定技术方法等的操作活动。据统计，包装成本一般约占物流成本的 10%，但有些产品(特别是生活消费品)的包装成本占比却高达 50%。包装成本包括材料费用、设备相关费用、人工费用和其他费用 4 个部分。

1. 优化包装设计，降低包装成本

包装设计首先要考虑的一个关键问题是包装对货物的保护程度。包装可起到保护货物的作用，包装设计决定了对货物的保护程度。有时会出现包装设计对产品过度保护的情况，从而导致了包装成本的增加。包装设计要考虑的另一个关键问题就是包装同时也担负着营销的功能，有时为了满足营销的要求，包装成本也会攀升。当出现包装已经完全能够满足营销要求且出现过剩时，就导致了成本的浪费。

因此，根据包装要达到的既定目标(保护和营销)，对包装的设计进行仔细分析与研究，杜绝过剩功能的出现，是降低包装成本的主要方法之一。

2. 提高包装机械化程度，控制包装成本

提供包装机械化程度，可以提高包装作业效率，从而有利于降低包装成本；也可以减少工作人员的人数，从而降低劳动工资成本。

3. 组织散装运输，降低包装成本

散装运输是现代物流中备受推崇的技术，也称无包装运输。散装是指对水泥、谷物等这些粉末状或颗粒状的产品，在不进行包装的情况下，运用专门的散装设备(车或船)实现产品的运输。从某种角度上说，这种专用的散装设备，实际上是一种扩大了的包装。显然，无包装运输从理论上可使包装成本为零，因此，组织散装运输和无包装运输应引起经营者的高度重视，加以推广。

4. 包装物的回收使用

产品包装回收是将使用过的产品包装和其他辅助包装材料，通过各种渠道和各种方式进行回收，然后由有关部门进行修复、净化、改造以供再次使用。包装物的回收使用可以相对节省包装材料，节省因包装而造成的能源、电力的消耗等。

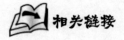

苏宁物流：升级"青城计划2.0"战略

2020年，苏宁物流宣布升级"青城计划2.0"战略，立足于物流仓储、包装、运输、末端四大环节，打造绿色"新基建"，目标是降低物流运营成本，助力全国绿色物流快递城市常态化、普及化，创造绿色新未来。

具体而言，苏宁物流将在全国范围内推动快递包装"9999"行动，即在2021年年底，42毫米以下瘦身胶带封装比例达99%，电商快件不再二次包装率达99%，可循环中转袋使用率达90%，回收体系覆盖全国超过99个城市。

数据显示，若按2020年中国快递业务量达740亿件的数量测算，约需10.4亿棵树，即相当于1/5的小兴安岭木材才能中和快递包装产生的1901万吨二氧化碳。

早在2016年6月，苏宁就联合菜鸟网络和"四通一达"等32家企业启动了"绿色行动计划"。

2017年4月，苏宁物流推出了"共享快递盒计划"，并同时在全国多地投放了共享快递盒回收站。在此基础上，同年12月，苏宁物流又推出了共享快递盒2.0版。2018年2月，苏宁物流共享快递盒回收站在全国13个城市上线，以可循环回收的纸盒代替常用的纸箱。

2018年11月，苏宁物流以单个城市为试点，在海口市首次正式启动"青城计划"，初步打造一条仓储、分拨、运输、配送全链路的绿色物流服务。

据了解，2018年，苏宁物流以"共享快递盒"为代表的绿色循环产品已累计投放1亿次，并在全国拥有9大"中国绿色仓库"。

2019年4月，苏宁物流宣布"青城计划"落地无锡，并启动"10000+绿色灯塔"的社区回收点建设，再度发力绿色物流建设。同年11月，苏宁物流正式启动"青城计划"绿色城市群的建设，并宣布在北京、上海、广州等城市继续新增20万只共享快递盒。与此同时，苏宁物流还在全国100个城市投放5 000辆新能源车，并设立5 000个绿色包装回收站。

2020年，苏宁物流也未曾懈怠，自国家邮政局正式将"9571"工程升级为"9792"工程，即"瘦身胶带"封装比例达90%，电商快件不再二次包装率达70%，循环中转袋使用率达90%，新增2万个设置包装废弃物回收装置的邮政快递网点。苏宁物流围绕"新基建"相继推出5G无人仓建设、"百川计划"等，持续推动绿色物流建设。

在"青城计划2.0"推出的前两周，苏宁物流还上线了首个号称"最环保快递站"——北京常营快递站，依托全场景智慧零售生态及智能化技术优势，将快递末端寄递、自提代收、社区服务等进行绿色升级，打造绿色、便捷、高效的"一站式"末端服务新体验。

(资料来源：http://www.wl890.com/zhwuliu/15797.html[2022-6-20])

5. 实现包装规格的标准化

包装规格的标准化，可以保证产品的包装质量，并使包装的外部尺寸与运输工具、装卸机械设备相配合，从而降低运输作业的成本。标准化包装还提高了堆垛效率，降低了仓库的拥挤程度，节约了仓储空间和仓储成本。

6. 集装化和集合包装

集装化和集合包装在现代物流系统中，日益显示出它的优越性，发挥了越来越大的作用，主要表现在可以降低物流成本，提高物流运作效率，保证产品的储运安全，促进包装标准化、规格化、系列化的实现等方面。

8.3 以物流成本活动范围为对象的物流成本控制

8.3.1 供应物流成本控制

供应阶段是物流成本发生的直接阶段，也是物流成本控制的重要环节。供应物流成本是指经过采购活动，将企业所需的原材料(生产资料)从供给者的仓库运回企业仓库的物流过程中所发生的物流费用。

1. 合理选择供应商

企业要综合考虑产品质量、供货能力、价格、交货时间、信誉、供应商实力、售后服务等因素,合理选择供应商,建立相对稳定的供求关系,以有效降低企业的物流成本,确保企业利益的最大化。

2. 运用现代化的采购管理方式

准时制(Just In Time,JIT)采购和供应是一种有效降低物流成本的物流管理方式,它可以减少供应库存量、降低库存成本,而库存成本是供应物流成本的一个重要组成部分。另外,物料需求计划(Material Requirement Planning,MRP)采购、供应链采购、招标采购、全球采购等采购管理方式的运用,也可以有效地加强采购供应管理工作。对于集团企业或连锁经营企业来说,集中采购也是一种有效的采购管理模式。这些现代化采购管理方式的运用,对于降低供应物流成本是十分重要的。

3. 控制采购批量和再订货点

采购批量的大小对订货成本与库存成本有重要的影响,采购批量大,则采购次数减少,总的订货成本就可以降低,但会引起库存成本的增加;反之亦然。因此,企业在采购管理中,对订货批量的控制是很重要的。企业可以通过相关的数据分析,估算其主要采购物资的最佳经济订货批量和再订货点,从而使得订货成本与库存成本之和最小。

4. 提高运输及仓储作业的效率

企业应优化运输及仓储方案,合理选择运输工具,提高仓储、装卸搬运机械化水平,提高作业效率,降低物流成本。此外,企业信息化水平的提高,也将有助于各项作业效率的提高,物流成本水平的降低。

为了提高车辆的实载率,在实际工作中可以将销售和供应物流统筹考虑,采取共同装货、集中发送的方式,把产品的运输与采购的物流结合起来,利用回程车辆运输的方法,提高货物运输车辆的使用效率。

5. 减少采购途中损耗

供应采购过程中往往会发生一些途中损耗,这些途耗也是企业供应物流成本的一个组成部分。运输中应采取严格的预防保护措施减少途耗,避免损失、浪费,降低物流成本。

8.3.2 生产物流成本控制

生产物流成本也是物流成本的一个重要组成部分。生产物流成本是指从原材料进入企业仓库开始,经过出库、制造形成产品及产品入库,直到产品出库的物流过程中所发生的物流费用。因此,生产物流成本的控制是与企业的生产管理方式不可分割的。在生产过程中,有效控制物流成本的方法主要有优化工艺流程、采用"看板管理"等。

1. 优化生产工艺流程

生产车间和生产工艺流程的合理布局,对生产物流成本控制会产生重要影响:可以减少物料和半成品迂回运输,提高生产效率和生产过程中的物流运转效率,降低生产物流成本。

2. 采用"看板管理",降低库存成本

"看板管理"是丰田生产模式中的重要概念,是指为了达到准时制生产方式而控制现场生产流程的方法。准时制生产方式中的拉式生产系统可以使信息的流程缩短,并配合定量、固定装货容器等方式,使生产过程中的物料流动顺畅。准时制生产方式的看板旨在传达信息:"何物,何时,生产多少数量,以何方式生产、搬运。"

准时制生产方式是以降低成本为基本目的,在生产系统的各个环节全面展开的一种使生产有效进行的新型生产方式。准时制生产方式采用"看板管理",看板犹如巧妙连接各道工序的神经,发挥着重要作用。

"看板管理"方法是指在同一道工序或者前后工序之间进行物流或信息流的传递。准时制生产方式是一种拉动式的管理方式,它需要从最后一道工序通过信息流向上一道工序传递信息,这种传递信息的载体就是看板。没有看板,准时制生产方式是无法进行的。因此,准时制生产方式有时也称看板生产方式。

一旦主生产计划确定,就会向各个生产车间下达生产指令,然后每个生产车间又向前面的各道工序下达生产指令,最后向仓库管理部门、采购部门下达相应的指令。这些生产指令的传递都是通过"看板"来完成的。

随着信息技术的飞速发展,当前的"看板"方式呈现出逐渐被计算机所取代的趋势。现在最为流行的 MRP 系统就是将准时生产制之间的"看板"用计算机来代替,每道工序之间都进行联网,即指令的下达、工序之间的信息沟通都通过计算机来完成。

8.3.3 销售物流成本控制

销售物流成本是指为了销售,产品从成品出库开始,经过流通环节的加工制造,直到运输至中间商的仓库或消费者手中的物流活动过程中所发生的物流费用。销售物流的起点,一般情况下是生产企业的产成品仓库,经过分销物流,完成长距离、干线的物流活动,再经过配送完成市内和区域范围的物流活动,到达企业、商业用户或最终消费者手中。控制销售物流成本除了需要采取降低干线运输成本、仓储成本等措施,还需要控制配送成本。

《物流术语》(GB/T 18354—2021)中配送的定义为"根据客户要求,对物品进行分类、拣选、集货、包装、组配等作业,并按时送达指定地点的物流活动"。城市配送是指服务于城区及市近郊的货物配送活动,是一种新兴的物流服务方式。城市配送又被称为"最后一公里",是面向城镇居民及各类企业的终端物流活动,同时也是现代社会连接消费、实现商品交换的关键物流活动。城市配送业可以有效促进各类制造业、流通服务业和电子商务产业的发展。近年来,我国的城市配送发展迅速,构建合理高效的城市配送体系对于缓解城市道路拥堵、提高城市道路的通行能力、构建现代化的物流系统具有积极的意义。控制城市配送成本可采取建立共同配送体系、合理规划城市内物流运输、加强配送信息化平台建设等措施。

1. 建立共同配送体系

共同配送是指多个客户联合起来共同由一个第三方物流服务公司提供配送服务。它是

在配送中心的统一计划、统一调度下展开的。共同配送的本质是通过作业活动的规模化降低物流作业成本，提高物流资源的利用效率。共同配送效果如图8.2所示。

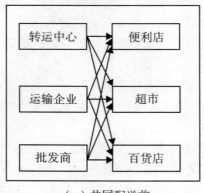
（a）共同配送前

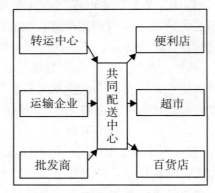
（b）共同配送后

图8.2 共同配送效果

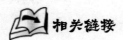

中欧班列：为全球经济复苏输送"中国力量"

中欧班列目前热度持续飙升，开行频次、货物品类、货物运量均创新高，反映出我国与"一带一路"沿线国家的经贸往来越发密切，更见证了中国经济的澎湃活力。

中欧班列为全球经济复苏注入强心剂。新冠肺炎疫情使经济全球化面临诸多挑战，我国率先有效控制新冠肺炎疫情，率先复工复产，为全球经济复苏注入强心剂。满载货物的中欧班列往返于沿线国家，双边贸易不断升温，不仅丰富了我国的市场供应，也有利于我国商品"走出去"，为沿线国家提供供给。

中欧班列为"一带一路"建设带来新动力。在新冠肺炎疫情之下，全球海运、空运都受到了不同程度的影响，中欧班列凭借安全稳定、运量大、运速快、成本均衡等独特优势打通了国际运输新通道，迅速弥补了国际物流运输需求，不仅为我国外贸提供了有力的运输保障，为稳定全球产业链做出了贡献，也为"一带一路"沿线国家抗击新冠肺炎疫情、保障民生、恢复经济注入新动力。

中欧班列为我国经济发展注入新活力。中欧班列运输的货物品类涉及家用电器、机械装备、医药器械、电子产品等，在带动国内原材料供应、装配制造、物流配送、经贸服务等上下游产业的同时，也催生出跨境电商"中欧班列+海外仓"的全新业态。中欧班列不仅有助于我国持续优化供应链、产业链布局，也有助于激发我国市场活力、增强发展内生动力，对实现国内国际双循环具有重大意义。

（资料来源：https://baijiahao.baidu.com/s?id=1692472031259061001&wfr=spider&for=pc[2022-06-29]）

2. 合理规划城市内物流运输

合理规划物流路线、尽量提高配送车辆的配送效率是降低物流成本的一项重要措施。

运输规划主要对配送线路、配送人员车辆、城市自提点进行规划，在保证顾客服务水平的前提下，尽可能地降低货物在配送过程中的配送成本。

1) 城市自提点的规划

以便利店或配送网点为配送对象，既可以实现集中配货来降低配送成本，又可以给予顾客极大的自由度。当然，这种模式是以覆盖全面的配送网络为前提的，企业可以协议邀请遍布各地的连锁店、便利店、花店等有偿加盟配送系统的构建，通过加盟或特许经营等方式广泛与便利店开展合作，使得自提点的网点布局数量能够形成网络优势，同时做好自提点的营销宣传工作，在承揽业务的同时，提升物流配送的品牌效益。

2) 合理规划运输线路

城市内的配送运输面对的是众多的客户，配送路线有多种选择，在配送一定订单量的前提下，保证运费最省、消耗时间最短、空载率最低是线路规划的首要内容。合理规划配送路线对节省物流成本的影响很大，因此必须在全面规划的基础上，制订高效率的运输路线。影响配送路线规划的因素有很多，主要有运输距离、运输环节、运输工具、运输时间、运输费用等。合理规划配送路线的目标就是用最少的动力，走最短的里程，花最少的费用，经最少的环节，以最快的速度把货物送达顾客手中。另外，可以根据城市交通的具体特点制订有效的配送路线，减少物流堵塞现象的发生。

3) 合理选择配送人员和车辆

合理选择配送人员和车辆也是配送网络优化的关键内容，对降低物流配送成本有至关重要的作用。若配送时间是车辆高峰期，就存在城市内大型车辆限行的问题，此时宜选择小型车辆来配送。采用新能源配送车辆——液化天然气(Liquefied Natural Gas，LNG)配送车等可以显著节能降耗，其中城市电动配送车辆一般集中从配送节点出发，配送车辆充电和加气问题容易解决；若配送主要集中在市区，一般的电动车辆或 LNG 配送车辆的运距也能满足要求。

4) 企业采用合理的配送技术

减少收货时间，可以提高验货频率；合理利用自由经营场所的设施设备，充分利用夜间和凌晨的道路空闲时间，可以提高配送效率。配送的及时性要求配送的技术性较强，充分利用现代信息技术和网络技术，可以提高配送的准确率。

3. 加强配送信息化平台建设

在物流配送体系中，信息平台的建设至关重要，它决定着配送信息的及时处理、订单及时送达和配送效率。该平台是生产及流通企业、配送方、顾客及时进行信息交流和业务往来的窗口。顾客通过信息化平台将订单传递给配送企业，订单信息通过信息平台及时传递给各部门进行处理，信息平台是实现对顾客快速响应的保障。订单处理后进入运输环节，其中的在途状态、货物预计抵达时间、对配送服务的咨询和投诉等信息必须便于顾客登录网站查询。配送体系的成功构建都有信息技术的支撑。总之，信息流的畅通与否，直接影响商流、物流、资金流的畅通。

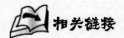

京东：仓储体系的优化

位于上海市嘉定区的亚洲一号仓储中心是京东推动仓储自动化、智能化的一个代表，探访过它的人最大的感受便是"满眼都是自动化、智能化"。目前投入运行的亚洲一号一期工程，建筑面积约为10万平方米，分为立体库区、多层阁楼拣货区、生产作业区和出货分拣区。亚洲一号的仓库管理系统、仓库控制系统、分拣和配送系统等整个信息系统均由京东自主开发，自动化、智能化技术的采用大大提升了物流效率，减少了人为因素对商品品质的影响。以出货分拣区为例，因为采用了自动化的输送系统，分拣处理能力达16 000件/小时，分拣准确率高达99.99%。

京东自主研发的仓储管理系统智能化和数据化的特征非常明显：供应链预测系统可以在促销信息出来前进行重点商品信息提示，以便工作人员将重点商品放置到离传送线最近的位置，订单一来货物就可以快速出仓；自动补货系统能根据货物的出货频率提示货物的调库、补货情况，并将货物送到离传送线最近的位置；利用RFID技术的储位探测系统可以定位每件商品的储位，自动判断这个货物的传送位置，订单来了它会告诉拣货员最佳的拣货路径。据悉，这个系统还能做到用大数据预测某个区域的销售情况，自动下发采购订单，采购入库后与卫星库之间自动进行仓间调拨，从预测、补货到仓间调拨全部实现数据驱动，实现更高水平的智能化。

京东通过更合理的仓库布局打造出一张有形的物理网络，又通过持续优化的作业流程和自动化、智能化手段打造出一张无形的网络。两网层叠，京东仓储体系在"京东品质"和"京东效率"中发挥了举足轻重的支撑作用。

(资料来源：根据网站资料整理)

本 章 小 结

物流成本控制是指根据预定的物流成本目标，对企业物流活动中形成的各种耗费进行约束与调节，发现并纠正偏差，从而不断降低物流成本。物流成本控制有广义和狭义之分，广义的物流成本控制包括事前、事中和事后控制，狭义的物流成本控制只包括事中控制。物流成本控制的基本工作程序如下：制定成本控制标准、监督成本形成、及时纠正偏差。

以物流功能为对象的物流成本控制的基本内容包括运输成本的控制、仓储成本的控制、配送成本的控制、装卸搬运成本的控制、包装成本的控制、流通加工成本的控制。控制运输成本的主要措施：加快推进综合交通运输体系建设；提高运输工具的实载率；直达运输与中转运输的合理选择；发展先进的运输技术和运输工具等；通过流通加工，实现运输合理化。控制仓储成本的主要措施：从实际出发选择租赁或自建仓库，控制仓储成本；控制流动资金占用成本；在库存管理中采用ABC法。控制包装成本的主要措施：优化包装设计，降低包装成本；提高包装机械化程度，控制包装成本；组织散装运输，降低包装成本；包装物的回收使用；实现包装规格的标准化；集装化和集合包装等。

以物流成本活动发生的范围为对象的物流成本控制主要是供应物流成本、生产物流成本、销售物流成本的控制。供应物流成本控制的主要措施：合理选择供应商，运用现代化的采购管理方式，控制采购批量和再订货点，提高运输及仓储作业的效率，减少采购途中损耗。生产物流成本控制的主要措施：优化生产工艺流程；采用"看板管理"，降低库存成本。销售物流成本控制除了需要建立共同配送体系、合理规划城市内物流运输等措施，还需要加强配送信息化平台建设。

关键术语

物流成本控制　事前控制　事中控制　事后控制

习　　题

一、单项选择题

1. 在库存控制管理的定量订货法中，关键的决策变量是(　　)。
   A. 需求速率　　　　　　　　B. 订货提前期
   C. 订货周期　　　　　　　　D. 订货点和订货量

2. 预先确定一个订货周期和一个最高库存水准，然后以规定的订货周期为周期检查库存，发出订货，订货批量的大小每次都不一定相同，订货量的大小都等于当时的实际库存量与规定的最高库存水准的差额，这种采购模式称为(　　)。
   A. 定期订货法采购　　　　　B. 定量订货法采购
   C. MRP 采购模式　　　　　　D. JIT 采购模式

3. 在定期订货法中既是安全库存水平的决定因素，又是自动决定每次订货批量的基础指标是(　　)。
   A. 订货周期　　　　　　　　B. 订货点
   C. 最大库存水平　　　　　　D. 产品需求量

4. 在供应链机制下，采购不是由采购者操作，而是由供应商操作，这种采购模式称为(　　)。
   A. 定期订货法采购　　　　　B. 定量订货法采购
   C. MRP 采购模式　　　　　　D. VMI 采购模式

二、简答题

1. 物流成本控制要遵循哪些原则？
2. 物流控制成本的内容主要有哪些？
3. 以物流功能为对象的物流成本控制主要包括哪几部分？
4. 仓储成本控制的措施主要有哪些？
5. 以物流成本活动范围为对象的物流成本控制有哪些？
6. 供应物流成本控制的策略主要有哪些？
7. 销售物流成本控制的策略主要有哪些？

电商代运营店铺运营物流成本控制分析

在电商飞速发展的产业环境下，电子商务代运营(Tao Bao Partner，TP)店铺运营物流成本控制难度增加。为了提高物流环节的工作效率，节约成本，电商TP店铺应该在新环境下探索行之有效的物流成本控制方法。

1. 电商TP店铺运营物流成本控制现状

我国市场经济的发展，促使电商行业进入黄金时期，而且在实践中摸索出完善的运营体系，尤其是电商TP店铺运营物流成本控制模式，以京东、天猫等为代表，带动我国电商行业的飞跃式发展。例如，京东作为自营式零售购物电商平台，一直以来都是以自营物流和第三方物流合作的物流模式在市场中占据有利位置，也为广大消费者提供高水平、高质量的物流服务，还为电商TP店铺运营物流成本控制总结了经验。

(1) 仓储成本控制。

按照近年来我国电商TP的发展进度与店铺运营的物流现状，截至2020年，电商商品种类已经突破了4000万种，但随着商品种类的增加，商品周转速度也逐渐面临更高的要求，按照存货周转天数可以对物流成本控制中的仓储成本展开分析。很多电商企业、平台已经有非常成熟的物流、管理体系，实现了技术驱动与智能供应链，极大地缩短了存货周转天数。我国电商平台存货占用水平相对较高，但是资产变现能力与流动性不强，导致物流仓储成本受到直接影响。尤其是电商TP为了满足业务需求，需要快速占领市场，扩大仓储用地规模，但这却需要支付用地租金与设备费用等。

(2) 人工成本控制。

根据我国电商TP的发展现状，各大电商平台开始设立自己的仓库。例如，京东在全国的仓库数量已经超过800个，员工数量超过30万名。约70%的电商平台员工都是快递、仓储环节的工作人员，通常需要支付高额的薪资，此外还包括提供员工宿舍等其他成本，导致物流人工成本不断增加。

2. 物流成本控制问题

(1) 仓储成本过高导致供应短缺。

因为电商平台销售产品种类非常多，如果是大体积商品，可能在物流方面面临难度，必须应用专业搬运设备，但这类设备往往价格高，并不会得到普及，而且后期设备折旧成本、毁损费用也比较高，这些费用都被归到仓储成本中，致使物流环节的仓储成本非常高。站在电商TP的角度，为了给消费者提供更加高质量的服务，有些电商平台推出了次日达的服务，甚至物流时间更短；物流包裹采用实时追踪定位，消费者可以享受到一体化的物流服务，包括收到商品之后的售后与退换货等。这不仅是电商产业发展的条件，也是在激烈市场竞争中占据有利位置的优势。但这也意味着电商TP需要支付高额的物流成本支持智慧物流仓储建设，从而提高物流效率。因为不同地区的物流用地政策存在差异，所以电商TP店铺运营时的物流用地也会面临资源过剩、供应短缺等问题。资源过剩需要支付高额租金以及辅助资源。电商TP店铺运营的仓储规模非常大，有时规划欠缺合理性，需要与第三方物流合作，才能满足边远地区消费者的物流需求，这不仅会影响大品牌的形象，还有可能导致供应短缺。

(2) 物流体系不够完善。

尽管电商 TP 每年都在物流基础设施建设上投入大额资金，但是相对偏远的地区可能还是没有非常完善的物流体系，而且会面临建设效果与收益不对等导致资源浪费的现象。这是电商平台乃至物流行业普遍忽略的问题，其可能会影响物流配送成本与效率。例如，与快递企业合作的菜鸟驿站，具有非常广的覆盖范围。当用户不能及时取件时，菜鸟驿站可以提供便捷的储存服务，能够满足用户的需求。所以，电商 TP 店铺运营物流体系的完整程度度，不仅会增加物流成本，还会限制物流行业的整体发展。

3. 电商 TP 店铺运营物流成本控制建议

(1) 加大仓储成本管控力度。

要想解决电商 TP 店铺运营物流中的仓储成本相关问题，应该在前期选择设备阶段，对不同类型的商品在总商品中的占比进行统计，了解实际使用率，挑选适合的设备，保证经济性与实用性，避免折旧成本、毁损费用浪费。另外，提升电商 TP 需要提高物流环节的仓库利用率，建议利用大数据与人工智能等技术手段，建设智慧物流仓储平台，按照消费者的年龄段、购买频率以及消费水平数据，科学地分析和确定仓库地址与规模，杜绝在物流环节出现供应短缺现象。仓库选址应该考虑与消费者、电商企业之间的距离问题，将仓库作为选址的中心点，覆盖到城市的各个地区，为物流配送、分拨与仓储等提供便利，节省物流成本。

(2) 加强智能物流体系建设。

我国的电商体系整体已经非常完善，并且逐步实现了智慧物流建设，例如京东物流在 2017 年就已经建设了全流程无人仓，从入库环节到分拣、派送，其间各个流程都实现了智能化，是物流行业发展的重大成果。但是京东无人仓没有在全国各个地区完全普及，如果电商订单大量增加，可能会在配送方面受限。但这不代表智能物流体系存在问题，随着人工智能在物流领域的应用，也为电商 TP 店铺运营物流成本控制开辟了新的方向。通过智能物流体系，可以减少人力资源投入，节省人力成本。对比互联网资源，物流资源与物流基础设施并没有完全泡沫化，具有极高的保值价值。在智能物流体系的作用下，可以进一步实现货到付款，发挥物流供应链资源的作用，过渡到智能+服务模式，加强物流体系的完整性，也可以利用人工智能技术创新物流成本管理方法。

(3) 简化物流成本管理流程

电商 TP 店铺运营在物流成本管控这一方面，需要将一些重复性工作简化，避免发生资源闲置与浪费，这有助于提高物流环节工作人员的效率。电商 TP 在当前行业环境下，注重专业物流管理人才培养，在物流管理中积累经验，以免发生不必要的增值物流行为，导致资源浪费。精简物流管理环节，应该全面分析各个环节，清晰划分增值业务、非增值业务，将重复性的环节及时删减，以此来控制物流成本。在电子商务行业背景下，可以选择的店铺运营模式比较多，除了自营模式，还可以和第三方物流合作，但是该模式要有明确的目标、专业物流服务。电商 TP 店铺在运营期间，通过集中配送这种方式可以有效地控制物流成本，提前设定一个区域，区域中所有客户均支持配送，以此来节省库存、缓解运输压力，还能够提升物流配送效率。电商 TP 通过线上平台可以及时、高效地处理信息，划定范围之后规划物流路线,此环节利用 GPS 优化配送路线,尽量挑选最短路线、物流最快路线,明确运输商品的工作人员、配送车辆,配送物品经过配车后要提高车辆空间的利用率,尽可能地将配送车辆减少,可以避免物流运输环节的资源浪费,也为运输线路与车辆空间商品提供合理性,避免配送设备、人力资源重复导致的资金投入,有效控制物流成本。

(4) 搭建信息化物流平台。

电商 TP 店铺在运营环节为了控制成本,可以创建交易信息平台,按照店铺实际经营情况,开发针对性的信息系统,采用信息技术提升电商 TP 信息处理效率。在大数据电商环境下,电商 TP 必须采集、跟踪信息,这也体现出创建信息平台的重要性,整合客户端,加强物流成本管理,使得供应链上的所有成员及时联系,提升电商 TP 的工作效率。另外,电商 TP 还可以将物流商品编码及时上传到信息平台,既为物流商品管理、运检提供了方便,又提升了商品配送效率。用户利用互联网也可以快速查询到商品的物流信息,随时都可以掌握商品的物流数据。商品分拣阶段,负责该项工作的人员利用商品编码获取详细信息,以免工作人员人为失误为用户带来干扰,提升用户的满意度。

(5) 将物流服务与成本管理紧密联系。

电商 TP 在各个城市与区域,都可以和当地合作商合作,为合作客户提供优惠价格,也可以因此建立稳定的合作关系,压缩物流价格,为今后寻求合作拓宽了空间,实现利润最大化。电商 TP 和客户建立长期性的合作关系,也是提高市场竞争力非常有效的手段,在市场中建立良好的企业形象,可以推动电商 TP 甚至是物流行业的持续发展。电商 TP 按照实际情况及时调整服务标准,严格参照行业规则,在保证用户服务质量基础上,还可以控制物流成本。现如今我国电商大环境已经非常成熟,物流行业与电商行业对于从业者的要求非常高,需要在激烈的市场竞争中体现出人才优势。节省物流环节成本,提升物流成本控制管理能力需要物流行业注重物流成本管理人才培养。

(资料来源:冯桐杰. 电商代运营店铺运营物流成本控制分析[J]. 全国流通经济,2022(05): 31-33.)

思考:
电商代运营店铺运营物流成本控制存在哪些问题?如何改进?

把交通绿色化作为重要转型方向
——欧洲绿色新政的启示

欧洲已经将发展绿色经济上升到战略高度,于 2019 年年底发布的《欧洲绿色协议》(简称"绿色新政"),不仅是一项应对气候变化的政策,也是一份"经济增长战略"。欧盟将原定 2050 年减少碳排放量 80%~90% 的目标提升至"碳中和"目标,即致力于让欧洲成为全球第一个"零排放"的大陆。更高的减排目标是欧盟经济发展与行业转型升级的重大计划,借助"欧盟投资计划"(著名的"容克计划"),欧盟计划启动一系列项目以加速境内交通、能源、建筑、循环经济等低碳基础设施投资,助力经济从传统模式向绿色模式转型。无论是投资的力度,还是措施的系统性,欧盟在绿色发展上的决心前所未有。

绿色交通基础设施投资是欧盟绿色新政的重要组成部分,相关措施包括:通过提升铁路货运和内河航运的运力,致力于在 2050 年实现 75% 的货运量"公转铁"与"公转水";发力智能网联汽车产业与智慧交通系统建设,促进"出行即服务"智能应用的普及;加大新能源汽车充电基础设施建设,实现 2025 年前新增 100 万个充电站;利用价格机制促进绿色转型，如停止燃油补贴、将海运纳入碳交易市场(目前该市场仅覆盖航空运输)、加强道路收费机制等；大幅降低交通行业的污染物排放，包括进一步加强机动车污染物排放标准、推广船舶排放控制区等。

欧盟对铁路基础设施与多式联运基础设施投资，可为中欧班列直达欧盟腹地创造有利条件，也能为我国推动"公转铁"与多式联运发展提供有益借鉴。例如，欧盟在加大基础设施投资的同时，正以供应链为切入点，开发新的可持续货源。与我国类似，欧盟铁路运输货源主要集中于煤炭与大宗商品，但随着欧盟的能源产业纷纷"去煤化"，铁路运输这一主要货源快速萎缩，因而需要借助供应链大数据信息，挖掘可持续的新需求，包括化学品、食品、汽车、消费品、集装箱等。除了扩大基础设施网络与开发新需求，欧盟也在加快推动铁路运输企业改革，包括建立灵活且透明的铁路运价体系、提供面向客户的服务体系以实现整车物流或零担物流的"门到门"服务、鼓励科研创新以提高铁路换装与多式联运设备的标准化与自动化水平。

合理道路收费与市场机制是欧盟绿色新政中的重要一环。欧盟对柴油货车的管制非常严格，不仅收取较高的公路通行费，而且严格限制载重。该措施不仅有助于促进多式联运、优化道路基础设施的使用效率、缓解拥堵，还能为基础设施投资提供可持续的资金渠道。特别是随着新能源汽车的推广，作为交通行业重要资金来源的燃油税，在未来将不断"缩水"，因而有必要逐步开拓新的资金来源。例如，瑞士利用对重型货车的公路收费，不仅为推进"公转铁""公转水"创建价格杠杆、提升铁路运输的运价优势，也为铁路货运基础设施提供建设与运维资金，帮助瑞士实现35%较高水平的铁路货运占比。欧盟的"马可波罗计划"则对多式联运的重型货车放松道路收费价格进行管制，以激励多式联运的推广。

(资料来源：http://jtyst.zj.gov.cn/art/2021/2/8/art_1229003857_59019989.html[2022-6-21])

思考：欧洲绿色新政对我国交通绿色化有哪些启示？

第 9 章　物流成本管理绩效评价

【教学目标与要求】

理解物流成本管理绩效评价的概念。
掌握平衡计分卡的实施步骤。
掌握战略成本管理的概念及内容。
了解物流成本管理绩效评价的原则。

平衡计分卡在企业绩效考核中的应用

平衡计分卡克服了公司原有考核方法的相对单一、与公司战略脱节等缺点，使得公司的绩效管理转变成了战略的实施工具，全面统筹了战略、员工、流程和执行等关键因素，达到了外部与内部、成果与驱动因素、财务与非财务、短期与长期等四方面的平衡。

1. 应用平衡计分卡所要实现的目标

在平衡计分卡下，目标制定的前提是员工有能力为达成目标而采取必要的行动方案，因此设定目标的目的就转变成了使员工能够理解企业的战略使命并为之付出努力；通过全面的考核体系，解决考核单一、考核不科学的现实问题，提升员工团队协作意识，增强凝聚力，进而全面改善企业的管理水平，助推实现企业战略。

2. 应用平衡计分卡考核的总体思路

平衡计分卡以企业战略目标为起点，首先，要制定企业战略，通过战略分析(例如：PEST分析、价值链分析、SWOT分析等)、战略选择(同时要考虑企业的组织结构、企业文化等因素)两个步骤确定公司战略；其次，把企业战略细化为短期经营计划，将短期经营计划层层分解，各部门并就短期经营计划达成一致意见；再次，根据公司短期经营计划选择和设计一系列测评指标，促使各个部门去完成这些指标；最后，根据各部门完成情况进行全面分析、考评与奖惩，并进行监督与改进，形成有机的循环体系。

3. 平衡计分卡考核具体内容

平衡计分卡从财务、顾客、内部运营、学习与成长等四个维度来考察企业的业绩，财务维度具体考核指标主要有经济增加值、销售收入、息税前利润、销售净利率、销售增长率、应收账款周转率、存货周转率、销售费用与收入的比、资产负债率、营业现金流、汇兑损失等；客户维度考核指标主要有市场份额、客户保持率、客户满意度、新客户开发率、战略客户数量、重复购买率、品牌知名度等；内部运营维度考核指标主要有准时交货率、内部流程完善程度、工作交接时间、工作滞留时间、是否做到职责分离、授权审批是否适当等；学习与成长维度考核指标主要有员工保持率、培训计划完成率、员工满意度、员工晋升率、岗位胜任能力、工作态度、出勤率、遭举报次数、新事物学习能力等。

平衡计分卡通过阐释并诠释愿景与战略、沟通与联系、计划与制定目标值、战略反馈与学习等四个程序，使得管理者把长期行为和短期行为联系在一起，而不再只是注重短期行为，忽视长期目标，极大地促使公司战略的实施。而平衡计分卡中的学习与成长维度极大地促进了人才的吸引与培养。

(资料来源：吴崇兴. 平衡记(计)分卡在企业绩效考核中的应用[J]. 财经界，2021(02): 189-190.)

平衡计分卡全面统筹了战略、员工、流程和执行等关键因素，达到了外部与内部、成果与驱动因素、财务与非财务、短期与长期等四方面的平衡。物流成本管理绩效评价是物流管理系统绩效评价的重要组成部分，是物流系统决策的重要依据。

9.1 物流成本管理绩效评价概述

9.1.1 物流成本管理绩效评价的概念及作用

1. 物流成本管理绩效评价的概念

物流成本管理绩效评价是指为达到降低企业物流成本的目的,运用特定的企业物流成本绩效评价指标,制定统一的物流评价标准,采用定量和定性相结合的方法,对企业物流成本管理系统状况进行的综合评价。物流成本管理绩效评价是物流管理系统绩效评价的重要组成部分,是物流系统决策的重要依据。企业通过对其物流成本管理绩效的纵向比较,有助于提高企业物流系统的运行效率与经济效益;企业通过与同行业其他企业物流成本管理绩效的横向比较,可以认清自身物流成本管理的优势和不足,为进一步完善企业物流管理系统提供依据。

2. 物流成本管理绩效评价的作用

1) 完善企业物流成本管理方法

物流成本管理绩效评价是企业物流管理的基础性工作。通过对物流成本各项指标的分析,结合绩效评价指标体系的构建原则和企业物流成本管理的具体特点,构建企业物流成本管理绩效评价指标体系,可以为企业物流成本管理提供系统的控制方法。

2) 为企业物流成本决策提供依据

企业通过对其自身物流成本管理系统的评价和行业物流成本管理系统的综合评价,将物流成本管理主要绩效指标应用于同行业不同企业的物流成本管理效率、效益的比较,及时发现物流成本管理中存在的问题,以便采取适当措施进行控制和完善,为提高企业物流系统的效率和收益提供决策依据。

3) 进一步完善企业物流管理绩效评价体系

企业物流管理绩效在现代企业中受到越来越多的重视,物流成本管理绩效评价是企业物流管理绩效评价的重要组成部分。物流成本管理绩效评价可以进一步完善企业物流管理绩效评价系统,形成更为全面的企业物流管理绩效评价体系。

9.1.2 物流成本管理绩效评价的实施步骤

1. 建立绩效评价组织机构

绩效评价组织机构直接负责组织实施绩效评价活动,包括制订计划、选择评价方法、确定人员等工作。评价组织机构还可选聘有关专家作为绩效评价工作的咨询顾问。参加绩效评价工作的成员应具备以下基本条件:具有较丰富的物流成本管理、财务会计等专业知识,熟悉物流成本管理绩效评价业务,有较强的综合分析与判断能力。绩效评价工作负责人应有较长时间的经济管理工作经历,并能坚持原则、秉公办事。

2. 制订绩效评价工作方案

绩效评价工作方案包括以下内容。

(1) 评价对象。不同的企业可能具有不同的物流活动，因此必须首先确定企业的具体物流环节，明确评价工作的对象。在对物流企业进行成本绩效评价时，评价对象就是整个物流企业。

(2) 评价目标。物流成本绩效评价目标是整个评价工作的指南和目的。不同的评价目标决定了不同的评价指标、评价标准和评价方法的选择，其报告形式也不相同。

目标管理的特点

(3) 评价指标。评价指标是评价对象与评价目标对应的具体考核内容，是评价方案的重点和关键。评价指标包括定量指标与定性指标两部分。

(4) 评价标准。物流成本绩效评价标准取决于它的评价目标，常用的评价标准有年度预算标准和竞争对手标准等。

层次分析法

(5) 评价方法。有了评价指标和评价标准，还需要科学的方法对评价指标和标准进行实际应用，以取得公正合理的评价结果。在物流成本管理绩效评价中常采用平衡计分卡、目标管理和层次分析法等方法。

绩效报告的形式可根据评价目标来确定，如成本-服务报告、趋势报告等。

3. 收集与整理基础资料和数据

根据评价工作方案的要求及评价需要收集、核实与整理基础资料和数据，包括各项具体物流作业成本的基础数据；其他企业的评价方法及评价标准；企业历年物流成本绩效评价的报告资料等。

4. 评价计分

评价计分是绩效评价过程的关键步骤。根据评价工作方案确定的评价方法，利用收集整理的资料数据计算评价指标的实际值。

5. 编制报告

按绩效评价工作方案确定的报告形式，填写相应的评价指标值，并对评价指标数据进行分析，结合相关资料，得出评价结论。

9.1.3 物流成本管理绩效评价的原则

1. 系统性原则

系统是具有一定功能、一定目的并且相对独立的有机整体，它是由同类或相关事物按照一定的内在联系所构成的，即由内部相互作用和相互依赖的若干部分(或称为子系统)组成，具有特定功能的有机整体。系统具有输入、转化、输出三大功能。

物流系统就是为实现物资的空间效用、时间效用和形质效用而设计的，由运输、仓储、包装、装卸、搬运、配送、流通加工、信息处理等基本功能要素(子系统)结合起来构成的有机整体。由于物流系统存在效益背反的现象，如要使企业物流系统的服务水平得到提高，就会增加物流成本；为了降低采购成本和运输费用而采用批量采购和批量运输，必然会增大库存压力，增加库存成本；为了降低包装成本而采用简易包装，却会增大运输、装卸搬运和仓储的难度等。因此，物流成本管理绩效评价应注重从总体上进行系统分析，而不是仅仅考虑某项物流功能成本的降低。

物流系统图

2. 可比性原则

企业物流成本管理绩效评价指标应具有纵向和横向可比性。通过对企业物流系统绩效进行纵向的比较，可客观地了解企业现行物流系统发展状况和在历史时期中所处的位置，有助于企业提高其物流系统的运行效率与经济效益；通过将企业物流系统绩效与市场同行业中其他企业的物流系统综合评价值相比较，可了解企业物流系统现状在同行业中的位置，发现自己的优势与不足，以便于对企业物流系统进行改进。

3. 定性与定量相结合原则

企业物流成本管理系统绩效评价指标体系的设计应当满足定性指标体系与定量指标体系相结合的原则，单纯依靠定量指标并不能够科学、客观地评价企业的物流系统绩效，因为在影响企业物流系统绩效的因素中有很多是难以量化的定性因素，如物流信息化程度、从事物流工作员工的水平等，而这些指标往往对企业物流系统的可持续发展能力有着重要影响。因此，在对企业物流系统绩效进行评价时必须将定量与定性指标结合起来，才能得出客观的结果。

9.2 物流成本管理绩效评价指标体系的构成

物流成本管理绩效评价指标体系由定量评价指标体系与定性评价指标体系两部分构成。

9.2.1 定量评价指标体系

1. 单位销售收入物流成本率

单位销售收入物流成本率是物流成本考核最直接的衡量指标。一般而言，企业的物流成本包括运输成本、库存成本、装卸搬运成本、包装成本、流通加工成本、配送成本、物流信息成本等。单位销售收入物流成本率越低，说明单位销售额所消耗的物流成本越低，该企业物流系统运转流畅。其计算公式为

$$单位销售收入物流成本率 = \frac{物流成本总额}{销售收入} \times 100\% \tag{9-1}$$

2. 物流成本利润率

物流成本利润率主要反映单位物流成本所获取的利润额，物流成本利润率越高，企业的盈利能力越强。其计算公式为

$$物流成本利润率 = \frac{利润总额}{物流成本总额} \times 100\% \tag{9-2}$$

3. 物流成本占企业总成本的比率

物流成本占企业总成本的比率主要反映物流成本占企业总成本的比例，该指标越高说明企业在物流成本管理方面改进的空间越大。其计算公式为

$$物流成本占企业总成本的比率 = \frac{物流成本}{企业总成本} \times 100\% \tag{9-3}$$

4. 货损货差赔偿费率

货损货差赔偿费率反映仓储及运输系统的服务质量，该指标越高，表明出库仓储作业精度越高，货差越小；运输子系统服务质量越高，货损数量越小。其计算公式为

$$货损货差赔偿费率 = \frac{报告期货损货差赔偿费总额}{报告期销售收入总额} \times 100\% \qquad (9\text{-}4)$$

5. 客户满意率

客户满意度是指客户对企业所提供的物流服务的满意程度。企业物流成本管理绩效评价的目的是在保证服务质量的前提下，提高物流系统的运作效率，降低物流成本。物流服务的及时性、质量、市场需求的响应程度等因素都能影响客户满意度，因此衡量难度较大，可以通过客户满意率、物流服务投诉率等指标间接反映客户的满意程度。客户满意率的计算公式为

$$客户满意率 = \frac{客户满意次数}{企业物流服务总次数} \times 100\% \qquad (9\text{-}5)$$

顾客满意与顾客忠诚

顾客满意是指顾客对某一产品在满足其实际需要和欲望方面与期望程度的比较和评价。顾客忠诚是指顾客购买产品满意后所产生的对某一产品品牌或公司的信赖、维护和希望重购的心理倾向。开发一个新客户的成本一般比维系一个老客户的成本要高出 5~10 倍，而维系一位老客户给企业带来的价值比开发一个新客户的价值要大得多。据统计：一个满意的顾客会告诉 1~5 人；100 个满意的顾客会带来 25 个新顾客；一个不满意的顾客会把他糟糕的经历告诉 10~20 人；一个投诉不满意的顾客背后有 25 个不满意的顾客；投诉者的问题得到解决，会有 60% 的顾客愿意与公司保持联系；投诉者的问题得到迅速解决，会有 90% 的顾客愿意与公司保持联系；投诉者比不投诉者更愿意与公司保持联系。

(资料来源：根据网站资料整理)

顾客满意度指数

9.2.2 定性评价指标体系

物流成本管理定性评价指标体系由物流信息化程度、物流创新发展能力和物流标准化管理等内容构成。

1. 物流信息化程度

物流信息化是指企业运用现代信息技术对物流过程中产生的全部或部分信息进行采集、分类、传递、汇总、识别、跟踪、查询等一系列处理活动，以实现对货物流动过程的控制，从而降低成本、提高效益的管理活动。物流信息化是现代物流的灵魂，是企业物流系统发展的基石。物流信息化程

物流信息系统

度越高，越能准确、及时地提供信息，指导物流系统进行更有效的运作及发展。

2. 物流创新发展能力

创新是最有效的竞争，也是企业生存与发展最核心的问题。物流创新发展能力主要包括运营模式、激励机制、技术研发、营销能力等方面的创新。

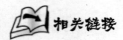 相关链接

海底捞差异化竞争与整合型战略创新

海底捞由1994年的一个路边麻辣烫小摊发展而来，以经营川味火锅为主，经过近30年的持续成长，已经发展成为大型跨省民营直营餐饮企业，在北京、上海、南京等多个城市拥有51家直营店、4个大型现代化物流配送基地和1个原料生产基地，获"大众点评"网评出的"最佳服务餐厅"和"最受欢迎10佳火锅店"称号；连续3年获得"中国餐饮百强企业"荣誉称号。

顾客在海底捞就餐的过程中会感受到贴心而周到的服务，包括到达餐厅(代客泊车)、引入、等位、点菜和就餐等全过程；海底捞开辟了较大的等位区，等位顾客可以在等位期间享受小吃、上网、涂指甲、下棋等免费服务；就餐过程中服务员会提供餐巾、手机套、衣服套等及时周到与发自内心的服务；安全、新鲜和足量的菜品与分餐；就餐完毕后的送客，等等。海底捞服务水平大幅领先于竞争对手，甚至因此获得"变态服务"的美誉。不仅如此，海底捞的菜品质量和就餐环境也在行业中处于中上水平，其价格则处于中等水平，这使海底捞针对城市中青年及家庭顾客具有"高性价比"的优势。在其前10年的经营中，海底捞一直在完善经营模式，包括提升后台和供应链管理效率；在2004年之后，海底捞进入较快速的直营店连锁扩张阶段，但这种扩张方式一直以聚焦重点区域，采用直营店和新店必须有20%~30%的老员工为限制条件。这些措施一方面是为了保证服务水准；另一方面可以通过稳步扩张，利用规模经济降低成本，提升企业运营效率。

从竞争战略的角度看，海底捞采取了一种整合低成本与差异化战略。这是因为：一方面，海底捞通过优质服务创造了顾客价值(良好的顾客体验)，突显了其差异化竞争的一面；另一方面，海底捞通过集中配送、后台标准化流程以及连锁经营来达到降低成本的目标。这两方面的结合使得海底捞在中国餐饮行业实现了一种竞争战略创新，同时，其采取的集中区域和连锁直营的稳健增长战略进一步扩展了竞争优势。

需要强调的是，支撑海底捞这种独特的竞争与增长战略的是其人力资本发展战略和企业社会责任战略，这里的人力资本发展战略是指海底捞将员工作为竞争优势的核心，并通过创造公平、公正的工作环境使员工通过双手辛勤劳动创造价值的同时，获得自己想拥有的生活，改变自己的命运；社会责任战略是指海底捞将员工的家属——包括父母和孩子也纳入公司福利政策的考虑范围，从而部分实现员工家庭医疗、教育等社会保障和福利功能。正像公司创始人、董事长张勇在解释给员工(领班以上)的父母每个月发几百元工资时所说的："我们的员工大多来自农村，他们的父母没有任何社会保险，海底捞就当给他们父母发保险了。如果他们不好好干，他们父母都帮我骂他们。"海底捞还在四川简阳投资建立了一所寄宿中学，

让海底捞员工的孩子可以免费上学。这些特定的人力资本发展战略和企业社会责任战略，很好地适应了海底捞以农村打工者为主体的员工群体的多维需求，提升了员工满意度，并且与企业的竞争战略互相支持和强化。

中国餐饮业的平均员工流动率为28.6%，而海底捞的平均员工流动率低于10%，海底捞的顾客回头率高达50%，顾客满意度和口碑明显优于竞争对手，单店的日翻台次数为7次，新店从开业到回本盈利的周期为6个月，种种数据显示其经营业绩整体优于竞争对手。

(资料来源：李飞，米卜，刘会. 中国零售企业商业模式成功创新的路径：基于海底捞餐饮公司的案例研究[J]. 中国软科学, 2013(9): 97-111.)

3. 物流标准化管理

只有实现了物流标准化，才能在国际经济一体化的条件下有效实施物流系统的科学管理，加快物流系统建设，促进物流系统与其他系统的衔接，有效降低物流费用，提高物流系统的经济效益和社会效益。物流标准大致可分为三大类。

(1) 物流作为一个整体系统，其间的配合应有统一的标准。
(2) 大的物流系统又分为许多子系统，子系统中也要制定一定的技术标准。
(3) 工作标准及作业规范，是指对各项工作制定的统一要求及规范化规定。

9.2.3 物流成本管理绩效的控制与改进

物流成本管理绩效是物流运输、仓储、装卸搬运等各个子系统成本管理状况的综合反映。持续地控制与改进物流成本管理绩效是企业生存和发展的保证。用于物流成本管理绩效控制和改进的方法有很多，最常见的包括平衡计分卡、精益管理、标杆分析、物流战略成本管理等。

9.3 平衡计分卡

20世纪90年代，随着知识经济和信息技术的兴起，无形资产的重要性日益凸显，人们对以财务指标为主的传统企业绩效评价模式提出了质疑。在此背景下，美国哈佛大学商学院教授卡普兰和复兴全球战略集团的创始人之一诺顿(D. P. Norton)针对企业组织的绩效评价创建了平衡计分卡。

9.3.1 平衡计分卡的基本思想

平衡计分卡是从财务、客户、内部运营、学习与成长4个维度，将组织的战略落实为可操作的衡量指标和目标值的一种新型绩效管理体系。其中，财务维度是最终目标，客户维度是关键，内部运营维度是基础，学习与成长维度是核心。设计平衡计分卡的目的就是要建立"实现战略制导"的绩效管理系统，从而保证企业战略得到有效的执行。因此，人们通常称平衡计分卡是加强企业战略执行力的最有效的战略管理工具。平衡计分卡评价指标体系具体包括以下内容。

1. 财务评价指标

财务评价指标可以显示企业的战略及其实施和执行是否对改善企业盈利做出贡献。从物流成本管理角度出发，主要的物流成本控制指标有单位销售收入物流成本率、物流成本利润率、物流成本占企业总成本的比率等指标。

2. 客户评价指标

众所周知，客户已经成为当今企业经营发展的一个重心，客户的维持和开发也成为实现企业战略的最重要的基石之一。企业应以目标顾客和目标市场为导向，应当专注于是否满足核心顾客需求。客户最关心的不外乎 5 个方面：时间、质量、性能、服务和成本。企业必须为这 5 个方面树立清晰的目标，然后将这些目标细化为具体的指标。客户评价指标衡量的主要内容包括市场份额、老客户挽留率、新客户获得率、客户满意度、从客户处获得的利润率等。

3. 内部运营指标

建立平衡计分卡的顺序，通常是先制定财务和客户方面的目标与指标，再制定企业内部流程方面的目标与指标，这个顺序使企业能够抓住重点，专心衡量那些与股东和客户目标息息相关的流程。内部运营绩效考核应以对客户满意度和实现财务目标影响最大的业务流程为核心。内部运营指标既包括短期的现有业务的改善，又涉及长远的产品和服务的革新。内部运营指标涉及企业的创新过程、经营过程和售后服务过程。

4. 学习与成长指标

学习与成长的目标和指标为上述平衡计分卡 3 个方面提供了基础架构，是其获得卓越成果的动力。面对激烈的全球竞争，企业今天的技术和能力已无法确保其实现未来的业务目标。削减对企业学习与成长能力的投资虽然能在短期内增加财务收入，但因此造成的不利影响将在未来对企业带来沉重打击。学习与成长指标涉及员工的能力、信息系统的能力与激励、授权与相互配合。

平衡计分卡 4 个维度的关系如图 9.1 所示。

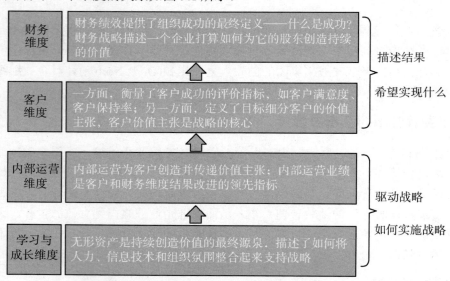

图 9.1　平衡计分卡 4 个维度的关系

9.3.2 平衡计分卡在物流成本管理绩效评价中的意义

1. 从战略角度评价物流成本管理的绩效

平衡计分卡主要是通过 CSF(Critical Success Factor，关键成功因素)和 KPI(Key Performance Indicators，关键绩效指标)相结合来设置绩效评价体系，并通过财务、客户、内部运营、学习与成长 4 个维度之间相互作用的因果关系链来表现物流成本管理和控制的轨迹，从而实现绩效评价与绩效改进以及战略实施与战略修订的目的。

2. 全面评价物流成本管理的绩效

企业物流管理肩负着"降低物流成本"和"提高服务水平"两大任务。平衡计分卡在吸收原有绩效管理系统优点的基础上又增加了客户、内部运营及学习与成长等非财务指标来补充财务指标的不足。

9.3.3 平衡计分卡的实施步骤

平衡计分卡的实施主要可分为制定企业远景目标与发展战略，把组织经营战略转化为一系列的衡量指标，将战略与企业、部门、个人的短期目标挂钩，战略的具体实施、反馈和中期调整、修正，建立健全的考核体系，根据平衡计分卡的完成情况进行奖惩等步骤，具体如下。

1. 制定企业远景目标与发展战略

平衡计分卡贯穿于企业战略管理的全过程。由于应用平衡计分卡，是把组织经营战略转化为一系列的目标和衡量指标。因此，平衡计分卡对企业战略有较高的要求，企业应在符合和保证实现企业使命的条件下，充分利用环境中存在的各种机会和创造机会的基础上，确定企业同环境的关系，规定企业从事的经营范围、成长方向和竞争对策，合理调动和分配企业的全部资源，从而使企业获得竞争优势，制定适合本企业成长与发展的企业远景目标与发展战略。

2. 把组织经营战略转化为一系列的衡量指标

平衡计分卡是一个战略实施机制，它把组织的战略和一整套的衡量指标相联系，弥补了制定战略和实施战略间的差距，能使企业战略有效地实施。为了使企业战略有效实施，可逐步把组织战略转化为财务、客户、内部运营、学习与成长 4 个方面的衡量指标。

3. 将战略与企业、部门、个人的短期目标挂钩

平衡计分卡中的目标和衡量指标是相互联系的，这种联系不仅包括因果关系，而且反映了企业战略。绩效考核指标选定后，则需要确定每个指标所对应的具体目标，进行战略目标分解。在战略目标分解过程中，要求在保证企业目标实现的前提下层层分解，并在分解过程中上下沟通，达成共识，从而形成上下一致、左右协调的绩效考核目标。目标分解过程是员工和上级协商制定考核目标，然后以这些目标作为绩效考核的基础。

4. 战略的具体实施、反馈和中期调整、修正

在计划的实施过程中，上级要及时有效地进行检查监督，并根据内外情况的变化，做出合理的调整。为了有效地实施计划，企业应建立畅通的反馈渠道，使员工在实施过程中所遇到的问题能够及时解决。

5. 建立健全考核体系，根据完成情况进行奖惩

建立健全考核体系，将员工奖金、晋升、教育培训等与员工所完成平衡计分卡的情况直接挂钩，对平衡计分卡完成好的员工进行奖励，对完成不佳的员工提出改进措施；在晋升方面，建立优胜劣汰、能上能下的机制，激发员工的热情和潜力，最大限度地开发和利用企业的人力资源，从而提高整个企业的绩效水平。

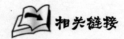 相关链接

中外运敦豪实施平衡计分卡的启示

中外运敦豪(全称为中外运敦豪国际航空快递有限公司)是 1986 年由中国对外贸易运输集团总公司和敦豪环球快递两家公司各注资一半创建的。随着中国的经济迅速增长，中外运敦豪也得到了迅速的发展。

中外运敦豪在北京、上海和广州 3 个合资公司实行卡普兰的作业成本法，并对其运用所取得的成果非常满意。同时，他们开始关注卡普兰的另一个管理理论——平衡计分卡。中外运敦豪认识到平衡计分卡理论正好能够配合内部的组织结构变革，帮助公司全体员工统一认识，制定一个把管理目标和薪酬系统相结合的战略管理模式，因此决定实行平衡计分卡。他们认为，平衡主要体现在 4 个方面：内部和外部、短期和长期、结果和动机、数量和质量。

中外运敦豪在设计、执行平衡计分卡过程中，在以下几方面做得较为出色：①总经理亲自挂帅；②平衡计分卡作为战略管理工具使用；③在平衡计分卡指标设计上充分考虑差异性；④加强沟通与员工培训；⑤平衡计分卡与预算管理和薪酬制度相结合使用。

(资料来源：https://www.taodocs.com/p-493916566.html[2022-6-23])

9.4　标杆分析法

9.4.1　标杆分析法的概念及作用

标杆分析法是将本企业各项活动与从事该项活动最佳者进行比较，从而提出改进方案，以弥补自身的不足。它是将本企业经营的各方面状况与竞争对手或行业内外一流的企业进行对照分析的过程，是一种评价自身企业和研究其他组织的手段，是将外部企业的持久业绩作为自身企业的内部发展目标并将外界的最佳做法移植到本企业的经营中的一种方法。

SWOT 分析模型

标杆分析法在成本控制中的作用很多。首先，它是企业进行优势与弱点分析的有效手段，能确定竞争者中最佳实务及其成功因素，并且通过价值链和成本动因分析后，能认识企业自身的优势与威胁，是 SWOT 分析方法的基础。

其次，标杆分析法可以改进企业实务，通过与最佳实务相比，明确企业需改进的方面，并提供方法与手段。最后，标杆分析法为业绩计量提供了一个新基础，它以合理的成本指标为标准计量业绩，使各部门目标确定在先进合理水平的基础上，成本绩效考核具有科学性。

9.4.2 标杆分析法的实施步骤

1. 确定实施标杆分析活动的对象

企业的资源和时间是有限的，因此开展标杆分析活动应当集中于那些影响物流成本的关键因素。物流是一个大系统，由各个子系统构成，影响物流成本的因素很多，因此要找出影响物流成本的关键因素，并加以改进。

2. 明确物流成本的现状

标杆分析法主要通过调查、观察和内部数据分析，真正了解物流成本的现状。在这一步骤中，企业必须绘制详细的流程图，将本企业物流成本当前状况反映出来。这项工作对于标杆分析活动的成功是至关重要的，一张详细的流程图有助于企业针对当前过程的运行方式、所需的时间和成本、存在的缺点和失误等达成共识，这一步工作做不好，即使与所学标杆的先进过程进行比较，也难以揭示出自身过程中所存在的不足。

3. 选择标杆分析的标杆

要分析的标杆需根据各方面的信息来确定，通常可以有 4 种类型的标杆，即本企业内部的不同部门、直接的竞争对手、同行企业，以及全球范围内的领先者。许多企业在刚开始推行标杆分析活动时，通常都是从内部的标杆开始的，这样有利于积蓄经验，锻炼队伍。面向全球领先者的标杆分析是开展这一活动的最高境界。

4. 确定并实施改进方案

通过收集和分析所选定的标杆信息，形成能反映其优势的完整资料，并找出自己所存在的差距，由项目小组有关人员提出物流成本改进方案，在企业内部达成共识，推动方案的有效实施。

9.5 企业战略成本管理

战略成本管理是成本管理与战略管理有机结合的产物，是传统成本管理对竞争环境变化所作出的一种适应性变革。所谓战略成本管理就是以战略的眼光从成本的源头识别成本驱动因素，对价值链进行成本管理，即运用成本数据和信息，为战略管理的每一个关键步骤提供战略性成本信息，以利于企业竞争优势的形成和核心竞争力的创造。

9.5.1 企业实施战略成本管理的意义

1. 战略成本管理的形成和发展，有利于企业参与市场竞争

由于全球性竞争日益激烈，传统的成本管理已不再适应经济的发展，而战略管理的产生和发展很好地适应了经济发展的需求。成本是战略决策的关键，是决定企业产品或劳务在竞争中能否取得份额以及占有多少份额的关键因素，而影响竞争的成本是企业的战略成本，而非传统的经营成本。

2. 战略成本管理是建立和完善企业现代成本管理体系，加强企业成本管理的必然要求

现代成本管理是企业全员管理、全过程管理、全环节管理和全方位管理，是商品使用价值和商品价值相结合的管理，是经济和技术相结合的管理。在现代成本管理中，战略成本管理占有十分重要的地位，它突破了我国传统成本管理把成本局限在微观层面上的研究领域，把重心转向企业整体战略这一更为广阔的研究领域。

3. 战略成本管理的有效应用和实施，有利于更新我国企业成本管理的观念

在传统成本管理中，成本管理的目的被归结为降低成本，节约成了降低成本的基本手段。但它不是唯一的手段，现代成本管理的目的是以尽可能少的成本支出，获得尽可能多的使用价值，从而为赚取利润提供尽可能好的基础，提高成本效益。从战略成本管理的视角出发来分析成本管理的这一目标，不难发现，成本降低是有条件和有限度的。另外，如果企业以较低的成本升幅，取得更高的使用价值，从而大大提高企业的经济效益，这样的方案也是有价值的方案。企业采用哪种成本战略，取决于企业的经营战略和竞争战略，成本管理必须为企业经营管理服务。

4. 战略成本管理的有效应用和实施，有利于加强企业的经营管理，改善企业的经营业绩

战略成本管理是战略管理顺利实施的基石，应用战略成本管理有助于企业从战略的角度把握企业的成本管理。通过战略定位、价值链分析、成本动因分析、作业成本法等各种方法，将成本管理从仅限于企业内部扩展到企业外部，利用不同的成本管理重点来支持企业不同的竞争战略。

9.5.2 战略成本管理与传统成本管理的关系

传统的成本管理是要实现简单的"降低成本"，强调以企业内部价值链耗费为基础，通过管理手段对现实生产活动加以指导、规范和约束，最大限度地降低企业各种经营活动成本，以实现成本最小化和利润最大化。其弊端突出表现为缺乏对企业外部环境的分析，丧失了成本管理前瞻性，约束了成本管理创新，难以与战略管理协调，不能为企业的战略管理决策提供有用的成本信息。

战略成本管理的首要任务是要关注企业在不同战略下如何组织成本管理，即将成本信息贯穿于战略管理整个循环之中，通过对公司成本结构、成本行为的全面了解、控制与改善，寻求长久的竞争优势，正如波特(M. E. Porter)所讲的取得"成本优势"，成本优势是战略成本管理的核心，主要是指企业以较低的成本提供相同的使用价值，或者使产品成本小幅升高，产品使用价值大幅提高，进而产生相对于竞争对手的优势。其不仅拓宽了成本管理空间范围，将成本管理对象从单纯地关注企业内部活动延伸到企业外部活动，而且拓宽了成本管理时间范围，将成本管理的时间跨度从日常管理的层次提升到战略管理层次，同时也创新了成本管理的方法和手段，更好地满足了战略管理对成本信息的需求。

战略成本管理是对传统成本管理的发展，战略成本的提出基于战略管理需要，是将成本信息的分析利用贯穿于战略管理循环，有利于企业优势的形成和核心竞争力的创造。

9.5.3 战略成本管理的基本框架

1. 价值链分析

每一种最终产品从其最初的原材料投入至最终消费者,要经过无数个相互联系的作业环节,这就是作业链。这种作业链既是一种产品的生产过程,又是一种价值形成和增值的过程,从而形成竞争战略上的价值链。

1) 行业价值链分析与企业价值链分析

由于各种作业特性不同,价值链一般按行业构成,相关行业之间有交叉价值链。任何一个企业均位于某行业价值链中的某一段,企业内部也可分解为许多单元价值链。每个价值链既会产生价值,同时也要消耗资源。进行企业价值链分析,可以确定单元价值链的成本与效益。根据企业的战略目标进行价值作业之间的权衡、取舍,调整各价值链之间的关系。如果企业价值链上的所有活动的累计总成本小于竞争对手,就具有了战略成本优势。在战略成本管理中,往往突破企业自身价值链,把企业置身于行业价值链中,从战略高度进行分析,是否可以利用上、下游价值链进一步降低成本,或调整企业在行业价值链中的位置及范围,以取得成本优势。

2) 竞争对手价值链分析

竞争对手价值链分析是指在行业中往往存在生产同类产品的竞争者。竞争对手的价值链和本企业价值链在行业价值链中处于平行位置。通过对竞争对手价值链的分析,测算出竞争对手的成本与之进行比较,根据企业的不同战略,确定扬长避短的策略,争取成本优势。

2. 成本动因分析

作业影响成本,动因影响作业,因此动因是引起成本发生的根本原因。成本动因可分为两个层次:一是微观层次的与企业的具体生产作业相关的成本动因,如物资消耗、作业量等;二是战略层次上的成本动因,如规模、技术多样性、质量管理等。成本动因分析超出了传统成本分析的狭隘范围(企业内部、责任中心)和少量因素(产量、产品制造成本要素),而代之以更宽广、与战略相结合的方式来分析成本。战略成本动因对成本的影响比重比较大,可塑性也大,从战略成本动因考虑成本管理,可以控制企业日常经营中大量潜在的成本问题。战略成本动因又分为结构性成本动因和执行性成本动因两大类。

结构性成本动因是指与组织企业基础经济结构和影响战略成本趋势整体相关的成本驱动因素,通常包括:①在研究开发、制造、营销等方面的投资规模;②企业价值链的纵向长度和横向宽度,前者与业务范围有关,后者与规模相关;③熟练程度的积累,通常与企业目前作业的重复次数相关;④企业在每一个价值链活动中所运用的技术处理方式;⑤提供给客户的产品、服务的种类。结构性成本动因分析就是分析以上成本驱动因素对价值链活动成本的直接影响以及它们之间的相互作用对价值链活动成本的影响,最终可归纳为一个"选择"问题:企业采用何等规模和范围,如何设定目标和总结学习经验,如何选择技术和多样性等,这种选择能够决定企业的"成本地位"。结构性成本动因分析是企业在经济结构层面的战略选择。

执行性成本动因是指与企业执行作业程序相关的成本驱动因素,通常包括:①劳动力对企业投入的向心力;②全面质量管理;③能力利用;④企业的各种价值链活动之间的相互联系。执行性成本动因与结构性成本动因有着不同的性质,在企业基础经济结构既定的条件下,通过执行性成本动因分析,可以提高各种生产执行性因素的能动性、优化它们之间的组合,使价值链活动达到最优化,从而降低价值链总成本。

3. 战略定位分析

1) 成本领先战略

成本领先战略是诸战略中最为明确的一种。在这种战略指导下,企业的目标是要成为其产业中的低成本生产(服务)厂商,也就是在提供的产品(或服务)的功能、质量差别不大的条件下,努力降低成本来取得竞争优势。如果企业能够创造和维持全面的成本领先地位,那它只要将价格控制在产业平均或接近平均的水平,就能获取优于平均水平的经营业绩。在与对手相当或相对较低的价位上,成本领先者的低成本优势将转化为高收益。成本领先战略的逻辑要求企业就是成本领先者,而不是成为竞争这一地位的几个企业之一,所以,成本领先是格外强调先发制人的一种战略。成本领先战略可通过大规模生产、学习曲线效应、严格的成本控制来实现,企业必须发现和开发所有成本的优势资源。

2) 差异化战略

当一个企业能够为买方提供一些独特的(对买方来说不仅仅是价格低廉的)产品时,这个企业就具有了区别于其他竞争对手的经营差异性。差异化战略要求企业就客户广泛重视的一些方面能在产业内独树一帜,或在成本差距难以进一步扩大的情况下,生产比竞争对手功能更强、质量更优、服务更好的产品以显示经营差异。当然,这种差异应是买方所希望的或乐意接受的。如能获得差异领先的地位,就可以得到价格溢价的报酬,或在一定的价格下出售更多的产品,或在周期性、季节性市场萎缩期间获得诸如买方忠诚等相应的利益。差异化战略的逻辑要求企业选择那些有利于竞争的并能使自己的经营独具特色的性质,重在创新。

虽然经营差异包括了质量,但其含义要广泛得多,经营差异化战略是通过价值链全方位为买方创造价值。

经营差异的代价一般较高,它不能直接降低成本,但可以通过价格溢价或增加销售量相对降低总成本。只要企业获得的总收益超过为经营差异而追加的成本,经营差异就会使企业获得竞争优势。

3) 目标集聚战略

目标集聚战略是主攻某个特定的顾客群、某种产品系列的一个细分区段或某一个细分市场,以取得在某个目标市场上的竞争优势。这种战略的前提是:企业能够集中有限的资源以更高的效率、更好的效果为某一狭窄的战略对象服务,从而超过在更广阔范围的竞争对手。目标集聚战略有两种形式:一是成本领先目标集聚战略,寻求在目标市场上的成本优势;二是差异领先目标集聚战略,追求目标市场上的差异优势。目标集聚战略通常选择对替代品最具抵抗力或竞争对手最弱之处作为企业的战略目标。采用目标集聚战略的企业同样具有取得超过产业平均收益的能力,如果企业能够在某个目标市场上获得成本领先或差异领先的地位,并且这一目标市场的产业结构很有吸引力,那么实施该战略的企业将会获得超过其产业平均水平的收益。

4) 生命周期战略

产品生命周期理论认为,任何产品从导入市场到最终退出市场都是一个有限的生命周期,这个周期可由几个明显的阶段加以区分,分别为产品的导入期、成长期、成熟期和衰退期。在不同的阶段,企业会面临不同的机会和挑战,因而需采取不同的阶段策略。产品生命周期战略可以很好地指导企业的战略成本管理。在导入期和成长期,可采取发展战略,以提高市场份额为战略目标,加大投入,重视差异领先,甚至不惜牺牲短期收益和现金流量;在成熟期,可采取固守战略,以巩固现有市场份额和维持现有竞争地位为目标,重视和保持成本领先,尽可能延长本期间;在衰退期,可采取收获与撤退战略,以预期收益和现金流量最大化为战略目标,甚至不惜牺牲(有时是主动退出)市场份额。生命周期战略充分体现了战略成本管理的长远性思想,不仅适用于产品的生命周期,也适用于企业的生命周期乃至产业的生命周期。

5) 整合战略

整合可以扩张企业的价值链活动。横向整合扩大企业的业务规模;纵向整合则往往超越企业的业务范围,沿行业价值链方向向前或向后延伸整合。运用整合战略,调整(增加或解除)整合程度,可以重构企业价值链,提高企业整体盈利水平。

一项价值活动的成本常受制于规模经济或规模的不经济。规模经济的产生来源于以不同的方式和更高的效率进行更大范围的活动能力,意味着满负荷运行的活动在较大的规模上效率更高。规模与经济并不是正比例直线相关,随着规模的扩大,协调的复杂性和非直接成本的跳跃式增加,可能导致某项价值活动中规模的不经济。正确运用横向整合战略,控制规模适度,可取得成本优势及最佳成本效益比。

一项价值活动的纵向整合的程度也会影响其成本,如有关自制还是购买的战略决策就涉及前后整合的选择问题。纵向整合可以利用市场成本回避强有力的竞争供方或买方,也可以带来联合作业的经济性等,从多方面降低成本。纵向整合不可避免地有成本支出,也不言而喻地有收益期望。在任何战略成本决策中,成本和收益都是必须同时考虑的。当由于资源条件的限制,或更加有利可图、更加容易实现时,也可采用有限整合或准整合战略。有限整合对供应商与客户设立了严格的限制,可以避免为抵消议价实力而进行完全整合的必要性。准整合是指在纵向相关的业务间建立一种关系(介于长期合同和完全拥有所有权之间),可以在不发生全面成本的情况下取得纵向整合的一些或许多利益。

当内外部环境变化,企业进行战略目标调整,若解除(或部分解除)整合能够降低价值链活动成本而又很少影响企业收益时,解除(或部分解除)整合也是一种可选的方案。整合战略充分体现了战略成本管理的全局性思想。

4. 战略成本管理的基本步骤

战略环境分析是战略成本管理(初始或循环)的逻辑起点。通过对企业战略成本管理内部资源和外部环境的考察,评判企业现行战略成本的竞争地位——强项、弱点、机会、威胁等,以决定企业是否进入、发展、固守或者撤出某一行业的某一段价值链活动。战略环境分析的基本方法是价值链分析,通过对行业价值链分析以了解企业在行业价值链中所处的位置；对企业内部分析以了解自身的价值链；对竞争对手分析以了解竞争对手的价值链，从而达到知己知彼，洞察全局，从而确定战略成本管理的方向。

1) 制订战略计划

经过环境分析，确定企业是否进入、发展、固守或撤出某一行业的某一段价值链活动后，下一步就是进行战略规划以确定企业如何进入、发展、固守或撤出该价值链活动。战略规划首先在明确战略成本管理方向的基础上确定战略成本管理的目标，包括总目标(全面的、长期的目标)和一系列具体目标。各目标之间须保持一致性和层次性，组成目标网络。准确的目标有助于战略计划的制订、实施和控制。为了实现所确定的目标，根据企业内部资源、外部环境及目标要求，制订相应的基本战略、策略及实施计划。

2) 战略实施与控制

战略实施按实施计划中的要求与进度进行。在战略实施过程中，由于内部资源、外部环境的变化，会使实施过程产生偏差，因此须进行战略控制。战略控制包括确立预期工作成效的标准，对照标准，衡量偏差，辨析与纠正偏差，从而控制成本动因。企业只有控制成本动因，特别是主要价值链活动的成本动因，才能真正控制成本，保证战略成本管理目标的实现。战略控制的基本方式有前馈控制和反馈控制，控制过程包含研究控制因子、确定控制标准、及时处理与传送控制信息等。战略控制系统应由企业层次、业务单元层次、作业层次组成一体化的控制系统，实行全面的、全过程的控制。当战略目标已实现，或内、外部条件发生重大变化，超过了控制能力时，则需进行战略调整，即重新开始进行战略环境分析、战略规划等进入新一轮循环。

3) 战略业绩计量与评价

战略业绩计量与评价是战略成本管理的重要组成部分。业绩计量与评价通常包括业绩指标的设置、考核、评价、控制、反馈、调整、激励等。传统的业绩指标主要是面向作业的，缺少与战略方向和目标的相关性，有些被企业鼓励的行为其实与企业战略并不具有一致性。因此，须将战略思想贯穿于战略成本管理的整个业绩评价之中，以竞争地位变化带来的报酬取代传统的投资报酬指标。

战略业绩指标应具有以下基本特征。

(1) 全面体现企业的长远利益。

(2) 集中反映与战略决策密切相关的内、外部因素。

(3) 重视企业内部跨部门合作的特点。

(4) 综合运用不同层次的业绩指标。

(5) 充分利用企业内、外部的各种(货币的、非货币的)业绩指标。

(6) 业绩的可控性。

(7) 将战略业绩指标的执行贯穿于计划过程和评价过程。

战略业绩计量与评价需在财务指标与非财务指标之间求得平衡，它既能肯定企业内部业绩的改进，又借助外部标准衡量企业的竞争能力；它既要比较成本管理战略的执行结果与最初目标，又要评价取得这一结果的业务过程。具体方法是比较"不采取战略行动"和"采取战略行动"条件下企业竞争地位的变化而带来的相对收益或损失。

9.6 精益物流

9.6.1 精益物流的含义与意义

精益物流是起源于日本丰田汽车公司的一种物流管理思想,其核心是追求消灭包括库存在内的一切浪费,并围绕此目标发展的一系列具体方法。它是从精益生产的理念中蜕变而来的,是精益思想在物流管理中的应用。

精益思想的核心就是以越来越少的投入——较少的人力、较少的设备、较短的时间和较小的场地创造出尽可能多的价值;同时也越来越接近用户,提供他们确实需要的东西。精益思想的第一步是精确地定义价值;第二步,确定每个产品(或在某些情况下确定一个产品系列)的全部价值流;第三步,要使保留下来的、创造价值的各个步骤流动起来,使需要若干天才能办完的订货手续在几小时内办完,使传统的物资生产时间由几个月或几周减少到几天或几分钟;第四步,及时跟上不断变化的客户需求,因为一旦具备了在用户真正需要的时候就能设计、安排生产和制造出产品的能力,就意味着可以抛开销售,直接按用户告知的实际要求进行生产。这就是说,可以按用户需要拉动产品,而不是把用户不想要的产品强制推销给用户。

精益思想的理论诞生后,物流管理学家则从物流管理的角度进行了大量的借鉴工作,并与供应链管理的思想密切融合起来,提出了精益物流的新概念。精益物流理论的产生,为我国的传统物流企业提供了一种新的发展思路,为这些物流企业在新经济中生存和发展提供了机会。精益物流理论符合现代物流的发展趋势,该理论所强调的消除浪费、连续改善是传统物流企业继续生存和发展必须具备的根本思想,它使传统物流企业的经营观念转变为以顾客需求为中心,通过准时化、自动化生产不断谋求成本节约,谋求物流服务价值增值的现代经营管理理念。可以说,基于成本和时间的精益物流服务将成为中国物流业发展的驱动力。

9.6.2 精益物流的基本内容

1. 以客户需求为中心

在精益物流系统中,客户需求是驱动生产的源动力,是价值流的出发点。价值流的流动要靠下游顾客来拉动,而不是依靠上游的推动。当客户没有发出需求指令时,上游的任何部分不提供服务;而当客户需求指令发出后,则上游快速提供服务。系统的生产是通过顾客需求拉动的。

2. 准时

产品在流通过程中能够顺畅、有节奏地流动是物流系统的目标,而保证产品顺畅流动最关键的因素是准时。准时包括产品在流动中的各个环节按计划按时完成,包括交货、运输、中转、分拣、配送等环节。物流服务的准时是保证产品在流动中的各个环节以最低成本完成的必要条件,也是满足客户要求的重要方面之一。准时是保证物流系统整体优化方案能得以实现的必要条件。

3. 准确

准确包括准确的信息传递、准确的库存、准确的客户需求预测、准确的送货数量等。准确是保证物流精益化的重要条件之一。

4. 快速

精益物流系统的快速含义包括两个方面:一是物流系统对客户需求的反应速度快;二是产品在流通过程中的速度快。物流系统对客户个性需求的反应速度取决于系统的功能和流程。当客户提出需求时,物流系统应能对客户的需求进行快速识别、分类,并制订与客户需求相适应的物流方案。客户历史信息的统计、积累会帮助企业快速地制订物流服务方案。

产品在物流链中的快速性体现在产品停留的节点最少,流通所经路径最短,仓储时间最合理,并达到整体物流的快速。在产品和服务上,速度是影响成本和价值的重要因素,特别是市场竞争日趋激烈的今天,速度也是竞争的强有力手段。快速的物流系统是实现货品在流通中增加价值的重要保证。

5. 降低成本

精益物流系统通过合理配置基本资源,可以以需定产,并充分运用企业的优势和实力;通过电子化的信息流,进行快速反应、准时化生产,从而消除诸如设施设备空耗、人员冗余、操作延迟和资源等浪费,保证其物流服务的低成本。

6. 系统集成

精益系统是由资源、信息流和能够使企业实现"精益"效益的决策规则组成的系统。精益物流系统则是由提供物流服务的基本资源、电子化信息和使物流系统实现"精益"效益的决策规则所组成的系统。

具有能够提供物流服务的基本资源是建立精益物流系统的基本前提。在此基础上,需要对这些资源进行最佳配置。资源配置的范围包括设施设备共享、信息共享、利益共享等。只有这样,才能充分地发挥优势和实力,合理运用这些资源,消除浪费,最经济合理地提供满足客户需求的优质服务。

7. 信息电子化

高质量的物流服务有赖于信息电子化。物流服务是一个复杂的系统项目,涉及大量繁杂的信息。信息电子化便于传递,这使得信息流动迅速、准确无误,保证物流服务的准时和高效;信息电子化便于存储和统计,可以有效减少冗余信息的传递,减少作业环节,降低人力浪费。此外,传统的物流运作方式已不适应全球化、知识化的物流市场竞争,需要实现信息电子化,不断改进传统业务项目,寻找传统物流产业与新经济的结合点,提供增值物流服务。使系统实现精益效益的决策规则,包括使领导者和全体员工共同理解并接受精益思想,即消除浪费和连续改善,用精益思想思考问题、分析问题,制定和执行能够使其实现的决策。

9.6.3 精益物流的实施步骤

我国企业发展精益物流,应当分步骤实施,一般应分为两步。

1. 企业系统的精益化

(1) 组织结构的精益化。由于我国大多数企业在计划经济中所形成的组织结构,制约着企业的变革。因此,企业要发展物流,应当利用精益化思想减少中间组织结构,实施扁平化管理。

(2) 系统资源的精益化。我国的传统企业存在着众多计划经济下遗留的资源,但如果不进行整合、资源重组,则很难与其他大型物流企业进行竞争,将有可能把自己的优势变为劣势。

(3) 信息网络的精益化。信息网络系统是实现精益物流的关键,因此,建立精益化的网络系统是先决条件。

(4) 业务系统的精益化。实现精益物流首先要对当前企业的业务流程进行重组与改造,删除不合理的因素,使之适应精益物流的要求。

(5) 服务内容及对象的精益化。由于物流本身的特征,即不直接创造利润,所以,在进行精益物流服务时,应选择适合本企业体系及设施的对象及商品,这样才能使企业产生核心竞争力。

(6) 不断完善与鼓励创新。不断完善就是不断发现问题,不断改进,寻找原因,提出改进措施,改变工作方法,使工作质量不断提高。鼓励创新是建立一种鼓励创新的机制,形成一种鼓励创新的氛围,在不断完善的基础上有跨越式的发展。物流的实现过程中,人的因素发挥着决定性的作用,任何先进的物流设施、物流系统都要人来完成。而且物流形式的差别、客户个性化的趋势和对物流期望越来越高的要求也必然需要物流各具体岗位的人员具有不断创新的精神。

2. 提供精益物流服务

精益物流服务是精益物流的核心。企业应树立用户第一的思想,明确客户服务需求,统一服务标准,规范服务流程,明确服务目标,细化服务内容,优化服务质量,不断提高精准化、定制化服务能力。具体内容包括以客户需求为中心,提供准时化服务,提供快速服务,提供低成本高效率服务,提供使客户增值的服务。

总之,精益物流作为一种全新的管理思想,势必会对物流行业产生深远的影响,它的出现将改变企业粗放式的物流管理观念,提高企业的核心竞争力。

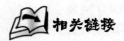

汽车包装箱的循环利用

在全球范围内,汽车生产厂商通常会从世界各地采购或者定制加工汽车零部件,统一运输到汽车装配厂进行组装并最终生产出量产汽车。众所周知,美国是汽车消费大国,2018年消费汽车共计 1 700 万辆,因此美国有多个汽车装配厂,每年有上亿的零部件从世界各地被运往美国。

通常情况下,不同的零部件会通过一次性纸箱和托盘的运输方式被运往美国,这些包装在被初次使用后便成了废品,但是其中有很大一部分是完好无损的。由于许多汽车零部件在运输过程中需要避免受潮等问题,因此在零部件装入纸箱之前,需用塑料密封袋进行包装。当零部件被运输到美国后,包装物造成塑料污染以及纸箱托盘的浪费,这是一大笔支出。

通用汽车公司聘请第三方物流公司进行零部件承运工作。由于不同零部件的生产商是基本固定的,因此第三方物流公司根据年产量以及汽车零部件外观、运输要求等信息设计了多套适配不同零部件的可多次利用的塑料支架以及可折叠的塑料外包装箱。当零部件被生产出来后,将零部件固定在塑料支架上,防止在运输过程中出现损坏,最后将塑料支架装入可折叠的塑料外包装箱中进行运输。

由于包装箱的特殊设计,可以有效防水防潮,并且比过去使用的纸箱坚固结实。通过将汽车零部件放入塑料支架上,有效地提高了空间的利用率,原来一个托盘上能够放 2 个相同的零部件,现在可以通过塑料支架放置两层,从而达到一个托盘上放置 4 个相同的零部件,极大地提高了运输效率。零部件被运输到美国汽车装配厂后被取出,同时支架以及外包装箱被折叠、拆解并重新运回零部件生产厂商,等待下一次发运。

通过使用支架及可折叠的塑料外包装箱,有效地减少了纸箱的浪费以及一次性塑料的产生。与此同时,在运输过程中通过支架将零部件固定,有效地降低了由于运输导致的产品损坏率,从多方面降低了成本。不仅如此,由于可折叠的塑料外包装箱是标准尺寸,因此可以用来运输其他物品从美国返回零部件生产地,从而进一步降低成本。

(资料来源:根据网站资料整理)

本 章 小 结

物流成本管理绩效评价是指为达到降低企业物流成本的目的,运用特定的企业物流成本绩效评价指标、制定统一的物流评价标准,采用定量和定性相结合的方法,对企业物流成本管理系统状况进行的综合评价。物流成本管理绩效评价是物流管理系统绩效评价的重要组成部分,是物流系统决策的重要依据。企业通过对其物流成本管理绩效的纵向比较,有助于提高企业物流系统的运行效率与经济效益;企业通过与同行业其他企业物流成本管理绩效的比较,可以认清自身物流成本管理的优势和不足,为进一步完善企业物流管理系统提供依据。

物流成本管理绩效评价的实施步骤如下:建立绩效评价组织机构、制订绩效评价工作方案、收集与整理基础资料和数据、评价计分、编制报告。物流成本管理绩效评价的原则有系统性原则、可比性原则、定性与定量相结合原则。

物流成本管理绩效评价指标体系由定量评价指标体系与定性评价指标体系两部分构成。定量评价指标体系包括单位销售收入物流成本率、物流成本利润率、物流成本占企业总成本的比率、货损货差赔偿费率、客户满意率等指标。定性评价指标体系由物流信息化程度、物流创新发展能力、物流标准化管理等内容构成。

物流成本管理绩效是物流运输、仓储、装卸搬运等各个子系统成本管理状况的综合反映,持续地控制与改进物流成本管理绩效是企业生存和发展的保证。用于物流成本绩效控制和改进的方法有很多,最常见的包括平衡计分卡、精益管理、标杆分析、物流战略成本管理等。

平衡计分卡是从财务、客户、内部运营、学习与成长4个维度,将组织的战略落实为可操作的衡量指标和目标值的一种新型绩效管理体系。其中,财务维度是最终目标,客户维度是关键,内部运营维度是基础,学习与成长维度是核心。

标杆分析法是将本企业各项活动与从事该项活动最佳者进行比较,从而提出改进方案,以弥补自身的不足。它是将本企业经营的各方面状况和环节与竞争对手或行业内外一流的企业进行对照分析的过程,是一种评价自身企业和研究其他组织的手段,是将外部企业的持久业绩作为自身企业的内部发展目标并将外界的最佳做法移植到本企业的经营环节中的一种方法。

战略成本管理就是以战略的眼光从成本的源头识别成本驱动因素,对价值链进行成本管理,即运用成本数据和信息,为战略管理的每一个关键步骤提供战略性成本信息,以利于企业竞争优势的形成和核心竞争力的创造。战略成本管理的基本框架包括价值链分析、成本动因分析、战略定位分析。

精益物流是起源于日本丰田汽车公司的一种物流管理思想,其核心是追求消灭包括库存在内的一切浪费,并围绕此目标发展的一系列具体方法。精益思想的核心就是以越来越少的投入——较少的人力、较少的设备、较短的时间和较小的场地创造出尽可能多的价值;同时也越来越接近用户,提供他们确实需要的东西。精益物流的基本内容包括以客户需求为中心、准时、准确、快速、降低成本、系统集成、信息化。精益物流的实施步骤包括企业系统的精益化和提供精益物流服务。

 关键术语

物流成本管理绩效评价 平衡计分卡 标杆分析法 战略成本管理 精益物流

习 题

一、单项选择题

1. 精益物流与物流需求计划相比较,两者的存储水平不同,前者要(　　)后者。
　　A. 远高于　　　　B. 远低于　　　　C. 相近似　　　　D. 低一些
2. 平衡计分卡是从(　　)个方面,将组织的战略落实为可操作的衡量指标和目标值的一种新型绩效管理体系。
　　A. 1　　　　　　B. 2　　　　　　C. 3　　　　　　D. 4
3. 物流成本管理绩效评价指标属于(　　)。
　　A. 定量评价指标　　　　　　　　B. 定性评价指标
　　C. 定量与定性相结合指标　　　　D. 相对数指标

二、简答题

1. 物流成本管理绩效评价的实施步骤有哪些?
2. 标杆分析法的实施步骤有哪些?
3. 企业实施战略成本管理的意义是什么?
4. 精益物流的基本内容有哪些?
5. 物流成本管理绩效控制和改进的方法有哪些?

案例分析

浙江出台配套政策推动完善废旧家电回收处理体系 推动家电更新消费

为贯彻落实《关于完善废旧家电回收处理体系 推动家电更新消费的实施方案》(发改产业〔2020〕752号)要求,浙江省发展和改革委联合相关部门,结合地方实际,印发了《浙江省完善废旧家电回收处理体系推动家电更新消费三年行动计划(2021—2023年)》。

坚持目标导向,突出浙江特色。立足浙江数字经济领先、垃圾分类先进、拆解技术和能力强等方面叠加优势,通过政府搭台企业唱戏,进一步畅通家电生产、消费、回收及处置再利用全链条,打造全国一流废旧家电回收处理体系,形成一套家电新型消费模式,推广一批先进模式和经验做法。

坚持问题导向,强化关键节点。针对调研发现的废旧大家电拆装人工费用高、物流成本高、安全隐患高的问题,提出线上线下融合发展,建设多元化的回收渠道的"互联网+回收"的模式。针对包括废旧家电在内的再生资源或大件垃圾临时放置点不健全的问题,提出推进"两网融合"完善回收设施网络,提升正规回收处理体系的覆盖率。针对目前回收环节以走街串户的黄牛为主,废旧家电产品去向难以监管的问题,提出提高行业组织化水平、加强行业监管和人员管理等意见。针对非法拆解挤占合规拆解企业空间,非法拆解还会造成严重环境污染的问题,提出鼓励正规拆解企业加大研发投入和新装备的应用,推进信息化、智能化建设,提升企业回收处理的综合能力。

坚持效果导向,确保落地实施。按照协同联动、典型引领、规范有序的指导思想,将废旧家电回收处理体系与现有再生资源利用体系和城市生活垃圾分类回收体系有机结合。根据国家相关文件精神,结合浙江省实际,制订共13项重点任务的清单,进一步明确责任分工,确保《浙江省完善废旧家电回收处理体系推动家电更新消费三年行动计划(2021—2023年)》可落地、可实施。

(资料来源:根据网站资料整理)

思考:浙江提出的解决废旧家电回收利用问题的措施有哪些?

战略成本管理在青岛啤酒的运用

青岛啤酒股份有限公司(以下简称"青岛啤酒")的前身是由英国商人和德国商人合资在青岛创建的日耳曼啤酒公司青岛股份公司,是我国历史悠久的啤酒制造厂商,并在1993

年于我国香港和上海上市，成为国内首家在两地同时上市的股份有限公司，其规模和市场份额是国内啤酒行业的翘楚，青岛啤酒更是成为国际市场最具知名度的中国品牌。

青岛啤酒在国内啤酒市场上虽排名第一，但其市场占有率不到13%，可见在开拓市场方面，青岛啤酒依旧面临巨大的市场竞争压力，由于没有一家厂商具备完全的定价能力，未来的价格战争将会愈演愈烈，成本将成为青岛啤酒获取长期竞争优势的支撑。

青岛啤酒自1996年采取低成本扩张战略，高额的改造费用致使公司的营业和管理费用剧增，为了改善公司的成本状况，自2001年起，实施了一系列内部资源整合战略，旨在提高企业竞争力。从战略成本管理的角度看，公司已将自己的成本管理上升到了战略的高度。

(1) 青岛啤酒的价值链分析。主要从内、外两个方面分析青岛啤酒目前的价值链。对于内部价值链，公司进行了统一的物流供应链管理，对产品的仓储、转库由原先的单一控制转换为统一管理和控制，进行了一系列的整合、优化，降低了库存资金的占用及仓储和运输费。对于外部价值链，公司实现了经销商、供应商、分销商之间的协调一致，并将其与公司的计划相结合，形成了供应链管理，从而在成本控制、客户响应等方面创造了新价值。

(2) 青岛啤酒的战略定位分析。经过SWOT分析发现，其在品牌、政策、资金、技术、市场等重要方面都占据了优势，但是其营销和管理的成本却居高不下。传统成本管理往往注重与产品生产相关的成本，而在间接成本(如管理成本)的控制上缺乏手段，仅仅为了降低成本而降低成本，并没有对企业所面临的外部环境进行分析。针对这种现象，青岛啤酒在实施发展战略的具体过程中，不断树立大品牌形象，坚持走"低成本扩张，高起点发展"的道路，通过收购低档的大众市场小品牌，扩大市场，提高企业的影响力，同时主要通过中、高档产品来获利，在激烈的竞争中使品牌进一步做大做强。

(3) 青岛啤酒在实施战略成本管理过程中与现代信息化技术的发展趋势相结合，建立了以Oracle ARP为核心的ERP系统，对公司总体业务的信息化进行规划，实现了公司业务的整合及资源的优化，提高了资源的利用效率，进而节约了企业的成本，提高了企业的竞争力。

青岛啤酒在实施战略成本管理过程中，充分意识到了战略成本管理的重要性，实现了从单纯的成本降低到成本避免与竞争力相结合的转变。在战略成本管理模式中注重有效管理和控制，对原先的业务流程和管理信息系统进行彻底改变，从而全面提高企业效率，节省企业的管理费用。

(资料来源：王棣华. 从青啤看战略成本管理[J]. 首席财务官，2015(1): 78-81.)

思考：青岛啤酒在实施战略成本管理过程中采取了哪些措施？

第10章 供应链成本管理

【教学目标与要求】

理解供应链成本及供应链成本管理的概念。
掌握目标成本法和改善成本法。
了解供应链及供应链管理的概念。
了解供应链成本管理模式。

大数据背景下基于供应链的成本控制研究——以京东为例

随着网络和计算机技术的发展,电商企业通过大数据技术收集与处理相关数据得到价值信息,并灵活运用于企业管理,加强企业供应链的成本控制,成为提升企业核心竞争力的关键措施。基于大数据技术研究成本控制,创新供应链成本控制策略,有助于最大限度地节约企业成本,进一步提高企业盈利能力和竞争能力。

1. 京东供应链成本构成

京东是电子销售企业,采购成本、库存管理成本、销售成本、配送成本是其供应链成本的主要组成部分。采购成本主要有采购商品和商品入库时产生的费用;库存管理成本主要有仓储成本和库存管理人员工资;销售成本主要有营销费用,线上、线下广告费;配送成本主要是物流产生的费用。

2. 大数据背景下京东大数据供应链成本控制存在的问题

(1) 采购环节。

目前,京东的采购成本呈现出逐年增加的趋势,其中,2020 年的采购成本约为 2016 年的 3 倍。截至 2020 年年底,采购成本占营收比重依然达到 85.37%,横向来看,亚马逊采购成本占营收比重仅为 60.42%,这说明京东的采购成本控制虽然已经取得了一定成效,但还存在优化的空间。例如大数据技术让京东有能力高效地选择优质的供应商,但经常更换供应商不利于企业节约采购成本。

(2) 仓储环节。

截至 2020 年年底,京东已拥有超 900 家仓库,包含京东物流管理的云仓面积在内的仓储面积达到 2 100 万平方米。京东的仓库数量和仓储面积的迅速扩张,虽然有助于扩大其经营规模,提高货物周转率,但也会导致仓库建设、货物管理、货物分拣、仓储租赁和日常维护等费用随之增加,即使有大数据技术的助力,也会让仓储成本居高不下。再者,由于京东商城的品类庞大,有部分商品销售速度慢,容易造成货物累积,无效占用仓库面积,对此盲目地扩大仓储规模,只会造成资源浪费。

(3) 销售环节。

如今,京东利用大数据技术开展精准营销和个性化服务已经取得了一些成果,但在电商企业对于网络营销或移动营销的重视程度不断攀升的背景下,京东的宣传方式过于单一,在利用社交新媒体进行宣传营销方面经验不足,仍存在为用户推荐商品不够全面和准确的现象。

(4) 物流环节。

京东从 2007 年开始自建物流体系,并逐步建成了密集的网状物流体系,自建物流的迅速发展于京东而言有利有弊,一方面有利于自主进行成本控制,提高物流的配送效率,便于改进配送方式满足消费者的多样化需求,另一方面由于高水平的服务,企业不愿下调价格,导致快递价格高于普通快递,自营业务不能有效地对外利用,再加上我国固有的物流区域化特点,难以发挥覆盖全国的规模效应。对此,单纯地扩大物流覆盖范围、利用技术提高物流的配送效率并不足以解决问题。

3. 进一步加强京东大数据供应链成本控制的建议

(1) 增强与供应商的合作关系。

在选出供应商之后，应当采取相应的措施与供应商达成长期而紧密的合作，由简单合作关系变为战略合作伙伴。比如共享大数据平台，建成资源信息和市场数据的分享机制，让供应商也能及时了解消费者的需求和偏好，从而改善货物品质，增强市场敏锐度，减小退货压力。这一方面有助于京东购买到更优质、更符合消费者需求的产品，另一方面也有利于京东增强议价能力，以较低的价格优势获取货源，从而降低采购成本。

(2) 加大仓储成本的控制力度。

京东在仓储面积已经足够庞大的现状下，应当树立长远的目标，将重点放在加强仓库之间的联系和提高仓储面积利用率上，利用大数据技术对各物流中心和仓库的定位有一个明确清晰的掌握，计算不同仓库存放的商品的关联度，预测商品的流动，为仓库之间的存货调度提供更便捷的服务，在现有的仓储面积规模条件下提高存储效率；此外，企业应当预测积压商品在未来一段时间市场的实际需求，判断是否应该替换为其他当期热销的产品，而不是简单地通过增加仓储面积来放置更多的货物，从而最大限度地利用现有的仓储区域，控制仓储成本。

(3) 优化营销模式和个性化服务。

在互联网新媒体快速增长的环境下，京东应优化营销模式，实现营销多样化，利用微信营销、微博营销、短视频营销等扩大推送范围，增大宣传力度，凭借各种平台与用户进行双向沟通，参与用户决策，并对用户的心理进行分析，以此促进精准营销效果的提升。此外，在得到用户同意的前提下，可以在首页的显眼位置设置个性化模块，将依靠大数据收集到的符合消费者偏好的商品分类展示出来，在方便消费者选购的同时深化个性化服务。

(4) 合理发展自营物流系统。

京东在利用大数据技术优化"限时达""次日达"等相对于其他快递公司具有明显配送效率优势的配送业务的同时，应当本着"薄利多销"的原则，适当调低快递价格，这样必然可以获得更多商家的青睐，有利于扩大规模效应；面对我国物流配送"南多北少、东密西疏"的现状，可以考虑与第三方物流公司合作，先将商品运输至当地市县级别的物流中心，再借助第三方快递配送到消费者所在的具体位置，这样就无须在偏远地区建设自营仓库，不会造成资源浪费，也能有效控制并降低物流配送成本。

(资料来源：吴金山. 大数据背景下基于供应链的成本控制研究：以京东为例[J]. 物流工程与管理，2022,43(11): 63-65.)

供应链成本管理是供应链管理的一部分，是一种跨企业成本管理，它将成本管理的范围拓展到整个供应链。通过供应链管理，企业不仅可以利用自身内部的资源，还可以有效地利用其他企业的资源，以保持其核心竞争力。

10.1 供应链成本管理概述

10.1.1 供应链及供应链管理的概念

1. 供应链的概念

国家标准《物流术语》(GB/T 18354—2021)对供应链的定义是:"生产及流通过程中,围绕核心企业的核心产品或服务,由所涉及的原材料供应商、制造商、分销商、零售商直到最终用户等形成的网链结构"。供应链是围绕核心企业,通过对信息流、物流、资金流的控制,从采购原材料开始,制成中间产品以及最终产品,最后由销售网络把产品送到消费者手中,将供应商、制造商、分销商、零售商直到最终用户连成一个整体的功能网链结构模式。根据供应链的定义,其基本结构可以简单地归纳为如图 10.1 所示的模型。

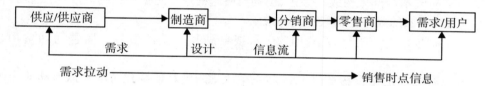

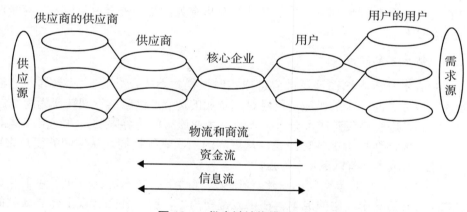

图 10.1 供应链结构模型

2. 供应链管理的概念

国家标准《物流术语》(GB/T 18354—2021)对供应链管理的定义是:"从供应链整体目标出发,对供应链中采购、生产、销售各环节的商流、物流、信息流及资金流进行统一计划、组织、协调、控制的活动和过程"。

供应链管理产生于 20 世纪 90 年代,是一种战略性的企业间协作管理技术。它被认为是面向 21 世纪的先进管理思想和管理模式,也是近年来理论界和实务界研究和应用的一个新的热点。供应链管理是市场渠道各层之间的一个连接,是控制供应链中从原材料通过各制造和分销层直到最终用户的一种管理思想和技术。供应链管理强调跨组织的协作与管理,使企业能够打破边界,将视角延伸到整个供应链上,从而获得竞争优势。

供应链管理的特点

供应商管理系统

供应链管理的出发点：通过协调供应链上各个成员之间的关系，高效地优化配置企业内外资源，有效地控制供应链上的物流、资金流、价值流、工作流和信息流，既保持稳定和灵活的供需关系，又从整体上加快产品的响应。它已成为当代各种企业开展全球市场竞争的重要战略思想。通过供应链管理，一个企业不仅可以利用自身内部的资源，还可以有效地利用其他企业的资源，以保持其核心竞争力。面对激烈竞争的市场要求，管理信息集成必须向企业外部供需市场延伸和扩张，企业管理信息系统的总体规划，再也不能局限于企业内部。

10.1.2 供应链成本及供应链物流成本管理的概念

1. 供应链成本的概念

供应链成本是在供应链运转过程中由商流、物流、信息流和资金流所引起的成本，由物流成本和交易成本两部分构成。其中，由物流引起的成本是供应链物流成本，而由商流、信息流和资金流引起的成本是供应链交易成本。

供应链交易成本主要包括信息费用、交易谈判费用、签约费用、监督履约费用、交易变更费用。

供应链物流成本是指货物在供应链体系中流动所消耗的物化劳动和活劳动的货币表现，包括货物在运输、仓储、包装、装卸搬运、流通加工、物流信息、物流管理等过程中所耗费的人力、物力和财力的总和，以及与存货有关的流动资金占用成本、存货风险成本和存货保险成本。

2. 供应链成本的特点

传统的成本分析方法在计算供应链成本时显得力不从心，因为大多数传统方法只是关注企业内部成本，而如今的供应链已经跨越企业的边界，供应链管理转变为跨组织的协作和管理。因此，进行供应链成本分析必须超越企业原有的边界限制，关注供应链的整体结构，全局考虑各种因素，从更高的层次进行把握。从空间的视角来看，供应链成本具有以下4个特点。

四流之间的关系

（1）对象空间的变化。在传统视角下，成本对象空间局限于企业生产经营活动中发生的成本。在供应链视角下，强调并在客观上建立新型的供需关系，制造商、供应商、分销商之间构成"风险共担、利益共享"的利益共同体，每个环节的表现都将直接或间接地影响整个共同体的利益。因此，制造商、供应商、采购方之间的关系发生了根本性改变，在"选择—被选择"或"接受—被接受"的制约关系基础上增加了"协商、共同制定成本目标、共同解决成本问题"的协作关系，形成了"制约 + 协作"的新型关系。

企业组织结构的扁平网络化

（2）组织空间的变化。传统视角下的成本管理所面对的企业组织结构是一种基于分工与专业化原则所建立的"金字塔"形体系结构，而且该体系结构在一定时期内具有结构上的相对稳定性。在供应链视角下，为适应敏捷性的要求，企业的组织结构由传统的"金字塔"形体系结构转化为具有明显动态特性的"可重组扁平状网络化"体系结构，与之相应的成本管理也应该突破传统思维框架，探索新的组织结构模型。

(3) 地理分布空间的变化。就地理位置而言，供应链视角下的企业具有地域分布特征，参与企业联盟的各企业往往分布在全球各地，因而在供应链视角下观察成本发生需要面对的可能是一个跨地域的地理分布空间。

(4) 响应空间的变化。在供应链视角下，企业面对的是动态多变的、调整频繁的企业内部环境和外部环境，因而对成本发生的认识需要有敏锐的感知能力、敏捷的动态响应能力和持续的动态适应能力，从传统的被动响应空间跃升到自觉的敏捷响应空间。

3. 供应链成本管理的概念

供应链成本包括企业在采购、生产、销售过程中为支撑供应链运作所发生的一切物料成本、劳动成本、运输成本、设备成本等。供应链成本管理可以说是以成本为手段的供应链管理方法，也是有效管理供应链的一种新思路。供应链成本管理是一种跨企业的成本管理，其视野超越了企业内部，将成本的含义延伸为整个供应链上企业的作业成本和企业之间的交易成本，其目标是优化、降低整个供应链上的总成本。

近年来，供应链成本管理引起了重视，主要原因在于两个方面：一是企业之间的竞争越来越被供应链之间的竞争所取代；二是成本优化潜力只能通过管理整个供应链成本来实现。加强供应链成本管理对降低整个供应链成本和提高整个供应链及其各成员企业的竞争力具有重要意义。

4. 供应链成本管理的特点

供应链成本管理是供应链管理的一部分，是一种跨企业成本管理，它将成本管理思想拓展到整个供应链，意味着成本管理方法跨越了组织边界。与传统成本管理相比，供应链成本管理具有以下 4 个特点。

(1) 需求拉动型。与传统的生产推动型成本管理不同，供应链成本管理是一种需求拉动型的模式。在需求拉动型成本管理模式下，将顾客需求以及客户订单作为生产、采购的拉动力，控制资金流，最终协调资金成本。供应链节点企业在市场需求下组织生产，其经济活动适时、适地、适量地进行，从而减少了存货资金占用费用、仓储费用以及存货损失和时间价值损失。

(2) 协同性。传统成本理论认为，经济活动存在着绝对的效益背反原理，即经济活动的若干要素之间存在着绝对的损益矛盾。提高客户服务水平会导致成本上升，保证顾客随时满意就必须依靠大量的库存。因此，这种成本管理的目标只是单纯地追求企业成本与服务水平在一定程度上的平衡。然而，在供应链系统中，改善服务和降低成本这两个目标是具有兼容性的，通过战略合作伙伴之间的密切合作，把市场风险均衡到整个供应链中，加强供应链整合成本与机会成本的控制、建立协同性运作。这样，绝对的效益背反就可以转化为相对的可控的效益关系。

(3) 延展性。供应链成本管理的范围由生产领域向开发、设计、供应、销售领域扩展。传统的成本管理比较重视生产领域成本的控制，而将其他环节的成本视为生产和销售产品所发生的额外费用。然而，随着信息时代的到来，生产成本所占的比重逐渐下降，其他相关成本所占的比重逐渐上升，甚至超过了生产成本。供应链成本管理在遵循一体化的基础上，通过企业流程再造和物流体系设计来达到降低成本的目的。

(4) 整体性。供应链成本管理的整体性体现在节点企业自身流通环节的整合和与上下游企业之间的整合两个方面。它要求企业必须在3个层次上权衡成本：①战略层次，主要包括合作伙伴的评价选择、仓储能力设计以及材料在物流网络中的流动等决策；②战术层次，包括采购和生产决策、库存和运输策略；③作业层次，如安排运输路线等日常决策。

10.2 供应链成本的管理策略

10.2.1 供应链成本管理的基础理论

供应链成本管理虽然是20世纪90年代提出的一种新的成本管理模式，但追溯其理论渊源，与前人关于成本管理的各种研究理论是分不开的。供应链成本管理理论基础主要包括价值链理论、委托代理理论、交易成本理论和组织间成本管理等。

1. 价值链理论

价值链概念由波特于1985年在其《竞争优势》一书中首先提出，倡导运用价值链进行战略规划和管理，以帮助企业获取并维持竞争优势。价值链分析思想认为，每个企业所从事的在经济上和技术上有明确界限的各项活动都是价值活动，这些相互联系的价值活动共同作用为企业创造价值，从而形成企业的价值链。例如，每种产品从最初的原材料投入到最终消费者手中，要经历无数个相互联系的作业环节——作业链。这种作业链既是一种产品的生产过程，也是价值创造和增值的过程，从而形成竞争战略上的价值链。

企业内部在运作过程中可以分解为多个单元价值链，每个单元价值链既会产生价值，也会消耗成本。某个价值链单元是否创造价值，关键看它是否提供了后续价值链单元的需要，是否降低了后续价值链单元的成本。同时，任何一个企业均处于某行业价值链的某一段，价值链的上游是它的原材料或产品的供应商，下游是其分销商或最终顾客。这种价值链的相互联系成为降低价值链单元的成本及最终成本的重要因素，而价值链中各个环节的成本降低则是企业竞争优势的来源。价值链分析对于成本管理理论的最大贡献是拓展了成本管理的视角，将成本管理的重心延伸到了组织边界，不只是局限于企业内部，而且包括了价值链伙伴。

2. 委托代理理论

委托代理理论的核心是在解决利益相冲突和信息不对称的情况下，委托人对代理人的激励问题，即代理问题，包括提高代理效果和降低代理成本。从广义上说，存在合作的地方就存在委托代理关系，而供应链成本管理强调的就是关系管理，也就是合作与协调，因此委托代理理论为其提供了分析的理论基础和方法框架。

根据委托代理理论分析处于供应链中的企业，处于上游的企业所扮演的是代理方的角色，而下游企业则扮演委托方的角色。存在委托代理关系就必然要发生代理成本，包括激励成本、协调成本和代理人问题成本等。供应链成本管理就需要对这些成本进行分析，以期降低代理成本，优化代理效果，使链条之间企业的关系成本最低的同时达到良好的合作效果。

3. 交易成本理论

交易成本又称交易费用，最早由芝加哥大学教授、经济学家科斯(R. H. Coase)在研究企业性质时提出,是指交易过程中产生的成本。交易成本包括"发现相对价格的工作"、谈判、签约、激励、监督履约等的费用。毫无疑问,利用外部资源将带来大量的交易成本。这就需要一种"围绕核心企业,通过信息流、物流、资金流的控制,从采购原材料开始,制成中间产品以及最终产品,最后由销售网络把产品送到消费者手中的,将供应商、分销商、零售商,直到最终用户连成一个整体的功能性网链结构模式",即供应链。根据交易成本理论对供应链成本进行分析,可以发现供应链企业之间的交易成本大致包括以下内容:寻找价格的费用、识别产品部件的信息费用、考核费用、贡献测度费用。

另外,供应链企业之间的长期合作建立在利益共享的基础上,利益共享的一个重要依据是各企业在供应链整体运作中的贡献。由于分解和考核各企业的贡献是困难的,这时会存在索取价格超过应得价格的情况,以至于代理人的仲裁是必不可少的,这也是供应链交易成本的内容之一。因此,为了降低整个供应链的交易成本,企业之间应该建立紧密的合作伙伴关系,彼此信任,通过信息网络技术实现信息共享。

4. 组织间成本管理

组织间成本管理是对供应链中有合作关系的相关企业进行的一种成本管理方法,其目标是通过共同的努力来降低成本。为了完成这个目标,所有参与的企业应该认同这个观点,"我们同坐一条船",并且要鼓励他们增加整个供应链的效率而不是他们自身的效率。如果整个供应链变得更有效率,那么他们分得的利润也就更多。因此,组织间成本管理是一种可增加整个供应链利润的方法。由于它在很大程度上依赖于协调,所以它只适用于精细型供应链,因为在精细型供应链中,买卖双方互相影响,信息共享程度也很高。为了使组织间成本管理行之有效,任何改进措施取得的超额利润应该让所有参与的企业共享。这种共享可以激励所有参与企业更好地合作。在供应链中,企业应用组织间成本管理可以协调降低成本:①它可以帮助企业、顾客和供应商寻求到新的方法来设计产品,以使它可以在较低的成本下生产产品;②它可以帮助企业和供应商寻求方法,在生产过程中更进一步地降低产品成本;③它可以帮助企业寻求方法,使得企业之间的交接更有效率。

此外,供应链成本管理理论基础除了上述理论,还包括博弈论、约束理论、生命周期成本理论等。

10.2.2 供应链成本管理模式

1. 供应链成本预算管理模式

供应链管理的目的是要使整个供应链产生的价值最大,也就是要通过对供应链各成员企业之间信息流、物流、资金流的管理来获得最大的供应链利润,而目标的完成需要在方案实施过程中进行有效控制。控制包括事前控制、事中控制、事后控制。系统要想发挥协同化带来的优势,就必须在控制的过程中加强与预算的结合。在供应链成本管理中加强预算管理,是保证企业沿正确供应链总体目标方向运行的重要因素,有助于实现供应链运作中所追求的增值作业最大和非增值作业最小的管理目标。

供应链是一个链状结构,任何一个企业都是其中的一个节点。通过实行工作协调和并行化经营,追求供应链利润最大化这个目标。对供应链成本进行预算管理就是让预算的作用内化到各个节点企业之中,把每个节点企业内化成一个综合性的责任中心,改进节点企业之间成本存在的问题,增加供应链成本流动过程中的可视性。由于同时处于不同的供应链之中,成本可视性的增加可以让节点企业充分发挥在供应链中的作用,增加竞争优势的稳定性。

在供应链中,一个企业的生产计划与库存控制不但要考虑该企业内部的业务流程,而且要从供应链的整体出发进行全面优化控制,跳出以单个企业资源需求为中心的管理界限,以最终的顾客化需求驱动顾客化运作,从而获得敏捷的市场响应能力。供应链管理的基本概念是建立在这样一个合作理念之上的,即通过分享信息和共同计划使整体目标与竞争优势得到提高。供应链成本管理环境下的预算制定过程是纵向和横向预算的集成过程,纵向是指供应链由下游向上游的预算信息集成,横向是指生产同类或类似产品的节点企业之间的预算信息集成,预算信息的纵横结合可以产生统筹兼顾的效应。因此,要建立分步的、透明的成本管理预算信息集成系统,采用并行化的信息传递方式,保持成本信息渠道的畅通和透明,从而保证节点企业之间成本工作的同步化。

由此可见,在供应链成本控制的全过程加强预算管理模式的运用,并找准切入点,将两者有机结合起来,是建立新型供应链成本预算管理控制模式、完善供应链成本控制的必由之路,这也就成为未来企业竞争优势增强的重要途径。

2. 供应链无形成本动因管理模式

供应链无形成本动因管理模式对于成本降低更加倾向于追求最小化支出这个直接目标,任何经济活动的产生都伴随着不同程度的资源消耗,从而产生成本。在供应链中要降低成本,就必须将非效用性成本尽量压缩,分析成本产生的原因并有目的地加强管理。

20 世纪 80 年代后期,美国芝加哥大学的青年学者库伯和哈佛大学教授卡普兰在对美国公司进行调查研究之后,提出了著名的"成本驱动因素"理论。所谓成本驱动因素就是成本动因,即导致成本发生的各种原因。根据成本动因的基本含义,成本动因可以分为两个层次:一是微观层次的与单一节点企业自身具体生产运作相关的成本动因,如要完成的作业量、生产所消耗物料等经营性成本动因;二是宏观层次的成本动因,如外界存在的各种环境影响、上下游节点企业相关的经济活动等。微观层次成本的产生大多具有相关的物质载体,比较容易识别和掌握;相反,宏观层次产生的成本动因,不能在财务报表中得到反映,兼之相对比较模糊,往往比较难以把握,因此也往往被忽视。理论上我们将前者称为有形成本动因,后者称为无形成本动因。

无形成本动因包括结构性无形成本动因和执行性无形成本动因两个方面。

(1) 结构性无形成本动因,也就是决定供应链基础经济结构的成本动因。结构性无形成本动因表现在供应链整体中包括规模经济(增加使用供应链中共享资源的规模可以降低成本)、整合程度(加强供应链上游与下游的整合,保持高效运作)、学习与溢出(供应链可以通过学习提高运作效率从而使整体成本下降,学习成果还可以通过供应链从一个企业流向另一个企业,这对保持供应链间的相对成本优势至关重要)。对结构性无形成本动因而言,并非程度越高越好,对结构性无形成本动因分析就是分析以上各项成本驱动因素对供应链活动成本的直接影响以及它们之间的相互作用对供应链成本的影响,也就是怎样选择并建立供应链中成本的"地位"问题。

(2) 执行性无形成本动因,也就是与供应链执行程序相关的成本驱动因素,它是在结构性成本动因决定以后才成立的。执行性无形成本动因反映整个供应链是如何运用信息流、物流、资金流等系统资源去完成供应链战略目标的。

综上可以看出，分析结构性无形成本动因，就是要解决怎样选择才是建立"最小化"供应链成本的问题，而执行性无形成本动因就是如何强化"最小化"的效果目标。前者可以解决供应链资源成本优化问题，是夯实成本的结构基础；后者则解决供应链成本整体绩效持续提高的问题，追求更大程度的成本降低。供应链无形成本动因不仅是解决供应链成本降低的理论基础，而且对如何作出供应链管理目标决策有重大启示。

对这两类无形成本动因进行管理，要认识到它们可能会产生的结果：相互加强或相互对抗。例如，规模经济或学习效应可以强化供应链在时机选择上的优势，纵向整合的优势也有可能会被某个环节生产能力的不足所抵消。因此，对于上述两种成本动因的相互作用要进行策略性引导，以避免两者之间的抵触，并充分利用成本动因之间的加强效果来架构持续性的比较优势。

3. 供应链总成本管理模式

供应链总成本管理模式是适用于供应链成本管理的一种战略性管理模式，它主要通过技术、人力资源和管理策略的融合，提供一条削减成本的途径。因此，它是从有形成本动因和无形成本动因的"全动因"角度进行供应链成本降低的管理模式。

供应链总成本管理降低成本以"全局性"为目标进行供应链成本管理，要求不仅局部性地降低成本，而且要全局性地降低成本。供应链各节点企业以系统理论和信息技术为基础，运用作业成本管理的思想，对供应链的过程进行更新和重点控制。供应链总成本管理模式注重考虑成本的"全动因性"，而传统企业内部制造成本的控制往往只考虑材料、人力和间接费用。供应链总成本管理模式除考虑上述成本项目外，还要考虑时间、资源及与可持续经营相关的因素。例如，企业形象与名誉、企业文化氛围、企业职工的良好素质、与客户的良好关系等。供应链总成本管理是以系统理论和信息技术为基础，运用网络计划技术为供应链运作进行时间优化、资源优化，进而达到成本优化的目的。

供应链管理的产生和发展有其必然性，现代企业要顺应潮流，抓住供应链管理的核心理念，采用先进的供应链管理模式，进行企业业务流程的重组，充分利用一切可以利用的资源，不仅是企业的内部资源，还包括企业外部可以利用的资源，突出自身的核心产业，采用合理的供应链总成本管理模式，有效地进行供应链成本管理，不断提高企业的核心竞争力，使自身在企业间的竞争中获取先机，掌握主动，立于不败之地。

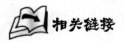 相关链接

京东物流聚焦绿色供应链

2020年7月6日，京东物流携手宝洁推出物流行业首个环保日。双方将围绕绿色物流、包装回收、资源再生这一循环生态链，创造平台、品牌与消费者良性互动的生态圈。京东物流与宝洁宣布，双方将利用各自领域内的全球优势资源，以消费末端塑料包装回收循环再生为切入口，探索循环经济新模式。合作双方将尝试利用京东物流的供应链体系更有效

地协助回收饮料瓶等包装，借助宝洁的可持续发展实践经验与产业链资源促进循环再生，倡导消费者进行有责任的消费，共同推动循环经济的发展。京东物流供应链产品部副总裁吉芥表示："从聚焦绿色供应链，升级为京东集团可持续发展战略，再到进入科学碳排放时代，京东不断进行绿色可持续发展的探索和升级，愿和合作伙伴一起发挥更积极和更重要的影响力。"

京东青流计划

2017年，京东物流就联合九大品牌商共同发起供应链联合行动的青流计划，初衷就是希望从减量包装、技术创新和使用、节能减排、可持续发展等多个方面推动环保举措，做到利国利民。长期以来，京东物流一直通过发挥自身强大的产业链优势和品牌影响力，倡导更多企业参与推动可持续发展，而在2020年6月，宝洁美尚美发事业部全球发布了"尽责、尽美"项目与2030愿景，和京东物流"青流计划"在愿景上高度一致，双方将共同掀起一场夏日减"废"潮。宝洁美尚美发事业部副总裁曾晨表示："作为京东绿色可持续发展战略'青流计划'的长期合作方，宝洁与京东物流始终致力于进行绿色可持续发展的探索与实践，通过在绿色物流、包装回收等方面的试点项目，创造平台品牌与消费者良性互动的生态圈，共建全球商业的可持续发展共生生态。"京东物流此次携手宝洁共话环保并非偶然。宝洁作为京东物流"青流计划"首个合作的品牌企业，双方在绿色供应链方面不断展开创新合作。早在2017年4月，双方就合作推出行业首个简约包装；2017年12月，宝洁在京东平台上首发原发包装，采用商品包装和物流包装一体化设计，从源头上取消了二次物流包装的使用，目前宝洁已将原发包装推广至其他各大电商平台；2018年试点前置包装项目，京东物流将包装前置到宝洁仓库，实现物流包装操作在宝洁工厂完成，减少了供应链一次包装使用，同时大大提升了供应链效率；2019年宝洁在京东供应链中试点B2B循环箱，在宝洁仓内使用循环箱，到了京东仓内实现集中回收，替代传统的纸箱，这是实现京东全链路循环包装重要的一环。

未来，宝洁和京东物流也将继续探索包装回收再利用的新方式，并希望带动更多企业和消费者一同推动可持续发展，创造更美好的共享未来。

(资料来源：根据网络资料整理)

10.2.3 供应链成本管理方法

产品生命周期

应用于供应链成本管理的方法有很多，其中应用较为广泛的几种方法分别是：目标成本法、作业成本法、生命周期成本法和改善成本法。

1. 目标成本法

目标成本法是丰田公司在20世纪60年代开发出来的成本管理方法，该方法目前已经得到了广泛应用。目标成本法是将用户的需求转化为所有相关流程的强制性竞争约束，以此来保证将来的产品能够创造出利润。

目标成本法的流程主要包括3个部分：在第一部分，市场驱动型成本核算是确定产品的准许成本。这是产品在预期销售价格下销售，并且保证在一定利润水平时所能发生的最高成本。标准成本是由目标销售价格减去目标利润得到的。第二部分是确定可完成的产品层次的目标成本。第三部分是设定产品包含的每个组件的目标成本。

购货商组件层次的目标成本决定了供应商的销售价格，从而就将它面临的市场竞争压力转嫁给了供应商。因为这种压力是通过组件转移的，所以为供应商成本降低工作的重点指明了方向。其结果是购货商与供应商共同合作，进行成本管理工作。正是因为这种携手合作对于目标成本法效果的重要性，导致了目标成本法真正成为一种跨企业成本管理的技术。其跨企业含义主要体现在以下3个方面：第一，购货商必须设定可完成的组件层次的目标成本。如果供应商认为组件层次的目标成本无法完成，那么会降低他们努力的积极性。第二，购货商必须选择适当的方法对供应商应用目标成本法。其核心为他们在设置成本降低目标和如何完成它们时，是否给予供应商足够的自由空间。第三，购货商可以设置激励系统来激发供应商的创新能力和提高成本降低率。

2. 作业成本法

作业成本法以作业为成本核算对象，基于"作业消耗资源，产品和服务耗费作业"的原则。其目标是将成本动因引起的资源消耗更合理地分配到产品或服务中。企业可以通过作业成本法识别那些与最终用户的效用无关的作业，并通过减少或完全剔除这类无增值作业来降低成本，这样企业就可以更好地对市场需求作出反应并增强自身的竞争力。

供应链成本主要包括企业内部发生的直接成本、间接成本，以及企业间的交易成本。因此，供应链作业成本法应该站在供应链的视角上，以作业和交易为基础分析间接费用来优化产品或服务的总成本。企业内部的间接成本以作业为成本动因进行分析，而企业之间的间接成本(交易成本)就需要以企业之间发生的各种交易行为，如谈判、买卖等为基础进行分析。

3. 生命周期成本法

目前，对于生命周期成本法还没有达成统一的理解，大多是依据布兰查德和法布里奇的定义："生命周期成本是指在系统的生命周期中与该系统相关的所有成本。"在生命周期成本法系统中，产品使用者承担的成本(包括使用成本和周期结束成本)负责补充传统上由产品生产商所承担的成本，并且除了考虑实物流程及其相关物资和能源流动的成本，还要考虑劳动力和使用知识(如专利)的成本以及交易成本(如信息流)。例如，在生命周期中需要考虑产品的开发成本。

在使用生命周期成本法时，就可以确定产品开发、生产、使用、周期结束所产生的所有成本，并据此识别生命周期和供应链中的成本驱动因素及其背反关系，以开发和生产总成本最低的产品。

4. 改善成本法

改善成本法是供应链上各企业在产品生产阶段最主要的成本约束机制。改善成本法也是一种前馈型的成本管理方法，它是根据预期的成本降低需要来确定产品成本的降低目标，而不是当成本超标发生后才作出反应，并且通过改善成本法的实施，可以使成本降低压力持续于整个产品生命周期。若改善成本法局限于某个企业内部，将忽视供应链上游和下游企业进一步节约成

前馈控制

本的潜力。改善成本法在供应链上各企业之间的跨组织应用是通过大量的信息共享和合作机制,挖掘所有的成本降低机会。改善成本法可以看作目标成本法在产品生产阶段的延伸,它在跨组织成本管理中的应用与目标成本法有一些相似之处。

第一,改善成本法同样是一种需要购货商和供应商共同合作的成本管理方法。在产品生产过程中,供应链上的所有成员企业都将共同实施改善成本法。这种合作使得企业可以实现在单独进行成本管理时所不能达到的成本节约。改善成本法的跨组织应用既可以由购货商发起,也可以由供应商发起。例如,购货商可以向供应商委派设计工程师或提供技术支持,供应商可以在购货商的配合下寻求新的原材料或零部件。

第二,价格传递机制在改善成本法中依然有效。购货商的改善成本管理体系同样可以通过确定供应商的成本降低目标,将市场压力传递给它的供应商。所以,制定合理的成本降低目标是至关重要的,否则价格传递机制将失去效用。

本 章 小 结

供应链是围绕核心企业,通过对信息流、物流、资金流的控制,从采购原材料开始,制成中间产品以及最终产品,最后由销售网络把产品送到消费者手中,将供应商、制造商、分销商、零售商直到最终用户连成一个整体的功能网链结构模式。供应链管理是指对供应链中采购、生产、销售各环节的商流、物流、信息流及资金流进行统一计划、组织、协调、控制的活动和过程。

供应链成本是在供应链运转过程中由商流、物流、信息流和资金流所引起的成本,由物流成本和交易成本两部分构成。其中,由物流引起的成本是供应链物流成本,而由商流、信息流和资金流引起的成本是供应链交易成本。

供应链交易成本主要包括信息费用、交易谈判费用、签约费用、监督履约费用、交易变更费用。

供应链物流成本是指货物在供应链体系中流动所消耗的物化劳动和活劳动的货币表现,包括货物在运输、仓储、包装、装卸搬运、流通加工、物流信息、物流管理等过程中所耗费的人力、物力和财力的总和,以及与存货有关的流动资金占用成本、存货风险成本和存货保险成本。供应链成本有以下特点:对象空间的变化、组织空间的变化、地理分布空间的变化、响应空间的变化。

供应链成本管理是一种跨企业的成本管理,其视野超越了企业内部,将成本的含义延伸为整个供应链上企业的作业成本和企业之间的交易成本,其目标是优化、降低整个供应链上的总成本。供应链成本管理具有以下 4 个方面的特点:需求拉动型、协同性、延展性、整体性。

供应链成本管理虽然是 20 世纪 90 年代提出的一种新的成本管理模式,但追溯其理论渊源,与前人关于成本管理的各种研究理论是分不开的。供应链成本管理理论基础主要包括价值链理论、委托代理理论、交易成本理论和组织间成本管理等。

供应链管理的成本管理方法有很多，其中应用较为广泛的方法是目标成本法、作业成本法、生命周期成本法和改善成本法。

目标成本法是丰田公司在 20 世纪 60 年代开发出来的成本管理方法，该方法目前已经得到了广泛应用。目标成本法是将用户需求转化为所有相关流程的强制性竞争约束，以此来保证将来的产品能够创造出利润。

作业成本法以作业为成本核算对象，基于"作业消耗资源，产品和服务耗费作业"的原则。其目标是将成本动因引起的资源消耗更合理地分配到产品或服务中。企业可以通过作业成本法识别那些与最终用户的效用无关的作业，并通过减少或完全剔除这类无增值作业来降低成本，这样企业就可以更好地对市场需求作出反应并增强自身的竞争力。

生命周期法还没有达成统一的理解。

改善成本法是供应链上各企业在产品生产阶段最主要的成本约束机制。改善成本法也是一种前馈型的成本管理方法，它是根据预期的成本降低需要来确定产品成本的降低目标，而不是当成本超标发生后才作出反应。

 关键术语

供应链　供应链管理　供应链成本　供应链成本管理　目标成本法　改善成本法

习　题

一、单项选择题

1. 供应链管理是跨企业范围的比物料管理更广泛的管理，从(　　)层次上把握最终用户的需要。
　　A. 业务　　　　　　B. 战略　　　　　　C. 管理　　　　　　D. 效益

2. 供应链管理把资源的范围扩展到(　　)。
　　A. 供应商　　　　　　　　　　B. 分销商
　　C. 整个供应链　　　　　　　　D. 其他节点企业

3. 改善成本法也是一种(　　)的成本管理方法。
　　A. 前馈型　　　　　　　　　　B. 反馈型
　　C. 事后分析控制　　　　　　　D. 事中分析控制

二、简答题

1. 什么是供应链成本？为什么要对供应链成本进行管理？
2. 如何降低供应链中的成本？
3. 目标成本法对供应链成本管理的贡献有哪些？

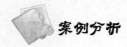

案例分析

沃尔玛的全球供应链采购成本管理的成功经验

沃尔玛成立于1962年，由沃尔顿在美国中西部的本顿威尔小镇成立了第一家"沃尔玛百货有限公司"，发展至今，沃尔玛已经成为全球最大的零售商。沃尔玛的物流成本仅占销售额的2%~2.5%，同时大幅压缩了沃尔玛门店的仓库面积，从而可以最大限度地增加零售面积，降低仓储成本。同时，沃尔玛特意将配送中心设立在销售区域的中央位置，以415千米为一个商圈建立一个配送中心，从而能够保证商品从配送中心运到任何一家商店的时间不超过36小时。

1. 沃尔玛的全球供应链采购成本管理的成功经验

1) 供应商与合作伙伴的管理

(1) 透明报价、直接采购与准时采购。沃尔玛在全球范围内成功的基础就是其对供应商的严格管理。在美国，沃尔玛要求供应商在报价的同时更要表明其成本结构和利润、同类产品在美国市场上的现有零售价和本次所供产品准备定位在哪个零售价位上，以及给沃尔玛留出多少利润。这样一来，在选供应商的时候就非常简单透明，而沃尔玛也可以在纷繁复杂的供应商中挑选出最有竞争力的。对于供应商来说，先确定其零售价，以及预留给沃尔玛的利润，再从中扣除运费、进口费及佣金等费用后，确定FOB价，这种倒推定价的方法使供应商的成本被沃尔玛牢牢地压制住而不得不最大限度地降低成本。沃尔玛实行直接采购的原则，直接从工厂进货绕开冗杂的中间商，再将货物运入配送中心统一管理。这样一来不但可以缩短渠道长度，降低供应链成本，这更是沃尔玛能够履行"天天低价"承诺的重要保障之一。在供应商供应货物的环节中，美国沃尔玛则要求供应商必须按照合同准时交货，不允许有任何延误和提前。沃尔玛一概不收延误的货物，若因此导致沃尔玛缺货，则供应商很有可能失去沃尔玛这个大客户。此外，因提前交货而导致的额外仓储费用也需要供应商来承担。这样一来，沃尔玛不但有效地缩短了交货期，降低了库存成本和市场风险，也很好地检验了合作伙伴的能力和诚信。不难看出，沃尔玛对供应商的要求可以用苛刻来形容，甚至有许多供应商表示向沃尔玛供货赚不到钱。但在巨大采购数量的诱惑下，即使是稀薄的利润都会让供应商之间抢破头。因此，这也是为什么沃尔玛能够如此成功地控制其采购成本。

(2) 战略合作。"宝洁-沃尔玛模式"可以说是当今零售商与供应商之间供应链管理合作的典范。这一模式开始于宝洁公司将其开发的一套"持续补货系统"与沃尔玛一起使用，这样一来，双方通过电子数据交换和卫星通信实现联网。借助于信息系统，宝洁公司能迅速了解沃尔玛物流中心宝洁产品的价格、销售量、库存量等相关数据，并据此及时地制订出符合市场需求的生产和研发计划，同时也能对沃尔玛的库存进行单品管理，做到连续补货，防止滞销商品库存过多，或畅销商品断货。沃尔玛也可以通过制造商管理库存系统实行自动进货，并且跳过了原先对每笔交易条件的谈判过程，大大缩短了供应链流程的时间，使沃尔玛从庞杂的供应体系中解脱出来。基于之前成功的尝试，宝洁和沃尔玛之后更在信息管理系统、物流仓储体系、客户关系管理、供应链预测与合作体系、零售商联系平台，以及人员培训等方面进行了全面、持续、深入而有效的合作，使供应商与零售商

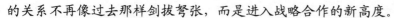

的关系不再像过去那样剑拔弩张,而是进入战略合作的新高度。

2) 物流的管理

沃尔玛起初通过"集中配送模式"将门店物流集中管理,即由配送中心而非供应商直接将货物送到门店。大量实践证明,与传统的供应商直供的物流体系相比,"集中配送模式"能更好地发挥规模效应、降低物流成本,缩短存货周期和加强货品控制。近年来,沃尔玛甚至希望其主要供应商将入站物流全部交由沃尔玛配送,并将物流费用从供应商的售价中相应扣除。这样一来,沃尔玛既可以利用自身强大的物流体系发挥规模效应,节约采购成本,还可以加强对供应商的控制,无论是议价还是管理能力都能得到提升。

3) 现代化信息网络的管理

1969年,沃尔玛成为最早采用计算机跟踪库存的零售企业之一。1980年,沃尔玛最早使用条形码技术提高物流和经营效率。1983年,沃尔玛史无前例地发射了自己的通信卫星。1989年,沃尔玛最早与宝洁公司等大供应商实现供应商管理库存——快速用户反馈产销合作。可见沃尔玛对信息技术的不懈追求总是走在时代的前列。沃尔玛如此不惜代价,甚至斥资几亿美金发射通信卫星的做法在零售业,乃至商界都实属罕见。正是这样不惜代价的信息化投资,使得沃尔玛的成就令其竞争对手望尘莫及。从采购开始到一系列的订购、入库、装运、配送以及销售流程全部实现自动化、信息化和网络化管理,从自动订购到电子结算,从配送中心内的自动化装配到库存信息的联网共享,无一不体现出沃尔玛利用信息技术使整个供应链环节之间实现了无缝衔接,不但节约了大量的人力资本,提升了管理效率和准确度,更大程度地控制了采购管理成本以及各项运营成本,并且使得沃尔玛与其他供应商的战略合作成为可能。

2. 沃尔玛供应链采购成本管理对我国企业的启示

1) 加快信息化建设

沃尔玛在信息技术上的不懈追求以及其因此而获得的巨大优势,是沃尔玛这么多年始终处于世界500强前三位置的根本原因。对于沃尔玛来说,信息技术不但为其创造了财富,更为其节约了大量资源和成本。当然,对于我国企业来说,想要获得像沃尔玛一样的信息技术或者拥有一颗自己的通信卫星并不现实,但重要的是我国的企业,甚至是一些中小企业是否有足够的眼光和远见,像沃尔玛一样,愿意花费大量的人力、物力、财力来建设和完善自己的信息系统。

2) 加强战略合作

沃尔玛在供应链成本管理中的一大创新就是将原本利益有所冲突的供应商与零售商之间的关系转变为合作共赢的战略合作伙伴,而"宝洁-沃尔玛模式"更是值得所有企业学习借鉴的典范。供应链成本管理这一理念引入中国的时间并不太长,同样,中国的市场经济环境还存在许多不完全性,如果生搬硬套应用"宝洁-沃尔玛模式"可能会适得其反。但是,其中的战略合作意识却是值得我们学习的。在企业经营过程中势必会遇到许多的利益冲突,但是采用"以邻为壑"的方式虽然能得到眼前的利益,却难免为之后的发展留下隐患,但是转变思路,通过战略合作实现双赢,无疑才是企业长期发展的良策。

(资料来源:徐小慧. 零售业供应链及采购成本管理研究:基于沃尔玛的案例分析[J]. 商场现代化,2014(2): 35-37.)

思考:沃尔玛供应链采购成本管理有哪些成功的经验?对我国企业的启示有哪些?

高速公路服务区成"网红"的多元思考

像商场又像景区，吃喝玩乐一应俱全，2020年中秋国庆假期，阳澄湖、芳茂山、沙溪等江苏高速公路服务区惊艳了天南海北的旅客，一度冲上"热搜"。一些游客专门绕道过去"打卡"，说明人们对江苏高速公路服务区的惊喜认同。的确，青砖黛瓦、小桥流水、恐龙乐园、购物中心……这些看似与"高速服务区"无关的词汇，在江苏一些服务区内频频出现，其不仅打破了服务区给人的固有印象，还被贴上了品质高、服务好、景色美的亮丽标签。

古有驿站，今有服务区。如果说，旅游是去探寻"诗意的远方"，那么高速公路服务区则是打开远方画卷的小小接口。这些爆红网络、充满人性化与舒适度的高速公路服务区，不仅满足了人们加油、吃饭、停留、休憩的日常需求，吃喝玩乐一条龙服务，也大大延展了长途旅行的美好体验，是旅游服务提质增效的最佳诠释。

数据显示，"十三五"期间，江苏全省服务区消费收入增加了近两倍，效益翻了四番。"网红服务区"开展了"自营、外包+监管、平台+品牌、平台+拓展"等灵活多样的商业模式，让旅客享受到了星级服务，让运营方与参与的商家获得了利润，人气爆棚、效益增加，也让员工越干越有劲儿，民营资本也纷至沓来，"江苏高速公路服务区甲天下"成为社交媒体榜单上的"网红"，更是极大地提升了省域的美誉度与软实力，成为一个宣传和展示地方经济、文化和地方特色、特产的窗口和平台，实现了社会效益和经济效益的"双提升"，可谓是"名利双收"。

江苏高速公路服务区走红网络，折射出人们追求美好生活的热烈期盼。近些年来，旅游经济蓬勃发展，旅游业成为国民经济发展的支柱产业，出门旅游成为国人的休闲消费时尚，而得到良好的服务，拥有良好的旅游体验是当下人们的普遍追求。"网红服务区"将过去的服务站改造升级，坚持需求导向和因地制宜的服务理念，实现了旅客、服务区运营方和当地政府三方的共赢，是在"服务区+"方面作出的积极有益的探索，值得其他地区借鉴。

鉴于江苏高速公路服务区的"网红效应"，相信不久就会有其他地区相继推出各种新颖、时尚、高级的服务区，"网红服务区"会以各种方式辐射开来，越来越多的游客或将得到各式各样升级了的服务区体验，有助于提升旅游品质，满足人民群众日益增长的满意交通、舒适旅游的需要，这一点我们乐见其成。

然而，必须提醒的是，"网红服务区"表面上是软硬件设施的升级改造，实质上是服务理念的变革与升级。为旅客着想，千方百计为人们提供良好服务才应该是"网红服务区"的真实内涵。需要看到，江苏高速公路服务区成"网红"，既有地方财政的雄厚支持，也有沪宁高速等繁忙公路上足够的人流量、车流量给予的强大支撑，因此，其他地区在改造服务区时，要根据自身的经济、地理条件与服务区目标，因地制宜地从车流的实际数量、停留人群的实际需要出发，建造一些舒适，满足服务区停留人群基本需要的服务区即可。切不可一哄而上，盲目复制，切勿因过于追求"网红服务区"的"高大上"而陷入形式主义的新误区，偏离了服务区"服务第一"的本质。

(资料来源：https://baijiahao.baidu.com/s?id=1680064433188874537&wfr=spider&for=pc[2022-6-30])

思考： 1. 为什么说高速公路服务区成"网红"的实质是服务理念的变革与升级？
2. 高速公路服务区成"网红"给物流企业带来哪些启示？

参 考 文 献

鲍新中，吴霞，王彦芳，2020. 物流成本管理与控制[M]. 5版. 北京：电子工业出版社.
陈威，王晓宁，2015. 快递业成本构成及顺丰速运成本控制[J]. 物流技术(14):75-77.
戴君艳，2015. 电子商务企业物流成本管理与控制研究[D]. 蚌埠：安徽财经大学.
冯耕中，李雪燕，汪寿阳，2014. 物流成本管理[M]. 2版. 北京：中国人民大学出版社.
傅桂林，2014. 物流成本管理[M]. 3版. 北京：中国财富出版社.
甘爱平，真虹，2016. 我国船舶运输业降低温室气体排放的成本分析[J]. 交通企业管理，31(3):18-21.
郝丽，冯路. 2020. 基于SWOT分析法对苏宁物流配送模式问题的创新分析[J]. 中国储运(12):92-95.
侯章一，2015. 德邦物流发展困境分析及相关对策探讨[J]. 商场现代化(32):33-34.
胡秀英，陆萍. 2020. 鲜花冷链物流成本分析与控制[J]. 物流工程与管理，42(6):49-51.
李飞，米卜，刘会，2013. 中国零售企业商业模式成功创新的路径：基于海底捞餐饮公司的案例研究[J]. 中国软科学(9):97-111.
李娟娟，2014. 华润集团平衡计分卡应用研究[J]. 合作经济与科技(1):81-82.
李婷，宋志兰，2014. 基于作业成本法的农产品冷链物流成本核算[J]. 物流工程与管理(10):17-20.
林秋晓，2021. 全面预算管理在物流行业中的分析与研究[J]. 现代商业(18):129-131.
罗颖琳，2021. 低碳经济背景下Z物流公司成本分析与控制研究[D]. 长沙：中南林业科技大学.
沈艳丽，马育红，周亚萍，2014. 快递公司应收账款管理分析：以M公司为例[J]. 现代商业(35):231-232.
王棣华，2015. 从青啤看战略成本管理[J]. 首席财务官(1):78-81.
王棣华，孙永宁，2009. 宜家公司战略成本管理案例分析[J]. 中国内部审计(5):91.
王雍欣，2010. 基于作业成本法的企业物流成本核算的研究与应用[D]. 镇江：江苏大学.
吴崇兴，2021. 平衡记(计)分卡在企业绩效考核中的应用[J]. 财经界(2):189-190.
吴金山，2022. 大数据背景下基于供应链的成本控制研究：以京东为例[J]. 物流工程与管理，43(11): 63-65.
夏明涛，2015. 企业集团全面预算管理案例研究：来自上汽集团实践[J]. 新会计(2):33-36.
谢建青，2015. 啤酒行业物流成本分析[J]. 当代经济(9):34-35.
徐萍，2017. 制造企业物流成本核算方法优化探析[J]. 商场现代化(1):36-37.
徐小慧，2014. 零售业供应链及采购成本管理研究：基于沃尔玛的案例分析[J]. 商场现代化(2):35-37.
杨薇庆，2015. C公司供应链精益成本管理研究[D]. 合肥：安徽大学.
杨子馨，2015. 滚动预算在跨国电梯制造企业的应用：基于K公司的案例分析[J]. 现代商业(20):245-246.
易华，李伊松，2014. 物流成本管理[M]. 3版. 北京：机械工业出版社.
殷雯，2013. 基于顾客价值最大化的供应链成本管理：以戴尔为例[J]. 商(28):69.
庾娟，冯晓洁. 2021. 新零售背景下的即时物流发展研究[J]. 中国储运(4), 99-101.
章雪，张曼利，张涵，等，2013. 电商行业的物流成本控制与分析：以当当、亚马逊、京东商城为例[J]. 时代经贸(下旬刊)(3):114-116.
周婷，2016. 从价值链的角度浅析新能源汽车制造业成本控制[J]. 经营管理者(上旬刊)(11):267.